図解で早わかり

◆働き方改革法に対応!◆

最新 給与計算事務のしくみと手続き

社会保険労務士
小島 彰 監修

三修社

本書に関するお問い合わせについて

本書の記述の正誤、内容に関するお問い合わせは、お手数ですが、小社あてに郵便・ファックス・メールでお願いします。お電話でのお問い合わせはお受けしておりません。内容によっては、ご質問をお受けしてから回答をご送付するまでに１週間から２週間程度を要する場合があります。

なお、本書でとりあげていない事項や個別の案件についてのご相談、監修者紹介の可否については回答をさせていただくことができません。あらかじめご了承ください。

はじめに

労働者に支払われる給与について、実際に労働者が手取金として受け取る金額は、総支給額から各種税金や社会保険料が控除されます。また、時間外労働が含まれる場合には、賃金が多少増額されるなど、給与計算は、算出方法がわかりにくく複雑です。

また、給与計算を誤ると、実際にはより多額の支払いが必要になるだけでなく、何よりも労働者の不信を招くおそれがあります。一般に、使用者である企業と労働者が締結する労働契約は、信頼関係に基づいているため、その基盤の信頼関係が揺らぐことで、企業の円滑な事業運営に対する、大きな障害になります。そのため、企業の給与計算担当者は、賃金の算出方法のしくみを正確に理解し、1円であってもミスをしないように注意しなければなりません。

本書は、給与計算とそれに関連する各種制度について、解説した入門書です。給与計算の具体的な計算方法はもちろん、所得税や住民税など給与から控除される税金、社会保険料の決定や労働保険料の申告、源泉徴収事務、年末調整について基本事項を解説しました。また、勤務間インターバル制度など、2018年7月に成立した働き方改革法の内容をフォローし、給与計算と連動する労働時間のルールと計算方法についてもとりあげています。

この他、産前産後の保護制度や年次有給休暇、労働基準監督署の調査など、関連知識についても、幅広くフォローし、巻末には給与規程などの書式を掲載しました。

本書を通じて、給与計算事務に携わる皆様の一助になれば幸いです。

監修者　社会保険労務士　小島　彰

CONTENTS

PART 3 さまざまな労働時間のルールを知る

PART 4 社会保険事務の基本を知る

PART 5　給与・賞与の計算の仕方をマスターする

PART 6　年末調整の仕方を知る

PART 7　社会保険事務にかかわるその他の知識

巻末 書式集

PART 1

給与計算と
社会保険の全体像

給与計算をする上での心構え

給与明細は支給項目と控除項目から構成されている

■ 給与計算の大切さを知る

給与計算とは、一定のルールに従って決定された支給額から、所得税・住民税・健康保険料（介護保険料）・厚生年金保険料・雇用保険料等を差し引いて、手取額を計算する事務のことです。

従業員に支払う給与には、締め日があります。締め日（〆日）は、通常1か月に1回です（雇用形態によっては、週1回や毎日の場合もあります）。事業主は締め日までの給与を計算して、毎月決められた日（給料日）に従業員に対して給与を支給することになります。

たとえば、毎月20日の締め日までの給与を計算して、その月の25日に支給するといった具合です。事業主や担当者はこれらの給与計算の手続きを毎月ミスなくこなさなければなりません。

給与明細を受け取る人がもっとも気にする項目は「差引支給額」の欄でしょう。差引支給額とは、給与の手取額のことです。総支給額から控除額合計を差し引いた金額が差引支給額になります。

一般の従業員が、差引支給額を見て「なぜその金額になったのか」といった疑問をもつことはあまりありませんが、だからといって、給与計算という仕事を簡単に考えてしまうことは禁物です。

パソコンのソフトを利用して給与計算を行っている事業所もあると思いますが、パソコンや給与計算ソフトはあくまでもツールであって、それを使うのは人間です。ツールを使うのが人間である以上、打ち間違いなどをしてしまう可能性がありま

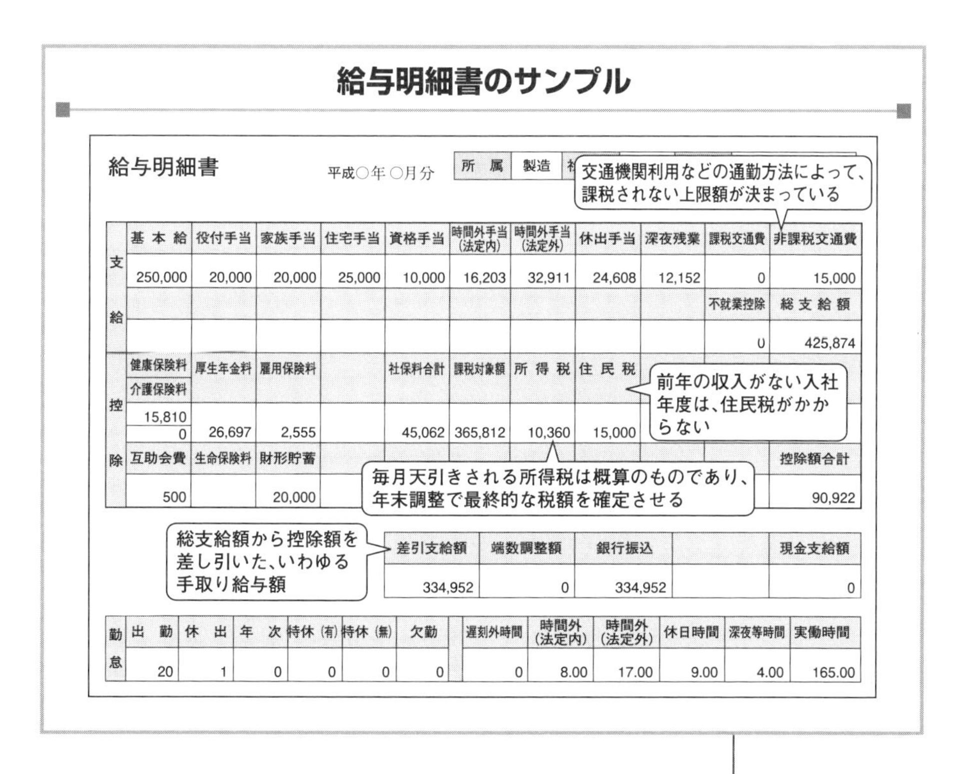

給与明細書のサンプル

給与明細書　　平成○年○月分

所属	製造

	基本給	役付手当	家族手当	住宅手当	資格手当	時間外手当(法定内)	時間外手当(法定外)	休出手当	深夜残業	課税交通費	非課税交通費
支給	250,000	20,000	20,000	25,000	10,000	16,203	32,911	24,608	12,152	0	15,000
										不就業控除	総支給額
										0	425,874

	健康保険料／介護保険料	厚生年金料	雇用保険料		社保料合計	課税対象額	所得税	住民税			
控除	15,810／0	26,697	2,555		45,062	365,812	10,360	15,000			
	互助会費	生命保険料	財形貯蓄								控除額合計
	500		20,000								90,922

差引支給額	端数調整額	銀行振込		現金支給額
334,952	0	334,952		0

	出勤	休出	年次	特休(有)	特休(無)	欠勤	遅刻外時間	時間外(法定内)	時間外(法定外)	休日時間	深夜等時間	実働時間
勤怠	20	1	0	0	0	0	0	8.00	17.00	9.00	4.00	165.00

す。そのことを十分に認識した上で給与計算の事務を行うようにしましょう。

なお、パソコンの給与計算ソフトを使って給与計算を行っている事業所では、上図のサンプルと似たような明細になっているようです。ただ、手計算で給与計算処理を行っているような事業所の場合、市販されている給与明細書を使ったりしています。

■ 給与明細の給与とはどのようなものか

給与明細は、支給する給与がなぜその金額になったのかを記載する書面です。つまり、給与明細には総支給額はいくらで、社会保険や税金などの控除額はいくらで、実際の支給額はいくらかといったことが詳しく記載されています。

給与（賃金）については、労働基準法が定めています。給与

労働基準法の賃金

労働基準法11条は、「賃金、給料、手当、賞与その他名称の如何を問わず、労働の対償として使用者が労働者に支払うすべてのもの」を賃金と定義付けている。

とは労働基準法上、使用者が会社で働く従業員に、労働の対価として支払うすべてのものと定められています。「すべてのもの」とは、給与の他に賞与や諸手当を含みますが、災害見舞金や祝い金など、任意的・恩恵的なものは原則として給与にはなりません。

ただし、労使協定や就業規則などにあらかじめ支給条件が定められているものは給与とみなします。給与の支給明細は、毎月固定で支払われる定額部分と月々金額が変わる変動部分に大別できます。

定額部分は基本給（本給、職能給、職務給）と定額の諸手当（通勤手当、住宅手当など、次ページの図参照）で構成されます。変動部分は毎月変動のある時間外手当、休日手当、深夜手当などの諸手当からなっています。これらは、前ページ図の「支給」の項目に載っています。遅刻・早退・欠勤などがあった場合は、その分を支給額から控除しますが、通常、その額も支給額の欄に記載されることになります。

■ 給与から控除されるもの

次に前ページの給与明細書の「控除」の項目を見てください。これは給与から天引きされる項目の合計金額の内訳です。健康保険料、介護保険料、厚生年金保険料、雇用保険料、源泉所得税、住民税、協定控除などが支給明細から差し引かれる（控除される）おもな項目です。給与支払いについての全額払いのルール（40ページ）からすると、給与は天引きなどせずに労働者に全額支払われなければなりません。

しかし、保険料や所得税を労働者がいちいち年金事務所や税務署に納めに行かなければならないとすると、会社の業務に支障が生じる場合も出てきますし、労働者にとっても手間がかかります。そのため、給与支払いの際に、法令や労使協定で定められた一定の費用を天引きすることが認められているのです。

年金事務所

日本年金機構が設置する窓口事務所。年金に関する相談や請求などの手続き、保険料徴収などの業務を行っている。

おもな手当の内容

手当	内容
基本給	勤務年数・職務能力などに応じて支給される。手当の中で最も基本となるもの
役付手当	管理職（部長、課長など）の肩書きをもつ者に対して、その責任の度合いに応じて支給される
職務手当	従業員の職責や職務負担などに応じて支給される
資格手当	事業所が給与規程などで指定している資格をもっている者に対して支給される
技能手当	事業所の業務に有用な技能や資格を持っている者に対して支給される
家族手当	配偶者・子・父母・孫・祖父母などの扶養状況やその年齢などに応じて支給される
住宅手当	社宅以外の持家などに居住している者に対して支給される
単身赴任手当	転勤などにより家族と別居して働く者（単身赴任者）に対して支給される
子女教育手当	学校などに通っている子供がいる者に対して支給される
通勤手当	通勤にかかる交通費に応じて支給される
精皆勤手当	従業員の勤怠状況に応じて支給される

社会保険各法や各種税法などの法律に基づいて控除することが認められている場合のことを法定控除といいます。事業所と従業員の代表者が協定（労使協定）を結ぶことによって控除することができる場合を協定控除といいます。

法定控除には、雇用保険料、健康保険料、厚生年金保険料、介護保険料、源泉所得税、住民税などがあります。

協定控除については、事業所によって異なりますが、一般的なものとして、親睦会費、財形貯蓄、社内預金（端数預金を含む）、社宅の自己負担分や寮費、生命保険料、持株会会費、労働組合費、物品購入の立替代金、社内貸付金の返済金などがあります。

なお、毎月天引きされる所得税はあくまで概算のものであり、年末調整を経て、本来納めるべき税額が定まります。事業主には源泉徴収票を作成する義務があり、毎年年末に従業員に対して源泉徴収票の交付が行われます。

財形貯蓄
勤労者財産形成貯蓄制度の略称。勤労者が事業者に賃金の一部を天引きしてもらい、貯蓄を行うしくみである。目的によって一般財形貯蓄、財形住宅貯蓄、財形年金貯蓄の３種類がある。

PART1
2

社会保険制度の全体像

社会保険は加入が義務付けられた保険である

■ 公的保険制度の概要

広義の社会保険

一般的に実務上「社会保険」という場合は、労働保険（労災保険・雇用保険）と区別して、健康保険、厚生年金保険、国民年金、国民健康保険、介護保険などのことを指すが、労働保険を含めた公的年金のことを総称して社会保険という場合がある。

保険とは、保険料を払っておいて、保険事故（事由といいます）が起こった場合、保険給付が受けられるしくみのことです。一般の企業で給与計算事務を行う場合、労働者（従業員）の給与（収入）から、公的保険である雇用保険料、社会保険料などを差し引いて国や公法人に納付します。公的保険は労働保険と社会保険に分けられます。労働保険は労災保険と雇用保険の2つからなります。社会保険は健康保険、厚生年金保険、国民年金、国民健康保険、介護保険などのことをいいます。給与計算に関する公的保険制度の概要は以下のとおりです。

①　労働者災害補償保険（労災保険）

労働者が仕事中や通勤途中に発生した事故などによって負傷したり、病気にかかった場合に、治療費などの必要な給付を受けることができます。また、障害などの後遺症が残った場合や死亡した場合などについても保険給付があります。

②　雇用保険

労働者（被保険者）が失業した場合や家族の育児・介護などのために勤め続けることが困難になった場合に、手当を支給する制度です。再就職を円滑に進めていくための支援も行われます。

③　健康保険

被保険者とその家族が病気やケガをした場合（仕事中と通勤途中を除く）に、必要な医療費の補助を行う制度です。出産した場合や死亡した場合にも一定の給付を行います。

④　介護保険

労働保険と社会保険の管轄と窓口

	保険の種類	保険者	管　轄	窓　口
労働保険	労災保険	国（政府）	都道府県労働局	労働基準監督署
	雇用保険		都道府県労働局	公共職業安定所（ハローワーク）
社会保険	健康保険	全国健康保険協会	全国健康保険協会	協会の都道府県支部 年金事務所内の協会けんぽ窓口
		健康保険組合	健康保険組合	健康保険組合
	厚生年金保険	国（政府）	日本年金機構	年金事務所

被保険者に介護が必要となった場合、介護サービスを受けることができます。保険料は健康保険に上乗せして徴収します。

⑤　**厚生年金保険**

被保険者が高齢になり働けなくなったとき、体に障害が残ったとき、死亡したとき（遺族の所得保障）などに年金や一時金の支給を行います。

■ 公的保険は国や公法人によって運営される

生命保険や損害保険などの私的保険は企業などによって運営されていますが、公的保険は国（政府）または公法人（地方公共団体・全国健康保険協会・健康保険組合・国民健康保険組合）によって管理・運営されています。公的保険で給付が行われる場合の財源は、国が負担するものの他、会社などの事業所で働く労働者から徴収する保険料によってまかなわれています。

国などのように保険を運営する主体を保険者といいます。また、保険に加入する者（労働者）のことを被保険者といいます。

公的保険（労働保険と社会保険）の制度は、国または公法人が保険者ですが、実際の窓口はそれぞれの保険ごとに異なりますので注意が必要です（上図参照）。

労働保険

事業ごとに適用される

■ 事業を単位として適用を受ける

労働者保護の観点から設けられた公的保険である労働保険は、労働者災害補償保険（労災保険）と雇用保険の総称です。

労働保険では、１人でも労働者を使用する事業は、事業主の意思に関係なく、原則として適用事業となります。公的保険として強制的に加入しなければなりません。

労働保険は「事業」を単位として適用を受けます。事業とは、仕事として反復継続して行われるものすべてを指します。たとえば、本社の他、支社、支店、工場、営業所、出張所などがある会社では、本社だけでなく、支社から出張所に至るまでそれぞれが別々に事業として成立していることになります。そのため、それぞれの事業が個別に労働保険の適用を受けることになるので、必要な手続きについても事業ごとに個別に行います。これが原則です。ただし、支店や営業所において労働保険の手続きを行うことのできる適任者がいないなどの理由がある場合は、本社などの上位の事業所で一括して手続きを行うこともできます。その場合、所定の届出が必要です。

事　業
工場、鉱山、事務所、店舗等のように一定の場所において相関連する組織のもとに業として継続的に行われる作業の一体をいう。

適用事業
雇用保険や労災保険が適用される事業のことを適用事業という。

■ 労災保険では継続事業と有期事業を区別している

労働保険のうち労災保険では、事業の内容によって継続事業と有期事業の２つに分けられています。

継続事業とは通常の事業所のように期間が予定されていない事業をいいます。一方、有期事業とは、建設の事業や林業の事業のように、一定の予定期間に所定の事業目的を達成して終了

二元適用事業

- ①（国を除く）都道府県と市区町村の行う事業
- ②都道府県に準ずるものと市区町村に準ずるものが行う事業
- ③東京や横浜などの６大港における港湾運送関係の事業
- ④農林水産などの事業
- ⑤建設の事業

する事業のことをいいます。継続事業と有期事業は労働保険料の申告書なども違いますので、どちらの事業にあたるのかを確認する必要があります。

■ 労災保険と雇用保険は普通一緒に取り扱う

労働保険の保険給付は、労災保険の制度と雇用保険の制度でそれぞれ別個に行われています。

しかし、保険料の申告・納付は、原則として２つの保険が一緒に取り扱われます。このように、雇用保険と労災保険の申告・納付が一緒に行われる事業のことを一元適用事業といい、大部分の事業が一元適用事業に該当します。そのため、一般的には会社などの事業所を設立して１人でも労働者を雇った場合には、労災保険と雇用保険の両方の保険に同時に加入することになります。

ただ、労災保険と雇用保険のしくみの違いなどから、事業内容によっては別個の保険関係として取り扱うことがあります。これを二元適用事業といい、上図の①～⑤に掲げる事業が該当します。

なお、労災保険の有期事業に該当する事業は、必ず二元適用事業に該当することになります。

一元適用事業・二元適用事業

一元適用事業とは、労災保険と雇用保険の保険料の申告・納付等を両保険一本として行う事業のこと。
二元適用事業とは、その事業の実態からして、労災保険と雇用保険の適用の仕方を区別する必要があるため、保険料の申告・納付等をそれぞれ別個に二元的に行う事業のこと。
一般に、農林漁業・建設業等が二元適用事業で、それ以外の事業が一元適用事業となる。

労災保険

仕事中にケガをしたときの補償である

■ 労災保険は仕事中・通勤途中の事故を対象とする

労働者災害補償保険（労災保険）は、仕事中や通勤途中に発生した労働者のケガ、病気、障害、死亡に対して、迅速で公正な保護をするために必要な保険給付を行うことをおもな目的としています。また、その他にも負傷労働者やその遺族の救済を図るためにさまざまな社会復帰促進等事業を行っています。労災保険は労働者の稼得能力（働いて収入を得る能力）の損失に対する補てんをするために、必要な保険給付を行う公的保険制度ということになります。

労災保険は事業所ごとに適用されるのが原則です。本社の他に支社や工場などがある会社については、本社も支社も、それぞれ独自に労災保険に加入することになります。ただ、支店などで労働保険の事務処理を行う者がいないなどの一定の理由がある場合には、本社で事務処理を一括して行うこともできます。

社会復帰促進等事業

労災による被災労働者の社会復帰の促進、その遺族に対する援護等を行うもの。
社会復帰促進等事業には、①社会復帰促進等事業、②被災労働者等援護事業、③安全衛生の確保等を図るための事業がある。

■ １人でも雇うと自動的に労災保険が適用になる

労災保険は労働者を１人でも使用する事業を強制的に適用事業とすることにしています。つまり、労働者を雇った場合には自動的に労災保険の適用事業所になります。届出があってはじめて労災保険が適用されるわけではありません。

■ 労災保険が適用される労働者と保険料

労災保険の対象となる労働者については、その事業所で労働者として働いている者すべてに労災保険が適用されます。労働

労災保険の給付内容

目　　的	労働基準法の災害補償では十分な補償が行われない場合に国（政府）が管掌する労災保険に加入してもらい使用者の共同負担によって補償がより確実に行われるようにする	
対　　象	業務災害と通勤災害	
業務災害（通勤災害）給付の種類	療養補償給付(療養給付)	病院に入院・通院した場合の費用
	休業補償給付(休業給付)	療養のために仕事をする事ができず給料をもらえない場合の補償
	障害補償給付(障害給付)	身体に障害がある場合に障害の程度に応じて補償
	遺族補償給付(遺族給付)	労災で死亡した場合に遺族に対して支払われるもの
	葬祭料(葬祭給付)	葬儀を行う人に対して支払われるもの
	傷病補償年金(傷病年金)	療養開始後1年6か月を経過し一定の場合に休業補償給付または休業給付に代えて支給されるもの
	介護補償給付(介護給付)	介護を要する被災労働者に対して支払われるもの
	二次健康診断等給付	二次健康診断や特定保健指導を受ける労働者に支払われるもの

者とは、正社員であるかどうかにかかわらず、アルバイト・日雇労働者や不法就労外国人であっても、賃金を支払われているすべての人が対象となります。労働者にあたるかどうかの判断は、①使用従属関係があるかどうかと、②会社から賃金（給与や報酬など）の支払いを受けているかどうかによって決まります。

代表取締役などの会社の代表者は労働者ではなく、使用者であるため、原則として労災保険は適用されません。一方で、工場長や部長などの兼務役員については、会社の代表権をもたないことから、労災保険の適用があります。また、同居の親族は、使用従属関係があり、他の労働者と同じ就業実態がある場合は、適用されます。

労災保険の保険料は、業務の種類ごとに、1000分の2.5～1000分の88まで定められています（134ページ）。保険料は全額事業主が負担しますので、給与計算事務において、労働者の給与から労災保険料を差し引くということはありません。

不法就労外国人

留学や観光のための資格ビザで日本に入国したにもかかわらず、資格外活動許可を得ることなく、仕事に就いて賃金を得ている外国人労働者のこと。

PART1
5

給与計算と
社会保険の全体像

雇用保険

失業した場合などに一定の給付がある

■ 雇用保険の給付の概要

雇用保険の給付については、失業時に支給される基本手当など、求職者給付と呼ばれる給付が中心です。また、失業した労働者の再就職の促進のための給付（就職促進給付）や、高齢者や育児・介護を行う労働者の雇用の継続を促進するための給付（雇用継続給付）、一定の教育訓練を受けたときに支給される給付（教育訓練給付）もあります。

求職者給付
失業した労働者が再就職するまでの当面の生活を保障することを目的とした雇用保険の給付。

教育訓練給付
個々の能力の活性化・向上・自己啓発に対して資金的に援助するための制度。

■ 被保険者には４つの種類がある

雇用保険の制度に加入することになる者（労働者）を被保険者といいます。雇用保険の適用事業所に雇われる労働者であれば、適用除外に該当しない限り、労働者自身の意思には無関係に法律の上で例外なく被保険者となります。

被保険者は、次の４種類（種別）に分けられます。

①　一般被保険者

次の②～④までの被保険者以外の被保険者で、ほとんどの被保険者がこれに該当します。一般被保険者とは、１週間の所定労働時間が20時間以上で、31日以上雇用される見込みのある者のことです。フリーターやパートタイム労働者も、この要件を満たせば雇用保険の被保険者になります。

②　高年齢被保険者

同一の事業主の適用事業に、65歳前から65歳以降も引き続き雇用されている者や、65歳以降に新たに雇用された者が該当します。ただ、③と④に該当する者は除きます。

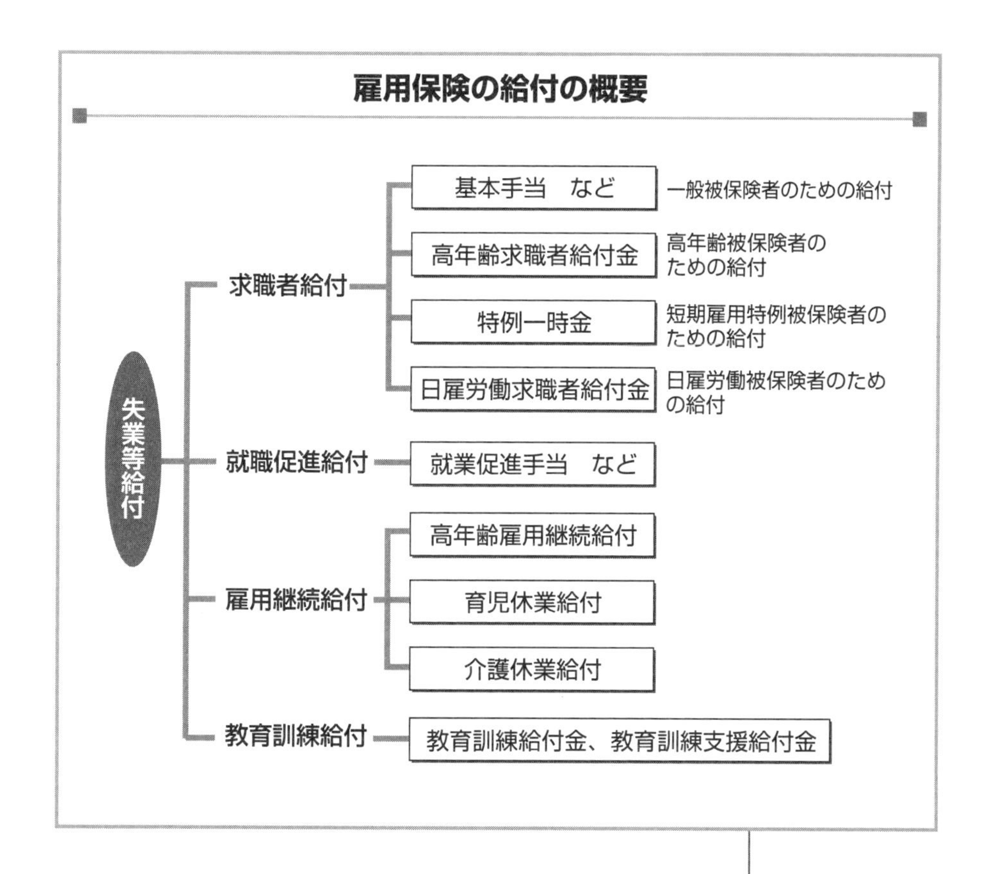

③　短期雇用特例被保険者

冬季限定の清酒の醸造や夏季の海水浴場での業務など、その季節でなければ行えない業務のことを季節的業務といいます。季節的業務に雇用される者のうち、雇用期間が４か月以内の者及び週の労働時間が20時間以上30時間未満の者を除いた者が短期雇用特例被保険者として扱われます。ただ、④に該当する者は除きます。

④　日雇労働被保険者

雇用保険の被保険者である日雇労働者のことです。日雇労働者とは、日々雇い入れられる者や30日以内の短い期間を定めて雇用される者のことです。

高年齢雇用継続給付

高齢者の就業や再就職を支える給付で、高年齢者雇用継続基本給付金と高年齢再就職給付金からなる。

PART1
6

給与計算と
社会保険の全体像

社会保険

健康保険や厚生年金保険のことである

■ 健康保険と厚生年金保険の手続きは一緒に行われる

社会保険の実務では、通常、労働者災害補償保険と雇用保険を労働保険と呼び、健康保険、厚生年金保険、介護保険などのことを社会保険と呼びます。健康保険と厚生年金保険は、給付の目的や内容が異なりますが、適用事業所など多くの部分で共通点があることから、健康保険と厚生年金保険の手続きを一緒に行うケースが多くあります。健康保険と厚生年金保険は一般的に同時にセットで加入しますので、健康保険の適用事業所と厚生年金保険の適用事業所は原則として同じです。

社会保険は事業所単位で適用されます。事業所というのは、本店（本社）の他、支店、出張所、工場など、一定の場所のことです。そこで働く従業員への賃金の支払いや、人事・労務管理などが独自に行われている場合には、それぞれが適用事業所となります。ただ、出張所や工場などで社会保険の事務を処理することができないような場合は、本社で一括して事務処理を行うこともできます。

社会保険の適用事業所は、①強制適用事業所と、②任意適用事業所の２つに分類することができます。

①　強制適用事業所

強制的に社会保険が適用される事業所を強制適用事業所といいます。会社などの法人の場合は、事業の種類に関係なく１人でも従業員がいれば、社会保険に加入しなければなりません。

法人の代表者は法人に使用されている者と考えるため、従業員には、一般の社員に限らず、法人の代表者（社長）やその家

介護保険

助け合いの考えに立って、お互いに保険料を負担し、誰かが介護が必要になったときに介護サービスを提供する社会保険制度。保険料は40歳以上になったら負担するが、介護サービスは原則、要介護認定を受けた65歳以上の被保険者が対象となる。

適用事業

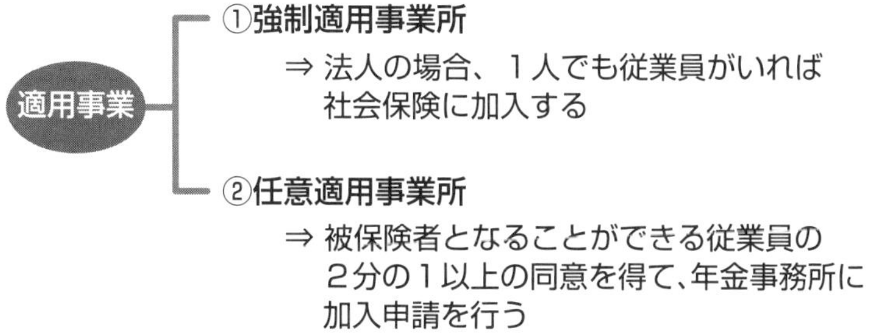

適用事業
- ①強制適用事業所
  ⇒ 法人の場合、１人でも従業員がいれば社会保険に加入する
- ②任意適用事業所
  ⇒ 被保険者となることができる従業員の２分の１以上の同意を得て、年金事務所に加入申請を行う

族従事者、役員（取締役）なども含みます。

一方、個人事業主の事業所の場合は、強制的にすべての事業者が社会保険に加入しなければならないわけではありません。個人の事業所の場合、一定の業種（工業や金融業などの16業種）の事業所で、５人以上の従業員（個人の場合、事業主本人は加入できないため、５人の中には含みません）がいるときに社会保険の適用事業所となります。

②　任意適用事業所

強制適用事業所に該当しない事業所であっても社会保険に加入することができます。強制適用事業所でない事業の事業主が社会保険への加入を希望する場合は、被保険者となることができる従業員の２分の１以上の同意を得て、年金事務所に加入申請を行う必要があります。そして、厚生労働大臣の認可を受けることによって適用事業所となります。このようにして社会保険に加入することになった事業所を任意適用事業所といいます。

また、任意適用事業所の場合は、被保険者の４分の３以上の同意がある場合は、事業主の申請に基づき、厚生労働大臣の認可を受け、任意適用を取り消すことができます。この場合、従業員の全員が被保険者資格を喪失します。

被保険者

保険に加入する者のこと。各保険制度によって被保険者になれる者となれない者が異なる。なお、労災保険にはそもそも被保険者という概念がない。

共済組合による保障

国家公務員や、地方公務員、私立学校の教職員は共済組合による医療保障を受ける。
国家公務員共済組合法や地方公務員等共済組合法に基づいた共済保険は、健康保険とはまったく違う体系をとっており、短期給付（医療費の給付など）、長期給付（年金制度など）、そして福祉事業の実践を柱としている。

■ 健康保険の被保険者になる人とならない人

社会保険に加入するときは、原則として、健康保険と厚生年金保険の２つの保険にセットで加入することになります。

適用事業所に常勤で使用される労働者は、原則としてすべて被保険者となります。役職や地位には関係ありません。

代表者や役員も法人に使用されるものとして被保険者になります。会社についてはどのような会社であっても社会保険の強制適用事業所となるため、社長１人だけの会社であっても健康保険に加入しなければなりません。一方、個人事業者の場合の事業主は被保険者にはなれず、同居の親族も原則として被保険者にはなれません（適用除外）ので注意が必要です。

また、パートタイマーやアルバイトなどの労働者は、必ずしも被保険者となるわけではありません。アルバイトやパートタイマーは、その就業実態を総合的に考慮して判断されますが、正規の社員（労働者）の勤務時間と勤務日数の両方がおおむね４分の３以上勤務する場合に被保険者となります。

たとえば、正社員の所定労働時間が１日８時間の会社で、勤務日数は１か月20日と正社員とほぼ同様に働いていたとしても、１日の勤務時間が４時間（８時間の４分の３未満）のパートタイマーは社会保険未加入者となります。これに対して、１か月の勤務日数が16日、勤務時間が６時間（８時間の４分の３）であれば、勤務日数・勤務時間ともに正社員の４分の３以上となるので、社会保険の加入者となります。

■ 厚生年金の被保険者になる人とならない人

74歳まで加入できる健康保険と異なり厚生年金保険の被保険者は70歳未満の者とされています。つまり、70歳以上の者が適用事業所に勤務していた場合、その人は、健康保険については被保険者になりますが、厚生年金保険については被保険者としては扱われません。ただし、70歳になっても年金の受給資格期

健康保険の被保険者となる者

	非正規の従業員	左の者が被保険者となる場合
❶	②～⑤以外の正社員	常に被保険者となる
❷	アルバイト・パートタイマー	正社員の勤務時間と日数の概ね４分の３以上勤務する者
❸	日雇労働者	１か月を超えて引き続き使用される者
❹	季節労働者	４か月を超えて引き続き使用される者
❺	臨時的事業に雇用される者	６か月を超えて引き続き使用される者

間（25年）を満たさず、年金を受給できない場合には、70歳以降も引き続き厚生年金に加入できる「高齢任意加入」という制度を利用することができます。

■ 短時間労働者の加入基準

「正規の社員と比べ勤務時間と勤務日数のおおむね４分の３以上」が社会保険への加入基準となっています。この基準以下の短時間労働者であっても、次の①～⑤のすべての要件に該当する場合は、厚生年金保険に加入することができます。

① 週の所定労働時間が20時間以上あること。

② 雇用期間が１年以上見込まれること。

③ 賃金の月額8.8万円以上であること。

④ 学生でないこと。

⑤ 被保険者数が常時501人以上の企業に勤めていること。

厚生年金の高齢任意加入

勤務している事業所が適用事業所の場合、高齢任意加入するための要件は、①老齢・退職を支給事由とする受給権をもたないこと、②厚生労働大臣への申し出、③70歳以上であること、である。

被保険者数が常時500人以下の企業

⑤については、被保険者が常時500人以下であっても、労使合意があった企業は対象となる。

健康保険

業務外の事故で負傷した場合に治療などを受けることができる

被保険者
保険に加入している者のこと。

被扶養者
被保険者に養われている者のこと。
配偶者、直系尊属、子、孫、弟妹及び同一世帯に属する３親等以内の親族が健康保険の被扶養者となることができる。

健康保険被扶養者（異動）届
被扶養者の変更があった場合に届け出る書類のこと。

■ 健康保険の給付内容の概要

健康保険は、被保険者と被扶養者がケガ・病気をした場合や死亡した場合、さらには出産した場合に必要な保険給付を行うことを目的としています。

健康保険を管理・監督するのは、全国健康保険協会又は健康保険組合です。これを保険者といいます。これに対し、健康保険に加入する労働者を被保険者といいます。さらに、被保険者に扶養されている一定の親族などで、保険者に届け出た者を被扶養者といいます。健康保険の納付内容は、次ページの図のとおりです。業務上の災害や通勤災害については、労災保険が適用されますので、健康保険が適用されるのは、業務外の事故（災害）で負傷した場合に限られます。また、その負傷により会社を休んだ場合は、傷病手当金が支給され、休職による減額された給与の補填が行われます。傷病手当は、市町村などを保険者とする国民健康保険にはない給付のひとつです。

■ 健康保険は協会・健保組合が管理・監督する

保険者である全国健康保険協会と健康保険組合のそれぞれの事務処理の窓口について確認しておきましょう。

①　全国健康保険協会の場合

全国健康保険協会が保険者となっている場合の健康保険を全国健康保険協会管掌健康保険（協会けんぽ）といいます。保険者である協会は、被保険者の保険料を適用事業所ごとに徴収したり、被保険者や被扶養者に対して必要な社会保険給付を行っ

健康保険の給付内容

種　類	内　容
療養の給付	病院や診療所などで受診する、診察・手術・入院などの現物給付
療養費	療養の給付が困難な場合などに支給される現金給付
家族療養費	家族などの被扶養者が病気やケガをした場合に被保険者に支給される診察や治療代などの給付
入院時食事療養費	入院時に提供される食事に要した費用の給付
入院時生活療養費	入院する65歳以上の者の生活療養に要した費用の給付
保険外併用療養費	先進医療や特別の療養を受けた場合に支給される給付
訪問看護療養費	在宅で継続して療養を受ける状態にある者に対する給付
高額療養費	自己負担額が一定の基準額を超えた場合の給付
移送費	病気やケガで移動が困難な患者を移動させた場合の費用給付
傷病手当金	業務外の病気やケガで働くことができなくなった場合の生活費
埋葬料	被保険者が業務外の事由で死亡した場合に支払われる給付
出産育児一時金	被保険者およびその被扶養者が出産をしたときに支給される一時金
出産手当金	産休の際、会社から給料が出ないときに支給される給付

たりします。

窓口は全国健康保険協会の都道府県支部になります。しかし、現在では各都道府県の年金事務所の窓口でも申請書類等を預かってもらえます。

②　健康保険組合の場合

健康保険組合が管掌する場合の健康保険を組合管掌健康保険といいます。組合管掌健康保険の場合、実務上の事務手続きの窓口は健康保険組合の事務所になります。組合管掌健康保険に加入している事業所は年金事務所に届出などを提出することができません。健康保険組合の保険給付には、健康保険法で必ず支給しなければならないと定められている法定給付と法定給付に加えて健康保険組合が独自に給付する付加給付があります。

協会けんぽの保険料率

協会管掌の健康保険の保険料率は、地域の医療費を反映した上で、都道府県ごとに保険料率（3～12%）が設定される。さらに、40歳以上65歳未満の人には、健康保険料率に加えて介護保険料率がかかる。

健保と国保

健康保険と、おもに自営業者や無職者が加入する国民健康保険は別の制度なので注意が必要。国民健康保険の保険者は市区町村である。

厚生年金保険

パートやアルバイトの加入については条件がある

■ 厚生年金の保険料

厚生年金は一定の条件を満たす被保険者やその遺族に対し、生活費となる現金を給付する制度です。厚生年金は国民年金に加算して支給されますので、国民年金にしか加入していない自営業者などよりも手厚い保障を受けられることになります。厚生年金の受給資格があるか、受給金額がいくらになるかは、被保険者の加入期間と掛けていた保険料によって異なります。

厚生年金の保険料は、毎月の給与や、賞与から天引きされます。天引きされた金額と同額の保険料を会社がさらに拠出し、両方の金額が厚生年金保険料として会社から国に納められます。

厚生年金の保険料の決め方は、給与や賞与に国が決めた保険料率を掛けて算出します。保険料率は平成16年９月までは13.58％でした。したがって、従業員本人と会社が6.79％ずつ負担していたわけです。しかし、年金保険の財政がひっ迫したため、平成16年10月からは13.934％となり、その後も、国民年金保険料の値上げに合わせて保険料率は毎年0.354％ずつ平成29年の18.3%まで引き上げられ、以降は固定されています。

総報酬制

かつては、賞与からはわずかしか社会保険料が徴収されなかったが、平成15年４月以降、月給と同率の保険料が徴収されることになった。これを総報酬制という。

標準報酬月額

標準報酬月額は、国が決めた標準報酬月額表に実際の総支給額をあてはめて算出する。つまり、あくまでも仮の給与額であるが、この仮の給与額が厚生年金保険料を算出する際の給与報酬とみなされる。なお、標準報酬日額とは、標準報酬月額の30分の１の額のことである。

■ 厚生年金の種類

厚生年金の給付は大きく以下の３つに分類することができます。

① 老齢厚生年金

老齢厚生年金は高齢となった場合に支給される厚生年金です。

もともと厚生年金保険は60歳（女性は55歳）から支給されていましたが、昭和61年に年金制度の改正が行われ、支給開始年

厚生年金保険料（平成30年4月分以降）の決め方

標準報酬		報酬月額	保険料(全額)
等級	月額		
⋮	⋮	⋮	⋮
11	170,000	165,000以上 175,000未満	31,110.00
12	180,000	175,000以上 185,000未満	32,940.00
13	190,000	185,000以上 195,000未満	34,770.00
14	200,000	195,000以上 210,000未満	36,600.00
15	220,000	210,000以上 230,000未満	40,260.00

Aさんの給与　18万5000円

Bさんの給与　19万4000円

どちらも同じ枠の中にはいるので、同じ標準報酬となり
負担する保険料も同じになる

齢が国民年金の支給開始年齢である65歳に合わせて繰り下げられています。

ただ、一斉に65歳としてしまうのではなく、生年月日によって段階的に支給開始年齢を遅らせるという措置がとられています。その結果、支給開始年齢が65歳となるのは、男性の場合は昭和36年４月２日以降生まれの人、女性の場合は昭和41年４月２日以降生まれの人、ということになっています。

②　障害厚生年金

厚生年金に加入している被保険者が事故や病気に遭い、身体に障害が残った場合に行われる給付が障害厚生年金です。障害厚生年金は、国民年金法施行令に定められている障害状態の１～３級に該当する場合に支給が行われます。

③　遺族厚生年金

厚生年金に加入している会社員が死亡した場合に、一定の遺族に支給されるのが遺族厚生年金です。

遺族厚生年金
厚生年金保険の被保険者又は一定の要件を満たす被保険者であった者が死亡した場合に、一定の遺族に支給される年金。

PART1
9

給与計算と
社会保険の全体像

給与にかかる税金

所得税と住民税を差し引く処理を行う

■ どのような税金を差し引く処理を行うのか

給与計算をするときには、給与から税金を差し引く処理を行います。給与計算の事務担当者としては、給与にどのような税金がかかるのかを知っておかなければなりません。給与から差し引く税金には所得税と住民税があります。

個人の課税所得

所得税が課される所得とは、給与所得の他に、自営業者が商売をやって得た所得、土地や建物などの不動産を売って得た所得、マンションなどを他人に貸し付けて得た所得、株式などの配当によって得た所得など10種類に分類される。

申告納税制度

所得税の計算対象期間は会社員でも個人事業主でも同じで、1月1日から12月31日までの一暦年間である。これらの所得は、自分で税額を計算して、その額を国に申告・納付するのが原則である（申告納税制度）。
個人事業主などの場合、会社員のような源泉徴収は行わない。その一暦年間の所得金額と所得税の額を納税者自らが計算し、その年の翌年2月16日から3月15日までの間に確定申告書を提出し、所得税を納付することになっている。

■ 所得税を差し引く

所得税とは、個人の所得に対して課税される国税です。これに対し、法人に課税されるものは法人税といいます。

所得税が課税されるのは基本的に個人ですが、例外的に法人（会社など）にも所得税が課税されます。

会社員の場合、所得税などの税金を毎月の給料から天引きすることになっています。経理事務担当者も会社員ですが、会社員が、確定申告時でも自ら税務署に出向いて申告したり、税金を納めたりする必要がないのは、あらかじめ天引きにより所得税を納めているからです。

このように、給与や報酬・料金など特定の所得を支払う者（会社員であれば会社）が支払時に、あらかじめ税金分を差し引くことを「源泉徴収」といいます。源泉徴収された税金は、所得税の概算的な前払いですので、最終的には確定申告時（一般的な会社員の場合は年末調整時）に精算されます。このあらかじめ天引きされた所得税のことを「源泉所得税」といいます。

また、源泉徴収をする者を「源泉徴収義務者」といいます。本来、個人の所得税などは納税者自らが申告し、納付する（申

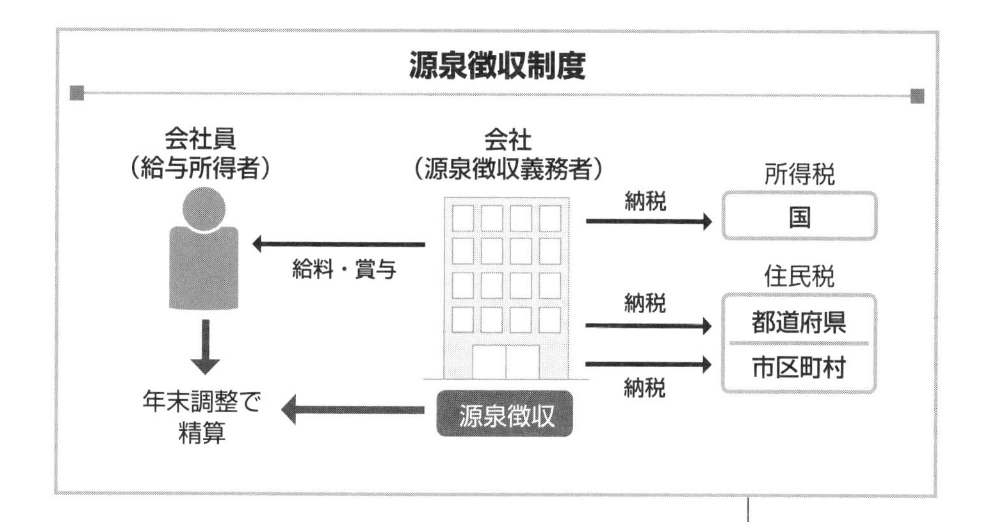

告納税制度といいます）のが建前ですが、会社員の給与などについては、「源泉徴収制度」が設けられているため、会社員の所得捕捉率はほぼ100％ということになっているわけです。

なお、月々の給料だけでなく、賞与についても源泉徴収が行われますが、月々の給与とは源泉徴収の計算方法が少し違ってくるため、注意が必要です。

賞与の源泉所得税の納付期限
賞与の源泉徴収税額の納付期限は、給与と同様に、賞与を支払った月の翌月の10日までとなっている。

■ 住民税を差し引く

住民税とは、国ではなく、地方に納める道府県民税（東京都は都民税）と市町村民税（東京都23区は特別区民税）の総称です。住民税の徴収期間は６月から翌年５月までです。

住民税は前年の所得税額の計算をもとにして、市町村がその徴収額を決定します。会社員の場合は、会社が提出する「給与支払報告書」によって課税対象額が明らかになるようになっています。住民税については、普通徴収と特別徴収の２通りの納め方がありますが、多くの会社では特別徴収という方式をとっているため、所得税と同様、給与から住民税を天引きする処理を行います。

PART1
10

給与計算と
社会保険の全体像

パート・アルバイトと源泉徴収

年収103万円以下であれば本人の所得税は一切課税されない

■ パートタイマーとは

パートタイマーの一般的なイメージとしては、スーパーのレジ係や工場などに勤める主婦などが浮かぶのではないでしょうか。

どのような労働者をパートタイム労働者というのかについては、法律や役所の調査によって定義の仕方が異なるようですが、大まかにいうと正社員と比べて短い時間で働く人がパートタイマーと解釈すれば間違いにはならないようです。

パートタイマーをはじめとする短時間労働者の労働環境を改善することを目的として制定された「短時間労働者及び有期雇用労働者の雇用管理の改善等に関する法律」（通称パートタイム・有期雇用労働法）は、「短時間労働者」を１週間の所定労働時間が同一の事業所に雇用される通常の労働者の１週間の所定労働時間と比較して短い労働者をいうと定義しています。

パート・アルバイト

パートやアルバイトの労働条件などについて、パートタイム・有期雇用労働法（短時間労働者及び有期雇用労働者の雇用管理の改善等に関する法律）が定められている。パートもアルバイトもパートタイム・有期雇用労働法上は、短時間労働者だが、以下のように区別することがある。
・パート
就業している業務が本業の場合。
・アルバイト
昼間学生の学業や他に本業がある場合など、就業している業務が本業ではない場合。

■ パートやアルバイトでも源泉徴収される場合とは

会社員の妻がパートに出る場合、年収を気にして年収103万円以下になるように労働時間数などを調整するケースがあります。その理由は、「年収103万円以下であれば本人の所得税は一切課税されないこと」、そして「夫の控除対象配偶者にもなれること」の２つの理由によります。

前者は、給与収入から控除される「給与所得控除額」が最低65万円、すべての人に認められている基礎控除額が38万円なので、年収103万円以下であれば課税される給与所得金額が「ゼロ」になるというしくみを利用したものです。したがって、仮

給与所得控除

会社員の場合、収入がそのまま給与所得となるわけではない。
給与所得を算定する所得から差し引くことができる金額のことを給与所得控除という。給与所得控除額については、給与等の収入金額に応じて控除額が決められており、年収が65万円未満であれば全額が控除される。

税金や社会保険に関する収入要件

	対象	負担の内容
100万円を超えると	住民税	保育園、公営住宅の優先入所、医療費助成などの自治体サービスの一部で負担が発生
103万円を超えると	所得税	・本人への所得税が発生する ・夫(妻)は38万円の配偶者特別控除が受けられる ※夫(妻)の合計所得金額による制限がある
130万円を超えると	社会保険	健康保険の被扶養者になれず、社会保険料を負担 ※常時501人以上の企業などでは「106万円以上」となる
150万円を超えると	所得税	・本人への所得税が発生する ・夫(妻)は3～38万円の配偶者特別控除が受けられる ※夫(妻)の合計所得金額による制限がある
201万円を超えると	所得税	・本人への所得税が発生する ・夫(妻)は配偶者特別控除が受けられない

に所得税が毎月源泉徴収されていても、年末調整で徴収された所得税は戻ります。

後者の配偶者控除が受けられる条件は、控除を受ける人（上記の場合は夫）の合計所得金額が900万円以下であることです。900万円超1000万円以下の間では控除額が徐々に減っていき、1000万円を超える場合は控除を受けることができません。

なお、妻の年収が103万円を超えても、夫は配偶者特別控除が受けることができます。これは、年収103万円を超えても年収150万円以下であれば、配偶者控除と同額の控除額が適用されます。さらに年収150万円超201万円以下であれば、段階的に控除額を減らしていき、年収201万円以上で控除ゼロとなるものです。

配偶者特別控除にも、配偶者控除と同様に夫の合計所得金額の制限があるので、注意が必要です。

配偶者控除などの所得制限

配偶者控除と配偶者特別控除には、所得制限が設けられている。具体的には、所得者の合計所得金額を①900万円以下、②900万円超950万円以下、③950万円超1000万円以下、の3段階として、各段階で控除額が異なる。1000万円以上は控除額が0円である。合計所得金額は、給与所得だけの場合、900万円を1120万円、950万円を1170万円、1000万円を1220万円に置き換える。

PART1
11

毎月の給与計算事務とスケジュール

給与計算と
社会保険の全体像

毎月行う事務がある

■ 毎月の給与計算事務とは

毎月の給与計算事務とは、「給与明細書の作成」「給与の支給」「社会保険料や源泉所得税などの納付」という一連の業務をいいます。給与計算事務処理の注意点は以下のとおりです。

① 従業員の人事情報の確認

あらかじめ、従業員の採用、退職、結婚、出産、転居、死亡、などの人事情報を確認し、データに漏れのないようにします。

② 各従業員の１か月の勤務時間数の算出

給与の締切日に出勤簿またはタイムカードを回収し、各従業員の１か月の勤務時間数を算出します。

③ 給与の総支給額の計算

各従業員について、基本給などの固定的な給与、残業手当など変動する給与を計算して総支給額を決定します。

④ 控除額の計算

各従業員の社会保険料、源泉所得税、住民税などを計算します。

⑤ 差引き支給額の決定

③の給与総額から④の控除額を差し引いて、各従業員の差引き支給額を決定します。

⑥ 給与明細書の作成

以上の作業から、給与明細の主要項目である支給項目、控除項目、勤怠項目の３つが決定するため、給与明細書を作成します。

⑦ 差引支給額の支給

所定の給与支給日に、各従業員の差引支給額を支給します。口座振込の場合でも、給与明細書は各自に手渡しましょう。

賃金の集計

労働基準法では、賃金台帳の作成と保存を義務付けており、賃金支払のつど、賃金計算期間、労働時間数、基本給・手当その他賃金の種類ごとの額、控除額などを記入することになっている。

社会保険料の納付

たとえば、11月分の保険料については、12月になってから納入告知書が送付されてくるので、12月分の給与から控除して会社負担分とともに12月末日までに納付することになる。

毎月の事務のまとめ

1	人事情報の確認	採用、退職、結婚、出産、転居、死亡などを確認
2	勤務時間数の算出	締切日に出勤簿またはタイムカードで勤務時間数を算出
3	給与の計算	基本給(固定)+ 諸手当(変動)で総支給額を決定
4	控除額の計算	社会保険料、源泉所得税、住民税を計算
5	差引き支給額の決定	各従業員の支給額(手取り)を決定
6	給与明細書の作成	支給項目、控除項目、勤怠項目を記入
7	差引支給額の支給	口座振込の場合も給与明細書は手渡し
8	賃金台帳への記載	支給総額と控除額は毎月記録
9	社会保険料・雇用保険料	事業主負担分とあわせて期日までに納付
10	税金の納付	翌月 10 日までに納付

⑧ 賃金台帳への記載

各従業員の給与の支給総額と控除額は賃金台帳に月ごとに記録しておく必要があります。

⑨ 社会保険料・雇用保険料の徴収・納付

社会保険料は、給与から控除した従業員負担分の保険料に事業主負担分の保険料を合わせて毎月末までに前月分を納付します。納入告知書が郵送されてきますので、それに記載された金額をその月の末日までに納付することになります。

雇用保険料については、年度更新により精算する手続きを毎年繰り返すため、毎月の給与計算では従業員の雇用保険料負担分を給与から控除することになります。

⑩ 税金の納付

源泉徴収した当月分の所得税を原則として翌月10日までに納付します。納付方法は、税務署から送られてくる源泉所得税の納付書に必要事項を記入し、金融機関で納めます。住民税についても同様です。各市町村から送付される納付書によって、当月分を原則として翌月10日までに金融機関で納付します。

年度更新

一般の事業では保険料は年1回、申告して納付する。納付方法は、毎年6月1日から7月10日までに1年度分（4月1日～翌年の3月31日）の労働保険料を概算で納め、年度終了後の同時期に確定精算することになる。この手続きを毎年繰り返すことから労働保険の年度更新と呼ばれている。

事業主が納める労働保険料

事業主は、労災保険料（全額負担）とともに、雇用保険料（事業主負担分と従業員負担分）を納付する。

賞与・退職金の計算事務

就業規則などに退職金の規定がある場合に支給が義務付けられ、課税の対象となる。賞与については、社会保険料も控除される。

給与計算の年間事務の流れ

定期的に行う事務が決まっている

■ 給与計算事務の年間スケジュール

給与計算に関係する事務処理は毎月行うものばかりではありません。ボーナス（賞与）のように年２～３回の事務（計算）処理を行うものや年末調整のように年１回だけ事務処理を行うものもあります。そこで、暦に従って給与計算に関係する年間の事務を覚えておくことは毎月の事務処理と同様に大切なことです。なお、一般的に会社などの事業所が新たに従業員（新入社員）を雇うのは、年度初めである４月です。そのため、給与計算の事務処理の年間スケジュールを覚える上では、４月１日～翌年３月31日までの１年間を一保険年度として、事務処理を見ていくようにします。

資格取得時決定

会社で新たに採用した労働者の給料から、控除する社会保険料を決定する。

定時決定

社会保険（健康保険と厚生年金保険）の保険料は、毎月同じ額を従業員の給与から控除する。控除する保険料額は、従業員に4～6月に支払われた給与の額を基にして決定する。この社会保険料の決定手続きを定時決定という。

■ 年度始め（４～６月）の事務

従業員を新たに雇ったときは、その従業員の給与から控除する社会保険（健康保険と厚生年金保険）の保険料の額を決めるための事務手続きが必要になります。一度決まった社会保険の保険料は、原則として次の定時決定のときまで使用します。入社時に行う資格取得時決定は、入社時に１回だけ行う事務処理ということになります。事業主が従業員から預かった社会保険の保険料は国（政府）などに納めることになります。

一方、雇用保険の保険料は、従業員の給与（賞与も含む）の額によって、控除する額が毎月変わります。そこで、雇用保険の保険料は社会保険の保険料と異なり、給与支給のつど計算して控除します。

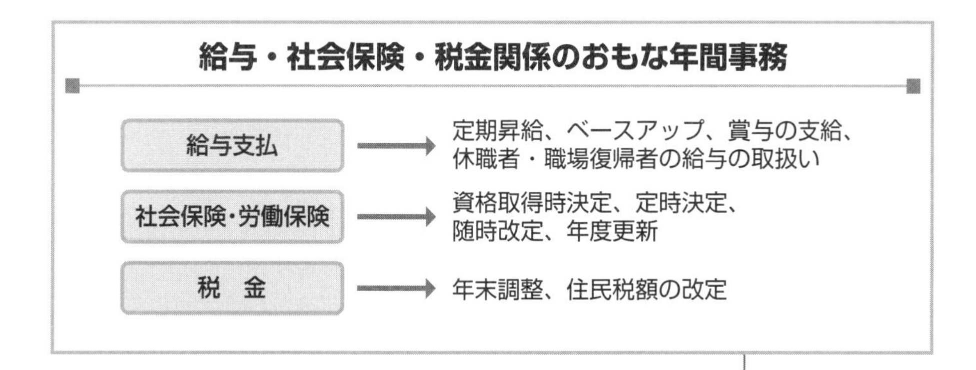

さらに、従業員の毎月の給与から控除するものに所得税（源泉所得税）と住民税があります。所得税は給与の額によって控除する額が異なります。これに対して、住民税は従業員の前年の所得に基づいて市区町村で計算し、毎月（毎年６月〜翌年５月の分）の控除額が決定されます。住民税は毎月定額（１回目だけは端数処理の関係で多少多くなります）を控除します。事業主の側で預かった源泉所得税と住民税は、毎月（所得税は事業所によっては年２回の納付）、国または地方公共団体に納付することになります。

■ ７〜９月の給与計算関連事務

従業員の給与から労働保険・社会保険の保険料と税金を徴収する事務は給与計算のつど毎月行うことになります。また、従業員から預かった社会保険料や税金を各機関に納付する事務も原則として毎月行います。

社会保険の保険料は、４〜６月の給与について、７月１日〜10日までに、役所（年金事務所）に届出をし、役所ではこの届出をもとに従業員の給与から控除する社会保険料の額を決定します（定時決定）。新たに決定された社会保険料は、原則としてその年の９月分（10月納付分）から翌年の８月分（９月納付分）までの１年間使用することになります。

労働保険
雇用保険と労災保険のことを合わせて労働保険という。

労働保険の取扱い
保険年度の途中で新たに会社を設立した場合などは取扱いが異なる。また、保険料の金額によっては、年3回の分割が認められず1回で支払う場合もある。

事業主が従業員から預かった雇用保険料については、事業主負担分の雇用保険料と労災保険料（全額事業主負担）をまとめて毎年一定の期限までに国に納めます（1年分の保険料を前払いで支払います）。この手続きのことを年度更新といいます。労働保険の保険料は、通常、年3回に分割して納めます（延納といいます）が、その第1回の納付期限は毎年7月10日になります。民間の事業所では一般的慣行として毎年7月（または6月）と12月にボーナスが支給されていることが多いようです。そのため、7～9月の給与計算事務として、ボーナスの計算と賞与支払届（238ページ）の提出など、支給事務を行うことになります。ボーナスにおける保険料と税金の控除については、毎月の給与計算処理と少し異なりますので注意が必要です。また、社会保険（健康保険と厚生年金保険）について、支給額などを記載した届出を一定期間内（支給から5日以内）に年金事務所に提出する必要があります。

■ 10～12月の給与計算関連事務

年末調整
この時期でもっとも煩雑な事務は年末調整である。年末調整とは、会社員や公務員の給与（賞与も含む）から控除する所得税についての精算処理である。
毎月控除される所得税はあくまでも概算の額である。正確な所得税は、1年間のすべての給与と賞与が支給された後に個人的事情にあわせて計算することになる。このための計算処理が年末調整である。

10月は4～6月に支払った報酬を基に、新たに決定された社会保険料の額を控除し始める月です。

10月からは9月まで従業員の給与から控除していた額と異なる額の社会保険料（健康保険と厚生年金保険の保険料）を控除することになりますので、パソコンなどで給与計算事務の処理を行っている事業所については、システムの更新が必要になります。手計算の場合も控除する社会保険料の額が変わることを忘れないようにしましょう。また、10～12月については、4～9月の各月と同じように毎月の給与計算事務と12月のボーナスの計算事務があるため、それぞれの関係の役所に社会保険料や税金を納付する事務もあります。

10～12月の時期でもっとも複雑な事務は年末調整です。年末調整とは、概算で納付している所得税額について1年間のす

給与計算事務の年間スケジュール

月	毎月の事務	重要事務
4月	給与計算	新入社員に関する手続き、健康・介護保険料率の改定
5月	給与計算	
6月	給与計算	住民税の額の改定
7月	給与計算	賞与の計算、算定基礎届の提出、 年度更新と労働保険料納付（第１期）
8月	給与計算	
9月	給与計算	
10月	給与計算	定時決定に基づく社会保険料の改定、労働保険料を 延納する場合の納期（第２期）
11月	給与計算	
12月	給与計算	賞与の計算、年末調整
1月	給与計算	労働保険料を延納する場合の納期（第３期）、 給与支払報告書事務、法定調書作成
2月	給与計算	
3月	給与計算	賞与の計算（※）

（※）決算期などに賞与が支給される事業所もある

べての給与とボーナスが支給された後に個人的事情にあわせて精算する手続きのことです。会社としては従業員から受け取った「扶養控除等（異動）申告書」「給与所得者の保険料控除申告書」などの書類に基づいて、計算処理を行います。

■ 1～3月の給与計算関連事務

毎月行う給与計算事務などについては、他の月と同様に行います。年末調整で従業員の１年間の税金が確定しましたので、従業員一人ひとりの源泉徴収票を作成して本人に渡すことになります。年末調整で税金が戻ってくる場合は、その金額と一緒に従業員に渡すとよいでしょう。その他、給与支払報告書の市区町村への送付、法定調書の作成といった事務も１月中に行うことになります。

還付又は徴収

一般的に年末調整というと、税金が少し戻ってくるというイメージをもっている人も多いが、控除されていた所得税が少なかった場合、逆にその分が控除される。

社員の退職に伴う事務

社員の退職は１～３月とは限らないが、年度末の３月は社員の退職事務で忙しくなることもある。社員が退職する場合、雇用保険の資格喪失手続きを行う必要がある。この場合の手続きの期限は、退職日の翌日から10日以内と決められている。

Column

給与支払いのルール

従業員（労働者）は労務（労働）を提供して、その代わりとして（「対償として」といいます）、賃金（給与）を受け取ります。労働基準法では、労働者保護の観点から、労働者が提供した労務について確実に給与を受け取ることができるようにするための一定のルールを定めています。ルールは５つあり、給与支払いの５原則と呼ばれています。５原則には下図のような例外も存在します。

■ 給与支払いの５原則の内容

原則	内容	例外
❶通貨払い	小切手や現物で支払うことはできない	**労働協約が必要** ● 通勤定期券の現物支給、住宅貸与の現物支給 **従業員の同意が必要** ● 銀行口座振込み、証券総合口座払込み（注1） ● 退職金の銀行振出小切手、郵便為替による支払い（注2）
❷直接払い	仕事の仲介人や代理人に支払ってはならない	● 使者である家族への支払い ● 派遣先の使用者を通じての支払い
❸全額払い	労働者への貸付金その他のものを控除してはならない	● 所得税、住民税、社会保険料の控除 **労使の書面協定が必要** ● 組合費、購買代金の控除など
❹毎月１回以上払い	毎月１回以上支払うことが必要	**臨時に支払われる賃金** ● 結婚手当、退職金、賞与など ● １か月を超えて支払われる精勤手当、勤続手当など
❺一定期日払い	一定の期日に支払うことが必要	

（注１）①労働者の同意を得ること、
②労働者の指定する本人名義の預貯金口座に振り込まれること、
③賃金の全額が所定の支払日に払い出し得ること、
を満たせば、金融機関への振込みにより支払うことができる。なお、一定の要件を満たす預り金に該当する証券総合口座への賃金の払込みも可能

（注２）退職金については、労働者の同意を条件に、①銀行振出小切手、②銀行支払保証小切手、③郵便為替により支払うことができる

PART 2

給与・保険料の計算の基本を知る

PART2
1

給与計算の準備

給与・保険料の
計算の基本を知る

タイムカードや出勤簿をもとにして給与を計算する

■ 給与計算をするときに必要な書類とは

給与計算をする上で使用する書類には、①出勤簿またはタイムカード、②賃金台帳、③就業規則または給与規程、④通勤手当支給申請書、⑤給与所得者の扶養控除等（異動）申告書、⑥控除に関する労使協定、⑦住民税の特別徴収税額通知書があります。通常毎月の給与計算で使用するのは、①出勤簿またはタイムカードと②賃金台帳です。③～⑦の書類については、給与規程の変更がなされたり、住民税の額が改定されたり、新たに控除に関する労使協定を結ぶといった事情に応じて、そのつど該当する書類で変更または改定内容を確認します。

勤怠状況
労働者の出勤の有無や出退勤の時間、時間外労働や休日労働の有無など、労働者の働いた状況のこと。

出勤簿
出勤簿によって労働者の勤怠状況を確認することにしている事業所もある。出勤簿を使っている事業所では、出勤簿に労働者が自分で出勤時刻や退勤時刻、時間外労働時間、休日出勤などの勤怠状況を記入する。出勤簿は昨今電子化されている場合が多いが、いいかげんに記入したりすることのないように管理が必要である。

■ タイムカードまたは出勤簿で勤怠状況を確認する

タイムカードも出勤簿も労働者の勤怠状況を管理するという意味では同じです。ただ、労働者の作業負担だけを考えると、カードを入れさえすれば時間を正確に打刻してくれるタイムレコーダーを使った方が簡単です。

■ タイムカードで集計すべき項目

タイムカードを使って労働者ごとの労働時間を集計します。

給与を月給制にしている事業所の場合に集計すべきおもな項目としては、①出勤日数と欠勤日数、②労働時間（時給制など時間を単位として給与を計算する場合）、③有給休暇日数、④特別休暇日数、⑤所定労働時間外の残業時間、⑥法定労働時間外の残業時間、⑦深夜労働時間、⑧休日労働時間（日数）、⑨

労働時間の管理方法

始業・終業時刻の確認・記録	● 労働日ごとに始業時刻や終業時刻を使用者（管理者や上司など）が確認し、これを記録する必要がある
確認・記録方法	● 使用者自らが確認・記録する方法(管理方式) ● タイムカード、ICカード、パソコン使用時間の記録などで客観的に確認・記録する方法(タイムカード方式) ● 労働者自身に申告・申請させ、確認・記録する方法（自己申告制）
自己申告制の場合の措置	● 使用者は、自己申告制の具体的内容を説明し、労働時間の把握について実態調査をしなければならず、申告・申請を阻害するような措置をしてはならない
書類などの保存	● 使用者は、労働時間の記録に関する書類について、3年間保存しなければならない

休日深夜労働時間、⑩遅刻・早退時間、などがあります。

④特別休暇とは、事業所が独自に定める休暇のことで、慶弔休暇（労働者本人や家族の結婚・出産・死亡などのときに取得できる休暇）やリフレッシュ休暇などがこれにあたります。

なお、特別休暇中の給与を有給とするか無給とするかは、事業所の自由です。特別休暇を定めた場合、就業規則や賃金規程で特別休暇の期間について給与を支給するのかどうかを明示しておく必要があります。たとえば、特別休暇の2日目までを有給とし、3日目以降を無給とするなどというように定めている会社もあるようです。

⑤所定労働時間外の残業時間とは、所定労働時間を1日8時間、1週40時間より短くしている事業所で、所定労働時間を超える法定労働時間内の労働時間のことです。一方、⑥法定労働時間外の残業時間とは、法定労働時間を超える労働時間のことです。割増賃金の割増率が異なるため、両者を区別する必要があります。

タイムカード

タイムカードは1か月ごとに1枚のカードになっていて、カードの表と裏のそれぞれにあらかじめ日付が記載されている。事業所によって給与計算の締め日が異なるため、それにあわせたカードを使用するとよい。たとえば、20日締めで当月25日に給与を支払うことにしている事業所では、（前月の）21日から始まって（当月の）20日で終わるタイムカードを使用する。

法定労働時間

1日8時間、週40時間である。

タイムカード・出勤簿と労働時間の管理

労働時間を正確に把握する

■ 変動的給与計算のためにデータを残す

会社などの事業所が労働者に給与を支給するときは、一定のルールに従って給与を計算することになります。事業所によって給与体系はさまざまですが、同一事業所内では同じ基準を使用します。ただし、正社員とアルバイト・パートタイマーなどを区別して、給与の支給基準や支給内容を別個に取り扱うことが可能です。

給与は固定的給与と変動的給与に分かれます。固定的給与とは、原則として毎月決まって同じ額が支給される給与のことで、たとえば、基本給・役職手当・住宅手当・家族手当・通勤手当などをいいます。これに対して、変動的給与とは支給されるごとに支給額が異なる給与のことです。時間外手当・休日労働手当・深夜労働手当などの残業手当や精皆勤手当などをいいます。固定的給与は、原則として就業規則や給与規程などであらかじめ毎月の支給額が決まっているため、月中での入退社や休職からの復帰などがない限り、あらためて計算する必要はありません。

一方、変動的給与は、毎日の出退勤状況や残業時間に応じて給与を支給するたびに金額が異なるため、毎月支給額を計算する必要があります。そこで、変動的給与を計算するために、それぞれの労働者について、日々の出勤・欠勤の状況、労働時間・残業時間などのデータが必要になります。このデータ収集のために利用されるのが出勤簿やタイムカードです。出勤簿、タイムカード、賃金台帳は最後に記入した日から３年間、事業所で保存しておく必要があります。

賃金台帳の保存

労働基準法109条は「使用者は、労働者名簿、賃金台帳及び雇入、解雇、災害補償、賃金その他労働関係に関する重要な書類を３年間保存しなければならない」と規定している。

タイムカードサンプル／出勤簿サンプル

NO.	氏名
12	○○ ○○

所属	
技術部	

出勤表

平成○年○月分

	午前 出勤	午前 退出	午後 出勤	午後 退出	残業	残業	小計
21	21 8:51			21 20:04			
22	22 8:42			22 21:07			
23							
24	24 8:54			24 19:45			
25	25 8:50			25 21:22			
26	26 8:52			26 19:50			
27	27 8:48			27 18:10			
28	28 8:55			28 17:25			
29							
30							
31							
1	1 8:50			1 17:49			
2	2 8:51			2 17:32			
3	3 8:53			3 18:04			
4	4 8:49			4 18:11			

			課長	係長	係

NO.	氏名
12	○○ ○○

所属	資格別	作業別	年令	性別
技術部				(男) 女

出勤日数		欠勤日数		遅刻早退 回数	
就業時数		休暇日数		遅刻早退 時数	
休日出勤 日数		早出残業 回数		早出残業 回数	
休日出勤 時数		早出残業 時数		早出残業 時数	
休日出勤 歩増		早出残業 歩増		早出残業 歩増	

	午前 出勤	午前 退出	午後 出勤	午後 退出	残業	残業	小計
5	5 8:53			5 18:40			
6							
7							
8	8 8:49			8 17:20			
9	9 8:47			9 17:42			
10	10 8:50			10 17:35			
11	11 8:49			11 18:10			
12	12 8:51			12 18:31			
13							
14							
15	15 8:54			15 19:05			
16	16 8:52			16 19:10			
17	17 8:51			17 18:32			
18	18 8:50			18 19:02			
19	19 8:49			19 18:37			
20							

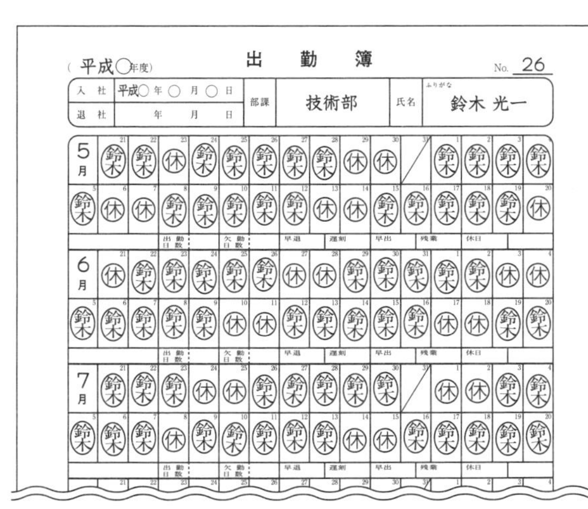

（平成○年度）　出勤簿　No. 26

入社	平成○年○月○日	部課	技術部	氏名	ふりがな 鈴木 光一
退社	年　月　日				

月	21	22	23	24	25	26	27	28	29	30	31	1	2	3	4
5月	鈴木	鈴木	休	鈴木	鈴木	鈴木	鈴木	鈴木	休	休	／	鈴木	鈴木	鈴木	鈴木
6月	休	鈴木	鈴木	鈴木	鈴木	鈴木	休	休	鈴木	鈴木	鈴木	鈴木	鈴木	休	休
7月	鈴木	鈴木	鈴木	休	休	鈴木	鈴木	鈴木	鈴木	鈴木	／	休	休	鈴木	鈴木

月	5	6	7	8	9	10	11	12	13	14	15	16	17	18	19	20
5月	鈴木	休	休	鈴木	鈴木	鈴木	鈴木	鈴木	休	休	鈴木	鈴木	鈴木	鈴木	鈴木	休
6月	鈴木	鈴木	鈴木	鈴木	鈴木	休	休	鈴木	鈴木	鈴木	鈴木	鈴木	休	休	鈴木	鈴木
7月	鈴木	鈴木	鈴木	休	鈴木	鈴木	鈴木	鈴木	鈴木	休	休	鈴木	鈴木	鈴木	鈴木	鈴木

Summary row under each month: 出勤日数｜欠勤日数｜早退｜遅刻｜早出｜残業｜休日

賃金台帳の記載と保存

賃金台帳は賃金支払のつど、正確に記載する

■ 1年間の給与の一覧表となる

会社などの事業所では、毎月給与計算を行い、所定の給与日に労働者一人ひとりに対して給与を支払います。その際、なぜその支給額になったのかがわかるようにするため、給与明細を添付して給与を支払う必要があります。給与明細には支給額と控除額の内訳をそれぞれ明示し、最終的な支給額（手取額）を記載します。

ただ、給与明細は労働者に渡してしまうものですから、事業所の方でも、データとして労働者に渡した給与明細と同じものを保存しておかなければなりません。しかし、労働者数が何百人もいるような会社で、毎月の明細を労働者に渡した給与明細と同じサイズの給与明細で保存するのは無理があります。

また、年末調整のときには、労働者一人ひとりに対する1年間の給与の内訳を記載した源泉徴収簿を作成する必要があります。

このようなことから、労働者ごとの1年間の給与一覧表である賃金台帳を作成するようにします。賃金台帳には、労働者の給与と賞与の支給額と控除額の内訳を細かく記載します。

賃金台帳

給与台帳と呼ぶこともある。賃金台帳は労働基準法上、事業所に備えつけておかなければならない書類なので、必ず作成する必要がある。

■ 賃金台帳に記載すべき事項と保存の義務

賃金台帳は法定3帳簿のひとつです。法定3帳簿とは、労働基準法で事業主に作成と保存が義務付けられている帳簿のことです。賃金台帳は事業所ごとに備え付けておかなければなりません。たとえば、本店（本社）の他に支店（支社）や工場がある会社で、その支店や工場などでそれぞれ給与計算の事務処理

賃金台帳に記載する事項

- 労働者の氏名
- 労働者の性別
- 賃金の計算期間
- 労働日数
- 労働時間数
- 時間外労働・休日労働・深夜労働の労働時間数 ← ※ 普通の時間外労働と深夜労働、休日労働を分ける
- 基本給・各種手当の金額 ← ※ 基本給と各種手当を分ける
  ※ 手当もその手当の種類ごとに分ける
- 賃金の一部を控除する場合における控除額 ← ※ 社会保険料などの控除額
  ※ 源泉徴収所得税額
  ※ 労使協定などに基づいて控除する場合の控除額

を行っている場合は、その支店や工場ごとに賃金台帳を作成し、保存する義務があります。これに違反した場合は30万円以下の罰金が科されます。賃金台帳の記載事項には、上図に示した通り、以下の6つがあります。

① （労働者の）氏名と性別

② 賃金の計算期間（日雇労働者は記入しなくてもよい）

③ 労働日数と労働時間数

④ 時間外、休日、深夜の労働時間数

⑤ 基本給、諸手当、その他給与の種類ごとの金額（現物給与は定められた評価額）

⑥ 法定控除、協定控除の項目と金額

事業主は賃金台帳に以上の事項をきちんと記載して、一定期間（最後に記入した日から３年間）保存しておかなければなりません。

法定３帳簿

事業所において労務管理をする上で、事業所の規模や労働者数に関係なく必要な①労働者名簿、②賃金台帳、③出勤簿（またはタイムカード）の３つの書類のことを指す。
労働者名簿には、労働者の氏名、生年月日、履歴、性別、住所、履歴、雇入年月日、退職（死亡を含む）年月日とその事由を記載する。さらに30人以上の事業所ならば、従事する業務の種類の記載も必要となる。

給与支給項目の集計

項目ごとに集計し、総支給額を算出する

■ 固定的給与と変動的給与の集計

給与計算は、給与の支給項目を集計し、総支給額を算出することから始まります。支給項目は固定的給与と変動的給与に大別できます。

① 固定的給与

固定的給与とは、基本給、役職手当、家族手当、住宅手当など、毎月決まった金額で支給されるものをいいます。給与計算を行うにあたって、基本給や手当の意味合いを確認しておきましょう。

基本給とは、賃金の中で最も基本的な部分で、本給または本俸とも呼ばれています。賃金表（賃金テーブル）がある場合は、会社として従業員ごとに該当する等級・号を確認して集計することになります。また、定期昇給や臨時昇給があった場合は、昇給時期（日付）も確認しなければなりません。

役職手当は、役付手当ともいわれ、管理・監督あるいはこれに準ずる職制上の責任に対して支給されるものです。たとえば部長手当、課長手当、主任手当などがあります。

家族手当は、社員の生計費を補完するために支給されるものです。一般的には扶養家族の人数によって金額が決められています。税法上の控除対象配偶者と18歳までの子供を支給基準とする事業所が多いようです。住宅手当は、家族手当と同様に生計費を配慮して支給される手当です。持ち家と借家、世帯主と非世帯主、住宅ローン、貸借料など、支給基準や金額の相違を明確にしておく必要があります。

労働契約法20条

労働契約法第20条では、「期間の定めがあることによる不合理な労働条件の禁止」が規定されている。具体的には、通勤手当・皆勤手当・給食手当・作業手当などの手当で、正社員と有期労働者との間で不合理と認められるような差をつけることは禁止されている。

固定的給与と変動的給与

固定的給与 → 毎月決まった金額で支給されるもの
（例）基本給、役職手当、家族手当、住宅手当など

変動的給与 → 月により額が変動する給与
（例）時間外労働手当、深夜労働手当、休日出勤手当、精皆勤手当

通勤手当は、通勤にかかる費用の一部または全部を事業所が負担するための手当です。税法上の非課税限度額まで認める事業所が多いようですが、必ず支給しなければならない手当ではありません。ただし、経済的で合理的と認められる通勤手段に限られるため、必ずその経路と方法を特定しておきます。

各手当についても、「支給要件に該当するかどうか」「該当する場合にはどの時点から支給するか」がチェックポイントになります。

②　変動的給与

変動的給与とは、時間外労働など所定外労働時間に対する手当、精皆勤手当など、月により額が変動する給与のことです。「時間外労働」「深夜労働」「休日労働」の法定時間外労働に対する手当は、労働基準法による割増賃金の加算が必要です。なお、割増賃金の金額は、これらの割増率を「時間単価」に乗じて算出します。

以上の固定的給与と変動的給与の合計額から、欠勤や遅刻早退など労働力の提供がない部分を控除したものが給与支給額となります。これは、所定時間労働しなければ（ノーワーク）、給与は支払われない（ノーペイ）という「ノーワーク・ノーペイ」の原則によるものです。

時間単価

時給制の場合は時給単価、日給制の場合は1日の給与を1日の所定労働時間数で割った金額、月給制の場合は月給を1か月の所定労働時間数で割った金額のことである。
また、1か月の所定労働時間数は、年平均の1か月の所定労働時間数を使用するのが一般的である。

割増賃金の基礎

割増賃金の計算の基礎になる月給は、基本給だけでなく、諸手当も含まれるが、①家族手当、②通勤手当、③別居手当、④子女教育手当、⑤住宅手当、⑥臨時に支払われた賃金、⑦1か月を超える期間ごとに支払われる賃金は除くことができる。
ただし、①家族の人数に関係なく一律に支給する家族手当、②費用や距離に関係なく一律に支給する通勤手当、⑤住宅の形態ごとに一律に定額で支給する住宅手当については、割増賃金の基礎に算入する。

PART2
5

給与・保険料の
計算の基本を知る

給与からの控除額の計算

法定控除と協定控除がある

■ 社会保険料や税金は法律で天引きが認められている

給与の総支給額が集計されたところで、次に税金や社会保険料などを控除することになります。給与明細書の控除項目は、「法定控除」と「協定控除」の２つに分けられます。

まず、「法定控除」とは、下記の通り、社会保険料や税金など、法律で天引きすることが認められているもののことです。

① 社会保険料

「健康保険料」「介護保険料」「厚生年金保険料」が該当します。これらの社会保険料は、標準報酬月額に保険料率を乗じた額を月額保険料とします。負担は、会社（事業主）と従業員（被保険者）の折半です。

いったん標準報酬月額が決定すると、定時決定、随時改定によって変更されるまでの間は、毎月支給される給与額が変動しても、現在の標準報酬月額で定められた保険料を控除することになります。したがって、長期の欠勤によって給与の支払いがない場合でも、同額の保険料が発生します。

② 雇用保険料

被保険者が負担する雇用保険料は、賃金を支払うつど、その賃金額に被保険者負担率を乗じて計算します。

なお、健康保険や厚生年金保険の保険料と異なり、雇用保険は毎月の給与の支給総額に基づいて保険料を決定します。したがって、給与の支給総額が毎月わずかでも増減すれば、保険料額も変動することになります。

③ 所得税及び復興特別所得税

法定控除と協定控除の算出

総支給額 ー 控除額 ＝ 手取額

法定控除と協定控除がある

法定控除：社会保険料、雇用保険料、所得税、住民税
法定外控除：労使協定で定めた社宅・寮費、親睦会費、財形貯蓄、貸付金の返済など

所得税の額は、「源泉徴収税額表」を使用して求めます。まず、従業員について税額表の横軸「甲欄」と「乙欄」のどちらが適用されるのかを判定します。通常は税額表の「甲欄」を適用しますが、従業員から「扶養控除等（異動）申告書」が提出されていない場合には「乙欄」、日雇労働者・短期雇用アルバイトについては「丙欄」を適用することになります。

次に、従業員の課税給与額（通勤手当のような非課税給与を除く）から社会保険料や雇用保険料を控除した金額を税額表の縦軸「社会保険料等控除後の給与等の金額」の区分にあてはめて、該当する税額を算出します。「甲欄」の場合は、「扶養親族等の数」によっても税額が違ってくるので注意が必要です。

源泉徴収税額表の確認

源泉徴収税額表は国税庁のホームページから閲覧することができる。所得税と復興特別所得税を併せて徴収する表となっている。

④ 住民税

住民税（市町村民税＋都道府県民税）の徴収方法には、特別徴収と普通徴収の２種類がありますが、会社などの事業所で源泉控除するのは特別徴収です。

財形貯蓄

正式には、「勤労者財産形成貯蓄制度」と呼ばれ、勤労者財産形成促進法に基づき導入された、勤労者が財産を形成するための制度。勤労者の貯蓄や住宅購入などの財産形成を促進するために、勤労者が事業主の協力を得て賃金から一定の金額を天引きして行う貯蓄商品の形態である。単に「財形」ということもある。

■ 協定控除

一方、「協定控除」は、社宅・寮費、親睦会費、財形貯蓄、貸付金の返済など、法定控除以外のものです。控除は勝手に行うことはできず、労働基準法の規定によって、従業員の代表と使用者が労使協定を締結する必要があります。

賞与

支給要件や支給額をあらかじめ決めておく

■ 会社には原則として賞与支払義務はない

多くの会社では、毎年決まった時季（たいていは夏季と冬季の年２回）に従業員（労働者）に対して賞与を支給しています。しかし、賞与は必ず支給しなければならないものではありません。賞与を支給する会社では、就業規則などにそのことを定める必要があります。

就業規則、労働協約、労働契約（労働者が労働力を提供し、使用者がその労働力に対する対価を支払うことを約した契約のこと）などで賞与の支給時期や計算方法が定められている場合は、会社として労働者に賞与を支払うことが労働契約の内容になっていますから、労働者は会社に賞与を請求できます。

労働協約
労働組合と使用者との間で結ばれる労働条件などについての書面による取り決めのこと。

どのような条件で賞与を支払うかは使用者が自由に決定できます。賞与の支給額は、その会社の業績によって変動する場合が多いようです。賞与は、過去の労働に対する報酬という意味合いがあるといわれています。したがって、査定対象期間の締切日が過ぎてから査定したり金額を決める必要があり、通常、賞与の支給日は締切日より少し後になります。

では、「賞与はその査定対象期間の在籍者に支給する」という規定がある場合はどうでしょうか。査定対象期間に在職していて支給日前に退職していたようなケースが考えられますが、この場合には賞与を支給する必要があります。

この他にも、その会社の慣行として支給時期や最低支給割合などが決められていて、過去にも退職者に支払った例がある場合には、退職後でも賞与を支給しなければならない可能性があ

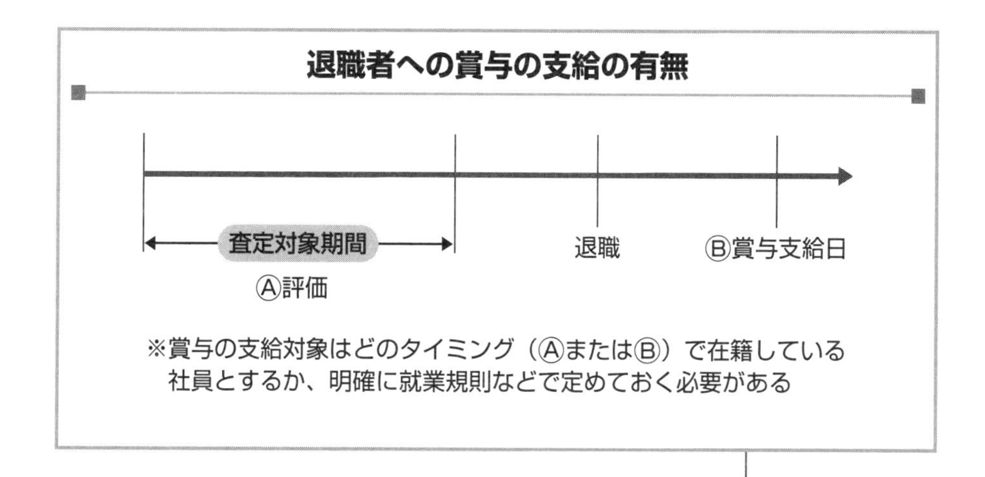

ります。支給日が例年よりも大幅に遅れたというケースで、支給日の在籍者だけを支給対象者とすることに合理性はないとして、退職した労働者に賞与の請求権を認めた判例もあります。

■ 支給対象者をどのように決めればよいのか

賞与を支給するにあたっては、あらかじめ就業規則や社内規程に「冬季賞与は○月○日から○月○日までを、夏季賞与は○月○日から○月○日までをそれぞれその算定対象期間とする」などというように対象となる勤務期間を定めておきます。

この勤務期間が賞与を支給するための成績査定の査定対象期間となります。期間中の各人の勤務ぶりや出勤率を査定して、賞与の金額を決めることになります。

賞与の支給対象者は、会社によってまちまちです。査定対象期間のうち８割以上出勤した者をその支給対象者とするといった会社もあります。しかし、産前産後休業や育児休業など、法で保障された休業をしたために出勤数が足りないとして、査定から除外することは、権利の行使への事実上の抑止力となり、無効とされています（ただし、休業日数に応じて減額をすることは止む得ないとされています）。

大和銀行事件

最高裁昭和57年10月7日。賞与の支給対象者を賞与の支給日に在籍する者に限るとする就業規則の合理性を認めた例。

退社した労働者と賞与

賞与は、今後の労働意欲の向上発展に対する期待という意味合いがあるともいわれている。したがって、自己都合で辞めたり、解雇されたことにより、賞与支払日に在籍していない人に対しては支給しない場合も多い。
この場合、就業規則や社内規程に「賞与は、その支給日に在籍している社員に支給する」という賞与についての規定を定めておくとよい。

PART2
7

給与・保険料の計算の基本を知る

退職金の税務

2分の1を課税対象とし、分離課税を適用する

■ 根拠があるのかどうかがポイント

退職金とは、労働者の退職に伴って、勤務していた企業からその者に支給される金銭のことです。

退職金は「長年、正社員として勤めていれば退職時に必ず受け取れるもの」かというと、そうではありません。労働の対価として支払われる通常の賃金と違い、使用者は必ず退職金を支払わなければならないという義務はありません。

企業が退職金制度を設ける場合、労働基準法では、①適用される労働者の範囲、②退職手当の決定、③計算および支払方法、④退職手当の支払の時期に関する事項を決定し、就業規則などに規定するよう求めています（89条3号の2）。

就業規則は、労働者と使用者が互いに守るべき社内の「法律」です。就業規則などに記載されると、退職金は労働基準法上の賃金と同様に扱われることになり、使用者には退職金を支払う義務が生じるとされています。

また、判例では、たとえ就業規則などに明確な記載がなかったとしても、慣行として過去に支給実績がある場合には、退職金の支払義務を認めるべきとの判断が出されています。

退職金の支払義務について、就業規則などにより根拠が認められる場合、その支払いは原則として労働基準法24条の「賃金の支払い」の規定に準じて行われなければなりません。つまり、ⓐ通貨で支払われること、ⓑ直接労働者に支払われること、ⓒ全額が支払われることが必要です。

中小企業退職金共済制度

中小企業の場合、中小企業退職金共済制度と会社独自の退職金制度を併用することも可能。
中小企業退職金共済制度とは、事業主が掛金を納付し、従業員の退職の際に掛金に応じて中小企業退職金共済（中退共）から退職金が直接支払われる制度のこと。

退職金制度

性　格	①賃金の後払い、②功労報奨、③老後保障
規定の義務	私企業では、退職金の規定を置く義務はない
退職金を定めている場合	就業規則で定める場合には、適用範囲、決定方法、計算・支払方法、支払時期を記載する必要がある
一般的な算出式	退職時の基本給 × 勤続係数（勤続年数など）× α（退職事由係数）
退職所得	（退職金 － 退職所得控除）× 0.5

■ 退職金制度の変更

就業規則などで規定されている退職金制度を、会社側が一方的に変更することはできません。特に、受給金額が大幅に減額するような変更の場合、労働者にとっては「労働契約の不利益な変更」になりますから、これを行うためには制度を変更するに足る合理的な理由と、労働者（労働組合）との合意が不可欠になります。どうしても合意が得られない場合は、一度に制度変更するのではなく、段階的に支給額を減らしていくなどの配慮が必要になるでしょう。

■ いつまでに支払えばよいのか

労働基準法の規定によると、労働者が退職した場合、賃金は、権利者の請求があった日から７日以内に支払わなければなりません（23条１項）。就業規則などによって規定された退職金も「賃金」に含まれますので、この規定が適用されますが、退職金に関しては行政通達により、就業規則などに明確な支払時期や分割払いなどの規定がある場合、これに従って支払うことも可能とされています（昭26.12.27基収5483号）。つまり、退職金の支払時期については、会社側がある程度引き延ばすこともできるということです。

行政通達
労働基準法等の労働法規の実務的な運用のため、厚生労働省による公式的な見解等を示したものである。
発基…事務次官による通達
基発…労働基準局長による通達
基収…下部組織からの照会に対する労働基準局長による回答

ただ、だからといって支払う時期を明確に示さなかったり、「請求から１年以内に支払う」といった漠然とした規定を置くことが認められているわけではありません。労働者側から見れば、できるだけすみやかに支払ってもらいたいところですが、おおむね６か月程度の猶予は認められているようです。

税務上退職金として取り扱われる給与

国民年金法、厚生年金保険法、国家公務員共済組合法、地方公務員等共済組合法、私立学校教職員共済法に基づく一時金や確定給付企業年金法に基づいて支給を受ける一時金も、退職手当等とみなされる。なお、使用者が労働基準法20条の規定により支払われる解雇予告手当や、退職した労働者が弁済を受ける未払賃金も退職手当等とされる。

■ 退職所得とは

退職所得とは、退職手当、一時恩給その他の退職により一時に受ける給与およびこれらの性質を有する給与（退職手当等といいます）にかかる所得をいいます。一時恩給とは、恩給法の規定により公務員が３年以上勤務して普通恩給を受けることができる年数に達しないうちに退職する場合に支給される給与をいいます。

退職所得の金額は、その年の退職手当等の収入金額から退職所得控除額を控除した残額の２分の１に相当する金額です。ただし、特定役員等の勤続年数が５年以下の者に対する退職所得額は、退職所得控除額を控除した残額すべてが退職所得となります。

障害者が退職する場合の加算

退職者が障害者になって退職した場合、一般の控除額にさらに100万円が加算される。

特定役員等

・法人の取締役等
・国会議員や地方公共団体の議員
・国家公務員や地方公務員

■ 退職所得控除額の計算方法

退職所得の場合は、必要経費という概念は一切なく、それに代わるものとして、勤続年数に応じて一定の「退職所得控除額」を退職手当等の収入金額から差し引くことができます。退職所得控除額は、勤続年数20年を区切りとして次の算式により求めます。

① **勤続年数が20年以下の場合**

40万円×勤続年数（80万円に満たないときは、80万円）

② **勤続年数が20年を超える場合**

800万円＋70万円×（勤続年数－20年）

勤続年数の計算は、通常の場合、退職手当の支払いを受ける人が、その会社等に入社後退職の日まで引き続き勤務した期間

退職所得にかかる税金

退職所得 = （退職金の収入金額－退職所得控除額）× $\frac{1}{2}$

【退職所得控除額】

勤続年数20年以下	40万円×勤続年数（80万円に満たないときは80万円）
勤続年数20年超	800万円+70万円×（勤続年数－20年）

※障害退職のときは、上記控除額＋100万円

（以下勤続期間といいます）によって計算します。この勤続期間の計算にあたって1年未満の端数があるときは、その端数は1年に切り上げて勤続年数を計算します。

■ 税負担が軽減されている

退職所得は、他の所得と合算して計算はしません。分離課税（他の各種所得とは合算せずに分離して課税する方式）で所得税を計算します。

その理由は、社員が長年働いてきた成果として受け取る退職金に対して、総合課税として他の所得と合算した超過累進税率により多額の所得税を課すのはあまりに酷な仕打ちであるためです。退職金は、老後の資金のひとつとしての性格があるため、税負担が過重にならないような配慮をしています。

なお、退職金を受け取るときまでに「退職所得の受給に関する申告書」を提出していれば、原則として確定申告する必要はありません。これは、課税退職所得金額に対する所得税額等が源泉徴収されているためです。一方、「退職所得の受給に関する申告書」の提出がなかった人の場合は、退職手当等の支払金額の20.42％が源泉徴収されます。ただし、この税額の精算は、受給者本人が確定申告をすることで行うことになります。

確定申告をした方が有利な場合

退職所得の受給に関する申告書が提出されており、確定申告が必要なくても、確定申告した方が有利になる場合がある。それは他に赤字の所得があって、損益通算できる場合である。

損益通算とは、2種類以上の所得があり、たとえば1つの所得が黒字、他の所得が赤字（損失という）の場合に、その所得の黒字と他の所得の赤字とを一定の順序に従って差引計算することをいう。つまり差引計算を行うことにより、通常の退職所得にかかる税額よりも負担が少なくなるということである。

死亡退職金

退職金のうち、死亡退職手当については、相続税の対象になる。

所得税における所得

収入金額から必要経費を差し引いて算出する

■ 所得とは

一般に所得とは、収入から必要経費を引いたもののことです。所得税は、あくまでも収入ではなく「所得」に対して課税されます。普通、収入と所得は同じ意味のように考えられていますが、収入と所得はまったく違います。たとえば、会社員の場合、会社からもらう「給与所得の源泉徴収票」の「支払金額」が収入金額です。そして、「給与所得控除後の金額」が所得金額です。給料の場合は、この所得金額のことを給与所得と呼んでいます。このように収入と所得は税金計算上ではまったく意味が異なり、所得税は収入ではなく所得にかかります。

所得税法では、10種類の所得について、具体的にその所得の金額の計算方法を定めています。

所得によって異なる担税力

所得を10種類に分類した理由は、所得の性質によって税金を負担することができる能力（担税力）が異なるからである。たとえば老後の資金となる退職所得は、担税力を考慮して所得の2分の1を課税対象とし、他の所得とは合算しないようにしている。

■ 必要経費の意味

所得の金額は、原則として、収入金額から必要経費を差し引いて算出します。所得の種類によっては、「必要経費」と言わず、別の言い方をしていることがありますが、内容的には必要経費と同じです。

たとえば、給与所得では「給与所得控除額」といいます。給与所得控除額とは、会社員の必要経費と考えられているもので、年間の給与等の収入金額に応じて控除額が決まっています。

よく会社員は、個人事業主のように必要経費が認められていないから不公平だと言う話を耳にしますが、それは間違いで、この給与所得控除額が会社員の必要経費なのです。

所得税は利益に課される

収入 － 必要経費 ＝ 所得（利益）

- 収入：個人事業者であれば売上や雑収入のこと。給与所得者であれば給与の総支給額のこと
- 必要経費：個人事業者であれば必要経費のこと。給与所得者であれば給与所得控除のこと
- 所得（利益）：ここに所得税が課される

おもな非課税所得の例

- 給与所得者の通勤手当
- 給与所得者の出張旅費
- 国外勤務者の在外手当
- 生活用動産の譲渡による所得
- 身体の傷害や心身に加えられた損害に基因する損害保険金や損害賠償金
- 葬祭料、香典
- 労働基準法による遺族補償
- 健康保険や国民健康保険の保険給付
- 雇用保険の失業給付
- 労災保険の保険給付
- 生活保護のための給付
- 負傷疾病に伴う休業補償
- 死亡者の勤務に基因して受ける遺族恩給および年金
- 公社債の譲渡による所得
- 納税準備預金の利子
- 財形貯蓄の利子
- 障害者の少額預金の利子
- 宝くじ当選金

■ 非課税所得や免税所得にはどんなものがあるのか

本来は所得だが、国民感情や所得の性質などから所得税の課税対象としていないものを非課税所得といいます。おもな非課税所得としては、上図に挙げるものがあります。

また、本来課税されるべきものであっても、国の政策を推進するための特別の取扱いとして、特に所得税が免除されているものを免税所得といいます。たとえば肉用牛の売却による農業所得は免税所得の例ですが、免税所得は非課税所得と異なり免税の適用を受けるための手続きが必要です。

その他の非課税所得

この他、オリンピック優秀選手に贈られる金品やノーベル賞の賞金も非課税となっている。

PART2
9

給与・保険料の計算の基本を知る

給与所得控除

一定の控除額が認められている

給与所得とは

給与所得とは、給料、賃金、歳費、賞与およびこれらの性質を有する給与のことです。給与所得とは、支給額そのものではなく、その年の給与等の収入金額から「給与所得控除額」を控除した金額です。なお、「特定支出の額」が基準となる金額を超える場合には、確定申告により、その超える部分の金額を控除することができます。

給与所得の金額は、他の所得と合算して総所得金額を構成し、超過累進税率により総合課税されます。また、会社員は、勤務先において年末調整で毎月天引きされた所得税が精算されますので、原則として、所得税の確定申告は必要ありません。

給与所得控除

給与所得は、事業所得などのように必要経費を差し引くことはできませんが、必要経費に見合うものとして一定の「給与所得控除額」を給与等の収入金額から差し引くことができます。給与所得控除は実際に使った経費ではなく概算で計算することになっています。この概算で計算された会社員の必要経費が給与所得控除額です。

給与所得控除額の金額は図（次ページ）のとおりです。給与等の収入金額が180万までは収入金額の40％が給与所得控除額になります。給与等の収入金額が180万円を超える場合、その収入金額に応じて給与所得控除額も段階的に増えていくしくみになっています。

総合課税

合算の対象となる所得を総合した上で税額を計算・納税する課税方式のこと。

会社員と還付申告

確定申告を行えば、以下のように、所得税が還付される場合がある。
① 災害により住宅や家財に損害を受けた場合
② 病気やケガにより診療や治療を受けたり、入院をした場合に支払った医療費が多額であった場合

必要経費としての意味合い

給与所得控除額とは、会社員の必要経費としての意味合いをもっているもので、給与等の収入金額に応じて控除額が決まっている。

給与所得控除額（平成29年分以降）

給与等の収入金額	給与所得控除額
～180万円以下	給与等の収入金額×40% (65万円に満たない場合には65万円)
180万円超 ～360万円以下	給与等の収入金額×30%＋18万円
360万円超 ～660万円以下	給与等の収入金額×20%＋54万円
660万円超 ～1000万円以下	給与等の収入金額×10%＋120万円
1000万円超	220万円（上限）

なお、高収入になるにつれ給与所得控除で認められる額が実際の経費に比べ過大化する点から、給与所得控除額には上限が設けられており、上限220万円で頭打ちとなります。

■ 特定支出の対象範囲

給与所得者が、通勤費、研修費など（これらを「特定支出」といいます）の支出をした場合において、それぞれの特定支出額の合計額が基準となる金額を超えるときは、確定申告により、その超える部分の金額をさらに給与等の収入金額から控除できます。特定支出控除の基準となる金額は、給与所得控除額の2分の1相当の額（「特定支出控除額の適用判定の基準となる金額」）です。この金額を超えている場合は、その超過部分の金額を控除できます。

また、特定支出控除の対象は、通勤費や引っ越し費用、単身者の帰省費用、研修費の他、弁護士、公認会計士、税理士など一定の資格を取得するための費用、仕事のために購入した図書費、作業着などの衣服費、取引先に対する贈答品や飲食代などの交際費（図書費、衣服費、交際費等は、合計額が65万円まで）などが挙げられます。

給与所得控除の引下げ

給与所得控除については、平成30年度の税制改正により、2020年分の所得税については、給与所得控除額を一律10万円引き下げ、その上限額が適用される給与等の収入金額が850万円(改正前1000万円)となる。また、850万円超の給与所得控除額の上限額を195万円（改正前は、220万円）となる。

PART2
10

所得税・住民税の源泉徴収事務

給与や賞与の支払いごとに所得税を差し引くことになる

■ 所得税の源泉徴収の仕方

事業主が労働者に給与や賞与を支払うときは、源泉所得税と復興特別所得税を控除して支払います。

給与や賞与から源泉徴収する金額は、給与所得の源泉徴収税額表を使って求めますが、この表を見るとわかるように「扶養親族等の数」によって、徴収する税額が異なってきます。扶養親族が多いほど税負担が軽くなるように設定されています。

そこで、まず、給与などを支給する労働者の扶養親族の状況を確認する必要があります。そのために労働者一人ひとりについて、「給与所得者の扶養控除等（異動）申告書」を提出してもらいます。

「給与所得者の扶養控除等（異動）申告書」は、その年の最初の給与（１月分の給与）支払いの前までに従業員に記入・提出してもらい、年の途中で扶養親族に異動があった場合は訂正手続きを行います。最終的にはその年の12月31日現在の状況が書かれている申告書を元に年末調整を行うことになります。

年の途中で採用した労働者については、給与を計算する前に扶養控除等（異動）申告書を渡して書いてもらうようにします。

2か所以上の事業所から収入を得ている場合

扶養控除等（異動）申告書は１か所の事業所にしか提出できない。２か所以上の事業所から収入を得ている場合、そのうちの１か所を選んで提出することになる。

年の途中で転職をした場合

年の途中で会社（扶養控除等申告書を提出している会社）を退社して、その後別の会社に入社した場合、後で入社した会社に新たに申告書を提出することになる。

■ 扶養親族の数え方について知っておこう

扶養親族とは、配偶者、子、父母などその労働者が扶養している者のことです。ただ、労働者本人またはその扶養親族につき、一定の事由に該当する場合にはこれらの扶養親族の数にその事由ごとに人数を加算することになります。

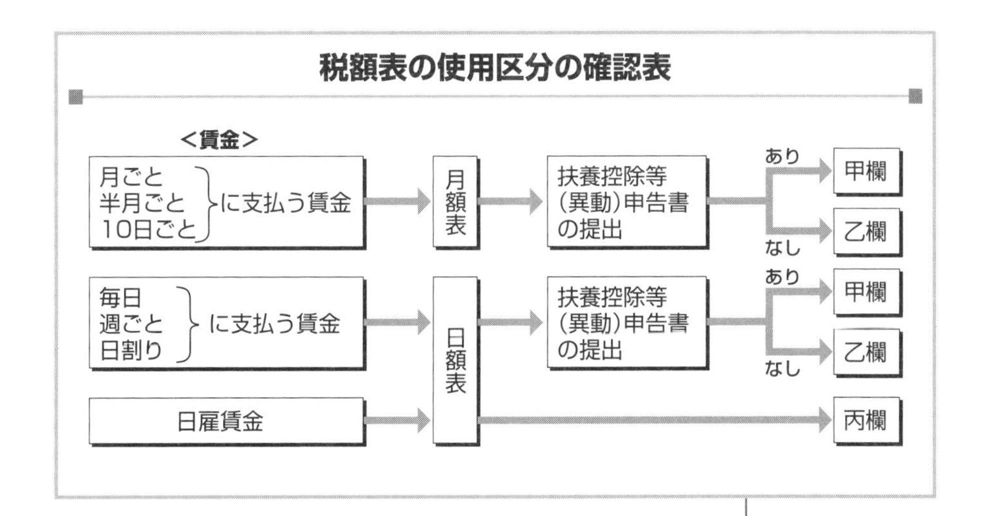

まず、控除対象配偶者と扶養親族の数を数えます。この際、16歳未満の親族と所得が38万円を超える者は含みません。

次に、本人が障害者、寡婦（夫）、勤労学生に該当するときは、これに該当するごとに１人を加えた数を扶養親族数とします。理屈上、すべて当てはまれば最大３人と数えます。

さらに、控除対象配偶者や扶養親族となっている者で、障害者や同居特別障害者に該当するときは、本人の場合と同様に該当するごとに１人を加えた数を扶養親族とします。

労働者本人が障害者である場合

本人が障害者である場合は、扶養親族がいなくとも、給与の計算上の扶養親族等の数は１人として計算する。

寡婦

寡婦（夫）とは、夫（妻）と死別または離婚した女性（男性）のこと。

■ 給与所得の源泉徴収税額表から所得税額を算出する

「給与所得者の扶養控除等（異動）申告書」によって、労働者の扶養親族の数が確認できたら、源泉徴収の仕方について見ていきましょう。

まず、労働者に支払う給与から、社会保険料等（健康保険料、厚生年金保険料、厚生年金基金の掛金、介護保険料、雇用保険料）と通勤費（非課税となる部分に限る）を差し引きます。数式で表すと以下のようになります。

給与総額－非課税額－社会保険料等＝課税対象額

「非課税額」とは、たとえば通勤手当などのように所得税が非課税となる支給額のことです。

こうして求めた額が所得税を源泉徴収するときに基準となる課税対象額です。課税対象額の算定後、使用区分（前ページ図）を確認し、給与所得の源泉徴収税額表の該当する金額の欄にあてはめて、所得税額（復興所得税額含む）を算出します。

■ 預かった源泉所得税を翌月10日までに納付する

控除した源泉所得税は給与を支払った月の翌月10日までに所轄の税務署に納付することになります。本来の納付期限が日曜・祝日にあたる場合は翌営業日、土曜日の場合はその翌々日が納付期限となります。

小規模な事業所（常時使用する労働者が10人未満の事業所）については、源泉所得税の納付を年２回にまとめて行うこと（納期の特例）ができます。この特例を受けている事業者は１月１日から６月30日までの間に労働者から預かった源泉所得税を７月10日までに納付しなければなりません。

７月１日から12月31日までの間に預かる源泉所得税は翌年１月20日までに納付することになります。手続きとしては、所得税徴収高計算書（納期特例分）に所定の事項を記入し、納付税額を添えて銀行等から所轄の税務署に納付します。また、e-taxを使用しての計算書提出・納付も可能です。

小規模事業所には納期の特例がある

労働者が少ない事業所では、所得税を納付するための毎月の手続きが事業主の負担となることもある。そこで、常時使用する労働者の数が10人未満の小規模な事業所については、あらかじめ税務署に一定の届出（源泉所得税の納期の特例の承認に関する申請書）を提出することにより、年2回の納付にすることができる。1月～6月分を7月10日に、7月～12月分を1月20日までに納付すればよいことになる。

■ 徴収した住民税の納付

住民税は、原則として給与を支給した日（源泉徴収をした日）の翌月10日までに納付します。特例のある場合は、６月分から11月分を12月10日までに、また12月分から翌年の５月分を翌年６月10日までに納めることになります。

住民税も所得税と同様で、企業に勤めている会社員の場合は会社が給与を支払う時点で源泉徴収することが定められていま

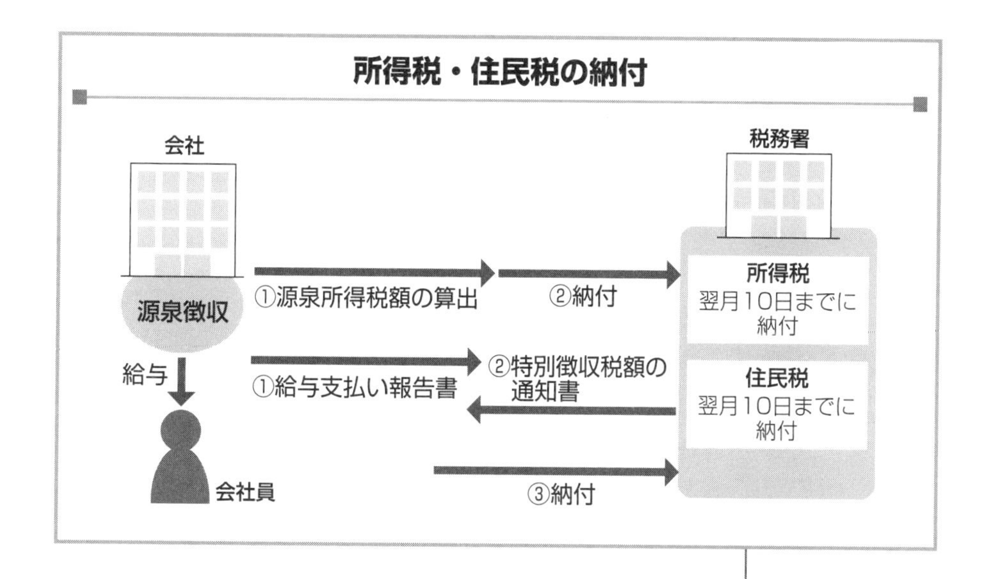

す。住民税の計算は会社で行う必要はありません。会社が提出した「給与支払報告書」あるいは税務署の「確定申告書」に基づいて、各市区町村が前年分の所得から住民税額を算出し、それを記載した「特別徴収税額の通知書」を会社に送付することになっています。特別徴収税額の通知書に記載の月割額が毎月の給与から源泉徴収される額となります。

退職者が出た場合には、異動届を退職の翌月10日までに市区町村に提出します。退職日が1月1日～4月30日であった場合は、会社は未徴収税額を一括で源泉徴収します。退職日が5月中であった場合、最終の5月の住民税を源泉徴収します。退職日が6月1日～12月31日であれば、会社が一括で源泉徴収を行うか、退職者が自ら支払うか（普通徴収）、次の会社が決まっている場合は特別徴収を継続するかを退職者が選択することになります。

いずれにせよ、退職者の最終の給与計算では、一括徴収で住民税の徴収額が多くなる場合もあるため、退職者への事前の確認と説明が必要になります。

PART2
11

住民税の徴収方法

給与・保険料の
計算の基本を知る

前年の所得を基準にして課税・徴収される

所得税との違い

住民税は所得税の課税資料から税額を決定するのに対し、所得税は所得者が自分で申告・納付する「申告納税方式」をとっている。また、住民税が前年の所得を基準として課税・徴収されるという点も所得税と異なる点だといえる。

■ 住民税には２つの徴収方法がある

住民税は、都道府県に納める道府県民税と市区町村に納める市町村民税の総称です。住民税は、前年の所得をもとにして、各自治体が納税者に納付すべき税額を通知する「賦課課税方式」をとっています。会社などの事業所では、毎年１月31日までに前年１年間に従業員に支払った給与や賞与の額につき、従業員ごとの「給与支払報告書」を作成することになっています。そして、給与支払報告書は労働者の１月１日現在の住所地（住民票のある市区町村のこと）の市区町村役場に提出しますが、住民税はこの給与支払報告書をもとにして計算し、徴収されることになります。この場合に各市区町村が住民税を徴収する方法として、①普通徴収と②特別徴収の２つの方法があります。

①　普通徴収

自営業者などが住民税を納める場合にとられる方法が普通徴収です。普通徴収の場合、納税者が直接、市区町村に住民税を納付することになります（実務上は、銀行などの指定金融機関で納付します）。

納税通知書と納付書が納税者本人のところに送付されてきます。納付書を受け取った本人は、原則として、６月、８月、10月、翌年１月の年４回の納付期限までにそれぞれ指定された住民税額を納めることになります（市区町村によって扱いが異なる場合があります）。なお、給与所得者であっても、普通徴収の方法によって住民税を徴収することがあります。

②　特別徴収

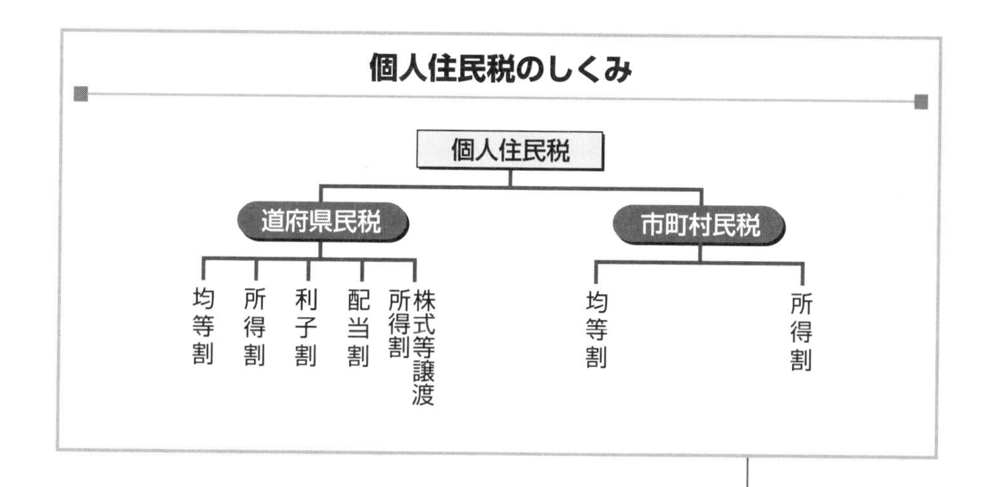

会社員などの給与所得者の場合、一般的に特別徴収によって住民税が徴収されることになります。特別徴収とは、市区町村に代わって会社などの事業所が労働者から住民税を徴収し、市区町村に納付する方法です。特別徴収の場合、事業所が労働者の毎月の給与から住民税を天引きすることによって徴収します。

市区町村では、各事業所から提出された給与支払報告書に基づいて、毎年５月31日までに各事業所に特別徴収税額通知書を送付します。事業所では、特別徴収税額通知書に従って、各労働者から住民税を徴収します。特別徴収の場合、その年に支払うべき住民税の額を12回に分けて労働者から徴収します（100円未満の端数は第１回目の分で徴収します）。12回というのは毎年６月から翌年５月までの計12回です。市区町村から送られてくる通知書は２通になっていますので、そのうちの１通は納税者である労働者本人に渡します。

中途採用者から、特別徴収に切り替える旨の申し出があった場合は、その労働者の居住地の市区町村に対し「特別徴収切替届出書」を提出する必要があります。その際には、普通徴収納付書の届出番号などを合わせて市区町村に提出します。税額が決定したら、それを基に徴収を行います。

住民税の納期特例

常時10人未満の労働者を使用する小規模事業所については、年２回（12月10日と翌年6月10日の2回）の納付とすることができる。この場合、市区町村の承認が必要である。

退職した場合の住民税

労働者が退職をした場合、本人から申し出があれば、最後の給与や退職金から残りの期間分の住民税を一括徴収することもできる。
一括徴収したときは、その月の翌月10日までに納付することになっている。退職日が1月1日から4月30日までの場合、本人からの申し出の有無にかかわらず、残りの期間分の住民税を一括徴収・納付する必要がある。

PART2
12

所得控除①

給与・保険料の
計算の基本を知る

所得控除には納税者の個々の事情を反映させる役割がある

■ 所得控除とは

所得税では、労働者保護のための社会政策などを考慮して、各種の所得控除が設けられています。

所得控除には、①雑損控除、②医療費控除、③社会保険料控除、④小規模企業共済等掛金控除、⑤生命保険料控除、⑥地震保険料控除、⑦寄附金控除、⑧障害者控除、⑨寡婦（夫）控除、⑩勤労学生控除、⑪配偶者控除、⑫配偶者特別控除、⑬扶養控除、⑭基礎控除、の14種類があります。

控除の対象となる配偶者に該当するか、または、扶養親族に該当するかは、その年の12月31日の状況により判断します。

■ 雑損控除とは

災害や盗難、横領などによって、資産について損害を受けた場合に受けることができる一定の金額の所得控除のことです。控除の対象となるための要件としては、まず、申告者又は申告者と生計を一にする親族（家族など）で、総所得金額等が38万円以下である人が、災害・盗難・横領により、生活に通常必要な住宅、家具、衣類などの資産について損失を受けたことが挙げられます。

控除額は、次のⓐとⓑのうち、多い金額が控除額となります。

ⓐ　差引損失額－総所得金額等×10％

ⓑ　差引損失額のうち災害関連支出の金額－５万円

所得控除の意味

控除とは「差し引く」という意味である。税金によってさまざまな控除があるが、そこには納税者個々の事情を反映するという意味合いがある。

所得控除の適用

基本的には本人の所得について判断するが、障害者控除や扶養控除、配偶者控除のように、配偶者や扶養親族を対象とするものもある（次ページ図参照）。

雑損控除の原因

損害の原因は、①震災、風水害、冷害、雪害、落雷など自然現象の異変による災害、②火災、火薬類の爆発など人為による異常な災害、③害虫などの生物による異常な災害、④盗難、⑤横領のいずれかに該当した場合に限られる。

所得控除の適用関係

	本　人	配偶者	扶養親族
障害者控除	○	○	○
寡婦（寡夫）控除	○		
勤労学生控除	○		
配偶者控除		○	
配偶者特別控除		○	
扶養控除			○
基礎控除	○		

※　○印がついた人について、該当する事情がある場合にその所得控除が適用される。
たとえば、寡婦（寡夫）控除や勤労学生控除は納税者本人が、寡婦（寡夫）や勤労学生であることが必要である。
一方、障害者控除については、納税者自身だけでなく、納税者の配偶者や扶養親族が所得税法上の障害者にあてはまる場合にも、障害者控除を受けることができる。

■ 医療費控除とは

自分自身や家族のために医療費を支払った場合、一定の金額の所得控除を受けることができます。これを医療費控除といいます。医療費控除の対象となる医療費は、納税者が、自分自身又は自分と生計を一にする家族のために、かつ、その年の12月31日までに実際に支払った医療費であることが条件です。

このような費用につき、年間に支払った医療費の総額（保険金等で補てんされる金額を除きます）から10万円（総所得金額等が200万円未満の人は総所得金額等の５％）を差し引いた金額が医療費控除額（上限は200万円）になります。

たとえば、１年間にかかった医療費が９万円（生命保険からの補てんなし）、年収250万円のBさんの場合、まず、給与所得控除を差し引き、年間所得を求めます。

250万円－（250万円×30％＋18万円）＝157万円

157万円＜200万円ですから、Ｂさんの場合、７万8500円（＝157万円× ５％）を超える部分の金額１万1500円（＝９万円－７万8500円）が、医療費控除の対象となります。

医療費控除の対象となる医療費

① 医師、歯科医師に支払った診療代
② 治療、療養のために薬局で買った医薬品代
③ 病院等に支払った入院費
④ 治療のためのあんま、はり、きゅう、整体などの施術費
⑤ 保険師、看護師または特に依頼した人による療養上の世話代、助産師介助、介護福祉士業務の一部など（心付けは除く）
⑥ 介護保険制度の下で提供された一定の施設・居宅サービスの自己負担額などが、対象となるおもな内容。一方、美容整形や健康診断の費用は対象外

平成29年1月1日からは、医療費控除の特例として、セルフメディケーション税制が始まりました。病院での処方と変わらない効能の一般医薬品（特定一般用医薬品）の購入費のうち、1万2000円を超える部分の金額が控除額（上限は8万8000円）となります。これには、予防接種などの健康の保持増進及び疾病の予防への取り組みを行わなければなりません。この税制は、従来の医療費控除との選択適用となりますので、いずれか一方を選択して適用を受けることになります。

■ 社会保険料控除とは

納税者が、自分自身や納税者と生計を一にする配偶者やその他の親族の社会保険料を支払った場合や給与から天引きされた場合に適用される所得控除です。

社会保険料とは、健康保険・船員保険・後期高齢者医療保険・介護保険の保険料、国民健康保険（税）、国民年金・厚生年金の保険料、国民年金基金・厚生年金基金の掛金などのことです。その年において支払った社会保険料の額と給与などから天引きされた社会保険料の額の全額が控除されます。

■ 小規模企業共済等掛金控除とは

中小企業基盤整備機構と締結した共済契約や、確定拠出年金法で定められている個人型年金の掛金、心身障害者扶養共済制度の掛金を支払った場合に適用を受けることができます。

控除される金額は、納税者がその年に支払った掛金の全額となっています。この控除が適用されるのは、納税者がその年において、次の掛金を支払った場合です。

ⓐ　中小企業基盤整備機構の共済契約に基づく掛金
ⓑ　確定拠出年金法の個人型年金または企業型年金加入者掛金
ⓒ　条例の規定により地方公共団体が実施する心身障害者共済制度にかかる契約に基づく掛金

生命保険料控除の金額

● 平成23年12月以前に締結した保険契約（旧契約）

	支払保険料等	控除される額
旧生命保険料・旧個人年金保険料の金額	25,000円以下の場合	支払保険料等の全額
	25,000円を超え50,000円以下の場合	（年間支払保険料×1／2）＋12,500円
	50,000円を超え100,000円以下の場合	（年間支払保険料×1／4）＋25,000円
	100,000円を超える場合	一律50,000円

● 平成24年1月1日以後に締結した保険契約（新契約）

	支払保険料等	控除される額
一般の生命保険料・介護医療保険料・個人年金保険料の金額	20,000円以下	支払保険料等の全額
	20,000円を超え40,000円以下の場合	（支払保険料等×1／2）＋10,000円
	40,000円を超え80,000円以下の場合	（支払保険料等×1／4）＋20,000円
	80,000円を超える場合	一律40,000円

■ 生命保険料控除とは

生命保険料や個人年金保険料を支払った場合に、一定の金額の所得控除を受けることができますが、これを生命保険料控除といいます。控除の対象となる生命保険料とは、保険金などの受取人のすべてを自分または自分の配偶者やその他の親族としている生命保険契約の保険料や掛金です。一方、個人年金保険料の場合は、個人年金保険契約の保険料や掛金が対象となります。個人年金保険契約とは、生命保険会社と契約した個人年金保険契約などのうち一定のものをいいます。

生命保険料控除の限度額は、①平成24年1月1日以後に締結した保険契約等に係る控除（新契約）、②平成23年以前に締結した保険契約等に係る控除（旧契約）、③新契約と旧契約の双方に加入している場合の控除を合わせて12万円です。

双方の契約の適用

新契約と旧契約の双方について控除の適用を受ける場合、新契約の控除額と旧契約の控除額の合計額（最高12万円）が控除額となる。

所得控除②

基礎控除はすべての人に適用される控除である

■ 地震保険料控除とは

地震保険料控除は、居住用の家屋や生活用の動産について地震が原因で被った損害に備えて支払った保険料や掛金が対象となります。控除額は地震保険料について支払った金額すべてとなっていますが、上限は50,000円です。

また、以前、火災保険料の支払いによって損害保険料控除を受けていた人への経過措置として、長期損害保険（保険期間が10年以上でかつ満期時に満期返戻金が支払われる保険のこと）については、以前と同じように15,000円を上限とする旧長期損害保険料控除が認められています。ただ、地震保険料と旧長期損害保険についての損害保険料控除を併せたとしても、控除額の上限は50,000円となっています。

特定寄附金

申告者が特定寄付金を支払ったときに適用される。特定寄付金とは、おもに次のような寄付金のこと。
・国や地方公共団体に対する寄付金
・学校法人、社会福祉法人などの特定の団体に対する寄付金
・公益法人などに対するもので財務大臣の指定した寄付金
・特定公益増進法人の主たる目的である業務に関連する寄附金
・NPO法人への寄付金のうち一定のもの
・一定の政治献金

■ 寄附金控除とは

国や地方公共団体、特定公益増進法人などに対し、特定寄附金を支出した場合に、受けることができる所得控除をいいます。その年中に支出した特定寄付金の額が2,000円を超えた場合に寄附金控除の対象となります。

寄付金控除を受ける場合、寄付した団体などから交付を受けた受領書などによって寄付したことを証明する必要があります。

控除額の金額は、次のⓐ、ⓑいずれか少ない方の金額から2,000円を差し引いた額が寄付金控除額となります。

ⓐ　その年に支払った特定寄付金の合計額
ⓑ　その年の総所得金額等の40％相当額

地震保険料控除の金額

a 地震保険料

支払った地震保険料	控　除　額
50,000円以下	全額
50,000円超	50,000円

b 旧長期損害保険料

支払った損害保険料	控　除　額
10,000円以下	全額
10,000円超　20,000円以下	支払保険料×1/2＋5,000円
20,000円超	15,000円

地震保険料の控除額 ＋ 旧長期損害保険料の控除額 ＝ 地震保険料控除額（最高50,000円）

■ 障害者控除とは

納税者本人、または控除の対象となる配偶者や扶養親族が所得税法上の障害者（精神障害者保健福祉手帳の交付を受けている人など）に当てはまる場合に受けることのできる所得控除です。

控除できる金額は障害者１人について27万円です。また、特別障害者に該当する場合は40万円になります。特別障害者とは、身体障害者手帳に１級または２級と記載されているなど、重度の障害のある人のことです。なお、扶養親族または控除対象配偶者が同居の特別障害者である場合には、特別障害者に係る障害者控除の額は75万円になります。

扶養控除・配偶者控除との関係

扶養親族や控除対象配偶者が障害者の場合、扶養控除や配偶者控除と障害者控除は別々の制度であるから、それらを合算した額を申告者の所得から控除することができる。

■ 寡婦控除・寡夫控除とは

申告者本人が寡婦（寡夫）である場合に適用され、次のⓐⓑいずれかの金額が控除額となります。寡婦（寡夫）と認められるためには、合計所得金額が500万円以下など、一定の要件を満たすことが必要です。

ⓐ　一般の寡婦（寡夫）：27万円

ⓑ　特定の寡婦（夫と死別または離婚しかつ合計所得金額が500万円以下で、扶養親族となる子がいる者）：35万円

■ 勤労学生控除とは

所得税法上の勤労学生に当てはまる場合に受けられる所得控除のことで、一律27万円です。申告者本人が勤労学生であるときに適用されます。勤労学生とは、学生・生徒・児童などの特定の学校の学生・生徒であって、自分の勤労によって得た給与所得等があり、合計所得金額が65万円以下で、かつ、給与所得以外の所得が10万円以下である者のことをいいます。

勤労学生控除を受ける場合

勤労学生控除を受けるためには、年末調整の際に控除を受けるか、勤労学生控除に関する事項を記載した確定申告書を提出する。専修学校等の学校に通っている人が確定申告をする場合には、学校長等から証明書を受け、申告書に添付する必要がある。

特定の学校

学校教育法に規定する小学校、中学校、高等学校、大学、高等専門学校など。

■ 配偶者控除・配偶者特別控除とは

納税者に控除対象配偶者がいる場合には、一定の金額の所得控除が受けられます。これを配偶者控除といいます。

控除対象配偶者とは、納税者の配偶者でその納税者と生計を一にする者のうち、年間の合計所得金額が38万円以下である人のことです。配偶者控除額は原則38万円ですが、控除対象配偶者が70歳以上の場合、控除額が増額されます（48万円）。

配偶者の年間合計所得金額が38万円を上回ってしまうと、配偶者控除を受けることはできませんが、配偶者の所得金額の程度に応じて、一定の金額の所得控除が受けられる配偶者特別控除があります。配偶者特別控除を受けるためには配偶者の合計所得金額が38万円超123万円以下であることが必要です。

ただし、この配偶者控除及び配偶者特別控除は、納税者自身の合計所得金額が1000万円を超える場合には適用されません。

■ 扶養控除とは

納税者に扶養親族がいる場合には、一定の金額の所得控除が受けられます。これを扶養控除といいます。扶養親族とは、納税者と生計を一にする配偶者以外の親族、養育を委託された児

配偶者控除・扶養控除の額

区　分（注1）		控除額
配偶者控除	70歳未満　（一般の控除対象配偶者）	38万円
	70歳以上　（老人控除対象配偶者）	48万円
扶養控除	16歳以上19歳未満	38万円
	19歳以上23歳未満（特定扶養親族）	63万円
	23歳以上70歳未満	38万円
	70歳以上　（老人扶養親族）	48万円
	同居老人扶養親族（注2）　の加算	58万円

（注）1　区分の欄に記載している年齢はその年の12月31日現在によります。
2　同居老人扶養親族とは、老人扶養親族のうち納税者またはその配偶者の直系尊属で納税者またはその配偶者と常に同居している同居親族をいいます。

童、養護を委託された老人で所得金額の合計が38万円以下である人のことです。

「生計を一にする」とは、必ずしも同一の家屋で起居していることを要件とするものではありませんから、たとえば、勤務、修学、療養等の都合上別居している場合であっても、余暇には起居をともにすることを常例としている場合（休暇の時は一緒に生活している場合など）や、常に生活費、学資金、医療費等を送金している場合には、「生計を一にする」ものとして取り扱われます。扶養控除の金額については上図のとおりです。

■ 基礎控除とは

基礎控除は、他の所得控除のように一定の要件に該当する場合に控除するというものではありません。所得の多寡や扶養親族の有無などに関わりなく、すべての人に適用されます。基礎控除の金額は一律に38万円となっています。確定申告や年末調整の際には、所得税額の計算をしますが、この計算の時に、すべての人の総所得金額などから一律に差し引かれます。

基礎控除の意味

簡単にいえば、所得が38万円以下であれば所得の種類にかかわらず、誰でも無税ということ。

基礎控除の引上げ

平成30年度の税制改正で、2020年分以降の所得税については、控除額を一律10万円引き上げた（改正後48万円）。さらに、合計所得金額が2500万円を超える個人については、基礎控除が適用されない。

PART2
14

給与・保険料の
計算の基本を知る

税額控除

所得税額から一定金額を直接控除できる制度

■ 税額控除とは

税額控除とは、所得税額から直接控除できるとても有利な制度です。所得税額は、課税所得金額×税率で求めることができますので、税額控除時は、所得税額＝（課税所得金額×税率）－税額控除額となります。同じ控除という名前がつく所得控除では、所得税額＝（課税所得金額－所得控除額）×税率となります。仮に、課税所得金額190万円、税率５％で、一方は５万円の税額控除、もう一方は、５万円の所得控除があった場合を数式に当てはめて計算してみると、前者の所得税額は４万5000円、後者は９万2500円となります。このように、税額控除は、所得税額に与える影響が大きい制度だといえます。

税額控除には配当控除・外国税額控除・住宅借入金等特別控除などがあります。

① 配当控除

個人が株式の配当金等を受け取った場合において、一定の方法により計算した金額を、その個人の所得税額から控除するものです。

② 外国税額控除

個人が外国から得た所得（配当金など）には、すでに現地国の所得税などが課税（源泉徴収）されています。この所得につき、さらに日本で課税すると、外国税と所得税が重複して課税されることになってしまいます。そこで、外国税額控除を設けることによって、外国税と所得税の二重課税を排除するしくみになっています。

所得控除

所得税が課される所得金額から差し引かれる金額のことをいう。社会政策上の配慮などから設けられている。所得から一定金額を控除することで、所得税を少なくする効果がある。所得控除は、応能負担（各人の能力に応じて税金を負担すること）の課税を行う上で重要な役割を果たしているといえる。

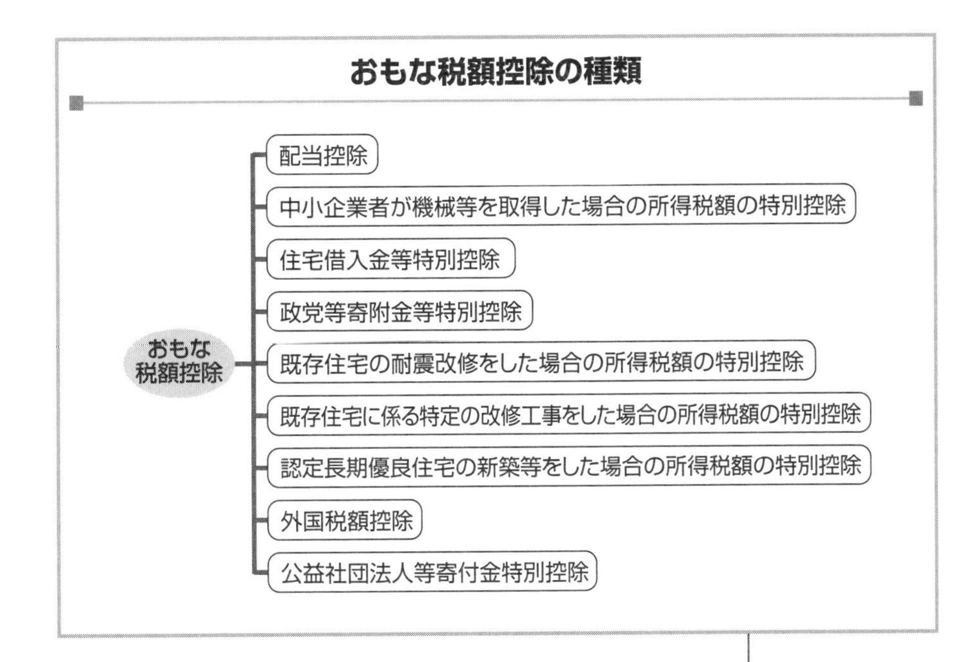

③　住宅借入金等特別控除（住宅ローン控除）

個人が住宅を購入したとき（中古住宅を含む）などに金融機関で住宅ローンを組んだ場合に受けられる控除です。居住した年から一定期間、住宅ローンの残高に応じて控除を受けることができます。

これらの他にも、認定長期優良住宅と呼ばれる一定の住宅を新築等した場合の税額控除、省エネや耐震に効果のある改修を行った場合の税額控除などがあります。

住宅ローン控除は、年末調整時に処理します。そのため、あらかじめ控除の対象者に対して、住宅ローン控除に関する計算明細書や借入金の年末残高証明書の提出を求めておきます。なお、住宅ローン控除は居住開始年に応じて控除の内容が異なるため、注意が必要です。

また、従業員が住宅ローンを組んだ初年については、住宅ローン控除の申請は従業員自身が確定申告をすることになります。

住宅ローン控除

所得税額から控除することができる制度である

■ 住宅ローン控除とは

住宅ローン控除とは、住宅ローン等（償還期間が10年以上のものに限る）を利用して住宅の新築や購入または住宅の増改築をして、その家に実際に住んでいる場合（取得等の日から６か月以内）に税金を差し引いてもらえる制度です。具体的には、新築や購入または増改築等のための借入金等の年末残高を基礎として計算した金額を、その家に住み始めた年以後一定期間の各年分の所得税から控除する制度です。

一定の親族などからその住宅を取得した場合には、この控除の適用を受けることはできません。住宅ローン控除の対象となる住宅は、自己の居住の用に供される次に掲げる住宅に限られます。

① 床面積が50㎡以上であること

② 居住部分が床面積の２分の１以上であること

③ 中古住宅の場合は、その住宅の取得の日以前20年以内（耐火建築物は25年以内）に建築されたものであること、あるいは一定の耐震基準に適合するものであること

④ 増改築等の場合は、増改築等費用が100万円を超えるものであること

なお、その年の合計所得金額が3000万円を超える年分や、住宅ローンの返済期間が10年未満の場合、住宅を建ててから６か月を経過してもまだその住宅に住まない場合は住宅ローン控除の対象外です。

その居住の用に供した年以後一定期間
その年の12月31日まで引き続き居住の用に供している年に限る。

各年分
合計所得金額が3000万円を超える年は除く。

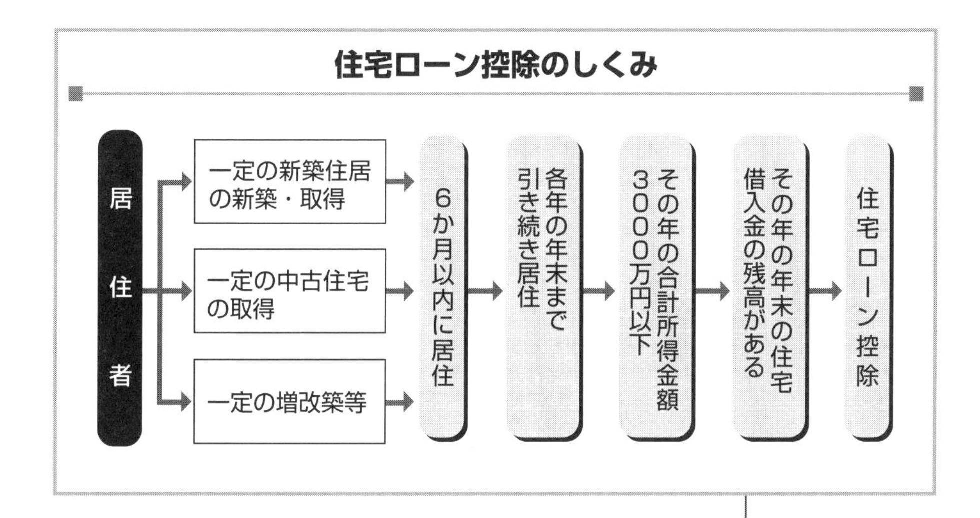

■ 住宅ローン控除額とは

住宅ローン控除の税額控除額は、住宅ローン等の残高と住宅に住み始めた年（居住年）ごとに決められている「控除期間」や「控除率」などの組み合わせにより算出する金額です。具体的には、12月31日現在の住宅ローン等の残高に居住年に応じた控除率を乗じた金額が税額控除額になります。

12月31日現在の住宅ローン等の残高

控除限度額は居住年度と住宅の種類（認定長期優良住宅など）により金額が決まっている。

■ 従業員に必要な書類を提出してもらう

住宅ローン控除の手続きについては、最初の年分については従業員自身に確定申告してもらうことになるので、会社の方で手続きをするわけではありません。一方、確定申告をした年分の翌年分以後の年分については、会社の年末調整で税額の控除を行うことになるので、必要な書類を従業員から受け取る必要があります。また、夫婦で住宅ローンを借りている場合は、資金負担額に応じた割合でそれぞれの控除額を計算します。住宅ローン控除については、年末調整をするにあたり、要件や必要な手続きが満たされているかどうかについて従業員に確認することが必要な場合もあります。

必要になる書類

税務署から交付された「給与所得者の住宅借入金等特別控除申告書」と金融機関からの「借入金の年末残高等証明書」を提出してもらうことになる。

Column

通勤手当から給料と同様に所得税を源泉徴収するのか

通勤手当は、平均賃金を算定する際の「賃金の総額」に含まれます。しかし、通勤経路などを問わず「一定額」を支給する場合を除き、割増賃金算定の基礎となる賃金からは除外されます。通勤手当は、原則として非課税ですが、非課税限度額が設定されています。電車やバスなどの交通機関を利用して通勤している場合、非課税となる金額は「1か月あたりの合理的な運賃等の額」です。合理的な運賃等の額とは、経済的で最も合理的な経路で通勤した場合の通勤定期券などの金額です。ただし、その金額が15万円を超える場合には、1か月当たり15万円が非課税限度額となります。一方、マイカーや自転車などを使って通勤している場合、片道の通勤距離に応じて下表のように定められています。非課税限度額を超える部分の金額は、通勤手当や通勤定期券などを支給した月の給与の額に上乗せして所得税の源泉徴収を行います。

■ 通勤費の非課税限度額（1か月あたり）……………………

区分			非課税限度額
1	交通機関を利用している場合		
	a	支給する通勤手当	1か月当たりの合理的な運賃等の額（最高限度15万円。平成28年時点）
	b	支給する通勤用定期券・乗車券	
2	マイカーや自転車などを利用している場合		
	（片道の通勤距離）		全額課税
	2km未満		
	2km以上10km未満		4,200円
	10km以上15km未満		7,100円
	15km以上25km未満		12,900円
	25km以上35km未満		18,700円
	35km以上45km未満		24,400円
	45km以上55km未満		28,000円
	55km以上		31,600円

PART 3

さまざまな労働時間のルールを知る

PART3
1

労働時間のルールと管理

さまざまな
労働時間のルール
を知る

週40時間、1日8時間の労働時間が大原則である

■ 週40時間・1日8時間の法定労働時間

使用者は、たとえ繁忙期であるとしても、労働者に対して無制限に労働を命じることはできません。労働基準法には「法定労働時間（週40時間、1日8時間）を超えて働かせてはならない」という原則があります。

なお、法定労働時間に関する労働基準法の規定には例外があり、変形労働時間制（96ページ）とフレックスタイム制（98ページ）が代表的なものです。

■「働き方改革法」との関係

長らく労働法制には、長時間労働の是正と、形態としての多様な働き方に関する法制化が求められてきました。2018年通常国会で「働き方改革法」（働き方改革を推進するための関係法律の整備に関する法律）が成立しました。長時間労働の是正については2019年4月から、そして、多様な働き方に関する事項については、2020年4月から施行されます。

長時間労働の是正策として、「労働時間等の設定の改善に関する特別措置法」の改正により、労働者の健康や福祉の観点から、使用者（事業主）は、前日の終業時刻と翌日の始業時刻との間に一定時間の休息を労働者のために設定するように努めることが明記されました（勤務間インターバル制度の普及促進）。また、労働基準法改正では、労働時間の是正策として、罰則付きの時間外労働の上限規制などが設けられました（84ページ）。

その他にも、時間外労働に対して支払われる割増賃金率につ

三六協定を締結せずに、法定労働時間を超過した場合

三六協定を締結しているなどの例外的事由がないのに、使用者が法定労働時間を超えて労働者を働かせることは、刑事罰（6か月以下の懲役または30万円以下の罰金）の対象となる。

休憩時間に関する規定

休憩時間について、使用者は労働者に対し、労働時間が6時間を超える場合は45分以上、8時間を超える場合は1時間以上の休憩時間を与えなければならず、休憩時間は労働時間の途中に一斉に与えなければならない（一斉付与の原則）。ただし、労使協定に基づき交替で休憩させるなどの例外が認められる。

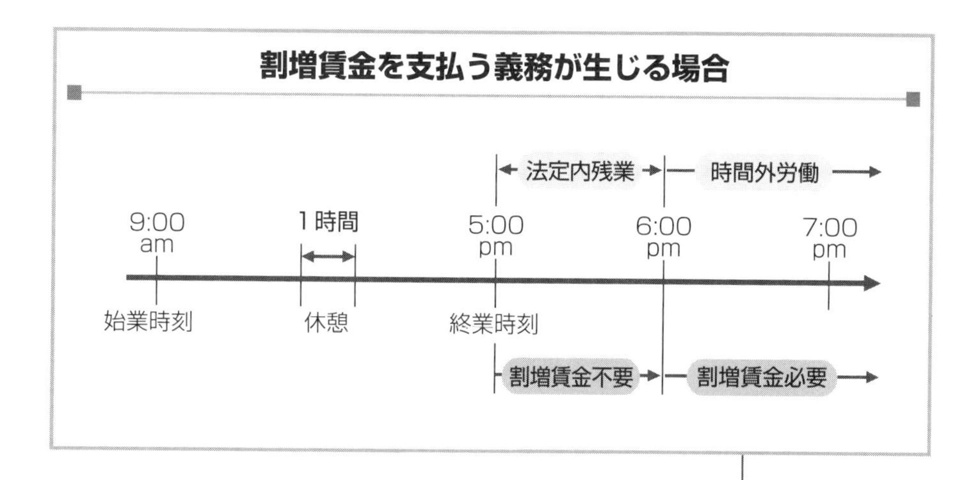

いて、月60時間を超える分の時間外労働に関しては割増賃金率を50%以上とするという規制が、中小企業に対しては猶予されていました。しかし、労働基準法改正により、この中小企業も対象に含めることにしました（2023年４月より適用）。

また、10日以上の年次有給休暇（年休）が与えられる労働者に対して、使用者は、そのうちの５日について毎年時季を指定し、労働者に付与することが義務付けられました。このように多角的な観点から、労働者の長時間労働の是正をめざしています。

もう一つ、多様な働き方に関する法制化について、働き方改革法の目玉は「特定高度専門業務・成果型労働制」（高度プロフェッショナル制度）の創設です。この制度は、少なくとも年収1000万円以上の労働者が、高度な専門的知識が必要な業務などに従事している場合、年間104日の休日を確保する一方で、労働時間・休日・深夜労働に関する割増賃金などの規定を適用しないことを認める制度です。

その他、フレックスタイム制については、従来は１か月であった清算期間について、３か月まで延長することが認められました。

時季指定分などは指定不要

労働者の時季指定や計画的付与により取得された年次有給休暇の日数分について、使用者は時期指定が不要である。たとえば、労働者が４日分を時季指定していれば、使用者は１日分を時季指定すればよい。

■ 法定内残業と時間外労働

時間外労働に関する許可

本文記載ように、時間外労働について、災害などが生じた場合に、あらかじめ許可を得る時間的余裕がない場合には、後に届け出る必要がある。

使用者は法定労働時間を守らなければならないのが原則ですが、災害をはじめ臨時の必要性があり許可を得ている場合や、三六協定の締結・届出がある場合には、例外的に法定労働時間（週40時間、1日8時間）を超えて労働者を業務に従事させることができます。法定労働時間を超える労働を時間外労働といい、時間外労働に対しては割増賃金を支払わなければなりません。もっとも、就業規則で定められた終業時刻後の労働すべてに割増賃金の支払いが必要であるわけではありません。

たとえば、会社の就業規則で9時始業、17時終業で、昼休み1時間と決められている場合、労働時間は7時間ですから、18時まで「残業」しても8時間の枠は超えておらず、時間外労働にはなりません。この場合の残業を法定内残業といいます。法定内残業は時間外労働ではないため、使用者は割増賃金ではなく、通常の賃金を支払えばよいわけですが、法定内残業について使用者が割増賃金を支払うことも可能です（前ページ図）。

さらに、働き方改革法に伴う、労働基準法改正により、原則として月45時間、年360時間という時間外労働の上限労働基準法の規定で明示されました。

休日労働を含む場合

本文記載のうち③および④の時間外労働の上限規制は、時間外労働に加えて「休日労働」を含む。たとえば、③の規制は、時間外労働と休日労働の時間を合わせて月100時間未満に抑えなければならない。

ただし、特別条項付き協定により、これらより長い時間外労働の上限を定めることも認められます。その場合であっても、①年720時間を超えてはならない、②月45時間を超える月数は1年に6か月以内に抑えなければならない、③1か月100時間未満に抑えなければならない、④複数月の平均を月80時間以内に抑えなければならない、という規制に従わなければなりません。また、上記①～④の長時間労働の上限規制に従わないと、罰則の対象になることも明示されました。

■ 変動的給与計算のための時間管理

会社が労働者に給与を支給するときは、一定のルールに従っ

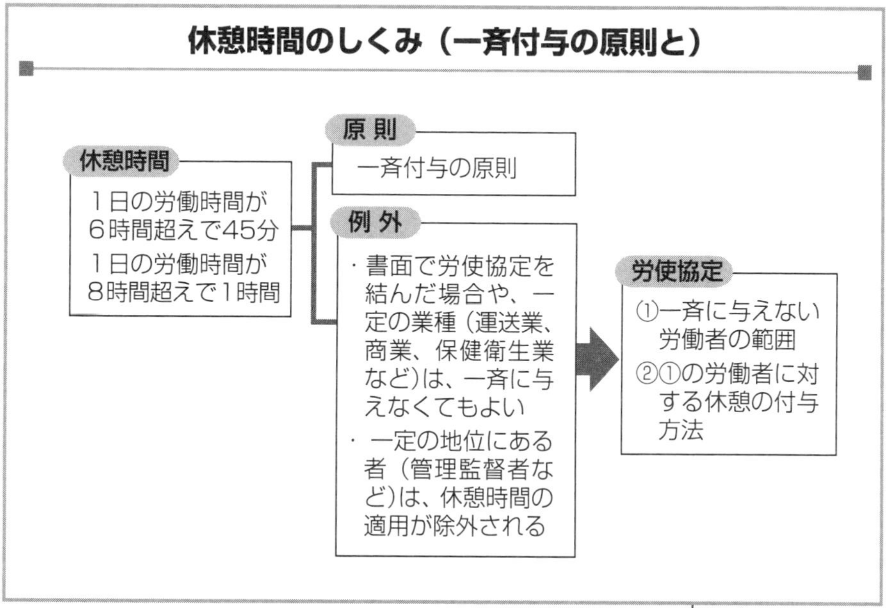

休憩時間のしくみ（一斉付与の原則と）

休憩時間
1日の労働時間が
6時間超えで45分
1日の労働時間が
8時間超えで1時間
原則
一斉付与の原則
例外
・書面で労使協定を結んだ場合や、一定の業種（運送業、商業、保健衛生業など）は、一斉に与えなくてもよい
・一定の地位にある者（管理監督者など）は、休憩時間の適用が除外される
労使協定
①一斉に与えない労働者の範囲
②①の労働者に対する休憩の付与方法

て支給額を計算することになります。

給与は固定的給与と変動的給与に分かれます。固定的給与とは、原則として毎月決まって同じ額が支給される給与のことです。基本給・役職手当・住宅手当・家族手当・通勤手当などがこれにあたります。これに対して、変動的給与とは、支給されるごとに支給額が異なる給与のことです。時間外手当・休日労働手当・深夜労働手当などの残業手当や、精皆勤手当などがこれにあたります。

変動的給与は、毎日の出退勤状況や残業時間に応じて、給与を支給するたびに金額が異なるため、支給額を計算する必要があります。そこで、変動的給与を計算するために、それぞれの労働者について、日々の出勤・欠勤の状況、労働時間・残業時間などのデータが必要になります。なお、出勤簿またはタイムカード、労働者名簿、賃金台帳（法定三帳簿）は、最後に記入した日から3年間、事業場（会社）に保存しておく必要があります。

勤務間インターバル制度

終業時刻から翌日の始業時刻までの休息時間を確保する制度

勤務間インターバル制度のメリット

最近では、フレックスタイム制や裁量労働制が充実しており、これらの制度と併せて勤務間インターバル制度を導入すると、労働者は、自らの意思で労働時間を管理し、ワークライフバランスを保つことが可能になることが期待される。

■ 勤務間インターバルはどんなどんな制度なのか

勤務間インターバル制度とは、労働者が１日の勤務が終了（終業時刻）してから、翌日の勤務が開始（始業時刻）するまでの間に、一定時間以上の間隔（インターバル）を空け経過しなければならないとする制度です。終業時刻から翌日の始業時刻までの間に休息時間（勤務間インターバル）を設けて、労働者の長時間労働を解消することが目的です。

たとえば、始業時刻が午前９時の企業が「11時間」の勤務間インターバルを定めている場合、始業時刻の通りに労働者が勤務するためには、遅くとも前日の終業時刻が午後10時前でなければなりません。もし前日の終業時刻が午後11時である労働者がいた場合には、そこから11時間（勤務間インターバル）は翌日の勤務に就くことができず、始業時刻を少なくとも午前10時（１時間の繰下げ）まで繰り下げなければなりません。

企業が勤務間インターバル制度を導入する場合、大きく２つの意義があります。１つは、一定の時刻に達すると、それ以後、労働者は残業ができなくなるということです。一定の勤務間インターバルを置かなければ、翌日の定時の就業が認められないため、労働者は、一定の時刻に達すると終業しなければなりません。これにより、長時間労働の削減につながります。

もう１つは、一定の休息時間が確保され、労働者の生活時間や十分な睡眠時間を確保することを助け、労働者のワークライフバランスを推進する作用を持つということです。

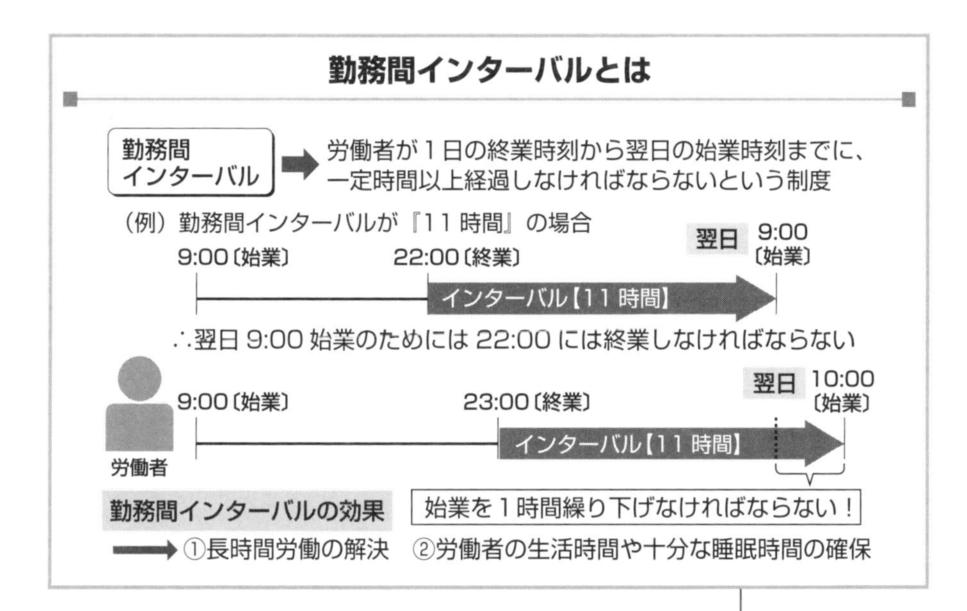

勤務間インターバルとは
勤務間
インターバル
労働者が１日の終業時刻から翌日の始業時刻までに、
一定時間以上経過しなければならないという制度
（例）勤務間インターバルが『11 時間』の場合
9:00〔始業〕
22:00〔終業〕
翌日
9:00
〔始業〕
インターバル【11 時間】
∴翌日 9:00 始業のためには 22:00 には終業しなければならない
9:00〔始業〕
23:00〔終業〕
翌日
10:00
〔始業〕
インターバル【11 時間】
労働者
勤務間インターバルの効果
始業を１時間繰り下げなければならない！
①長時間労働の解決　②労働者の生活時間や十分な睡眠時間の確保

■ どんなメリットがあるのか

勤務間インターバル制度を導入すると、労働者の側は、一定の時間（＝勤務間インターバル）について、いわば強制的に一定の休息時間（勤務間インターバル）を確保することが可能になります。そのため、長時間労働を直接的に解決することができるというメリットがあります。

■ 導入促進のための助成金など

2017年の「就労条件総合調査」において、勤務間インターバル制度を導入していると回答した企業の割合は、1.4%（就業規則などに規定されている企業に限定しています）にすぎません。勤務間インターバル制度を導入していない企業は、「人員不足などにより、勤務間インターバル制度を導入すると事業に影響が生じる」などといった明確な理由があるわけでなく、「これといった理由はない」などといった不明確な理由から導入していない企業が多いという実態があります。

つまり、勤務間インターバル制度は、労働者の長時間労働を改善するための重要な制度であるにもかかわらず、いまだにその重要性が企業に伝わっていないということです。

そこで、厚生労働省は、勤務間インターバル制度を導入した企業のうち、一定の条件を満たす企業に対して、企業が申請することで、勤務間インターバル制度を導入するにあたって、企業が負担した費用の一部を助成する「時間外労働等改善助成金（勤務間インターバル導入コース）」という制度を設けています。

ただし、助成対象になる企業規模が限定されています。たとえば、サービス業の場合は、資本・出資額いずれかが5000万円以下であり、常時雇用する労働者の人数が100人以下の企業に限定されています。その上で、助成金の支給を受けるため、企業において労務管理担当者に対する研修や、労働者に対する研修および周知・啓発活動を行うなど、一定の取り組みを行うことが必要です。さらに、助成金の支給を受けるためには、成果目標の設定が求められている他、少なくとも９時間以上の勤務間インターバルを置くことが必要です。

時間外労働等改善助成金（勤務間インターバル導入コース）による助成を希望する企業は、原則として2018年12月３日までに申請をしなければなりません。また、一定の取り組みについても、助成金の交付決定の日から2019年２月１日までの間に実施することが必要になります。

勤務間インターバル導入コースによる助成を受けるための要件

企業は以下の取り組みのうち、最低１つ以上を実施しなければならない。

① 労務管理者に対する研修
② 労働者への周知や啓発を目的とする研修
③ 社会保険労務士などの外部専門家による指導を受ける
④ 勤務間インターバル制度導入に向けた就業規則や労使協定の作成や変更
⑤ 人材確保に関する取り組み
⑥ 労務管理用の機器またはソフトウェアの導入や更新
⑦ テレワークに用いることができる通信機器などの導入や更新
⑧ 労働者の労働能率向上に役立つ設備や機器の導入や更新
⑨ デジタル式運行記録計（デジタコ）の導入・更新

■ どんな問題点があるのか

勤務間インターバル制度にも問題点が指摘されています。それは、勤務間インターバル制度によって始業時刻が繰り下げられた場合、繰り下げられた時刻に相当する時間の賃金に関する問題です。

たとえば、繰り下げられた時間については、労働免除とするという方法が考えられます。労働免除が認められると、繰り下

勤務間インターバル導入コースとは

勤務間インターバル制度

・事業に支障が出るかもしれない
・特に必要性を感じない

普及進まず

そこで…

時間外労働等改善助成金
（勤務間インターバル導入コース）

一定の要件を満たす勤務間インターバル制度を導入した企業に対する助成金の交付

げられた時間分については、労働者は賃金を控除されることがありません。しかし、これを企業側から見ると、労働者ごとに労働時間の繰り下げなどの管理を適切に行う必要があるとともに、労働者同士の公平性にも配慮しなければならないという負担がかかります。

このように、勤務間インターバル制度は、労働者の健康や安全を確保するのに役立つ制度である一方で、労働者にとって重大な関心事である賃金に対して影響を与えるおそれがあるため、その導入に際しては、労使間で事前に明確な合意に至っている必要があります。

■ 就業規則にも規定する必要がある

2018年の労働時間等設定改善法の改正で、企業は、勤務間インターバル制度の導入を、努力義務として課されることになりました。つまり、長時間労働の改善について、企業側の意識の向上が求められているということです。

そこで、企業が勤務間インターバル制度を導入する場合には、就業規則などに明確に規定を置き、特に繰り下げた時間に相当する賃金の問題などについても、事前に明確にしておくことが望まれます。

PART3
3
事業場外みなし労働時間制

さまざまな
労働時間のルール
を知る

労働時間の算定が難しい場合に活用できる

事業場外みなし労働時間制の採用例

事業場外みなし労働時間制の採用が考えられる例として、外勤の営業職や出張中の場合などが挙げられる。

事業場外みなし労働時間制の対象

原則として、事業場外で労働に従事する事業場の労働者すべてが対象に含まれるが、18歳未満の者や請求があった妊婦は対象から除かれる。

■ 事業場外みなし労働時間制とは

労働基準法は、労働時間の算定が困難な労働者について、事業場外みなし労働時間制を採用することを認めています。

一般にタイムカードの打刻によって、労働時間が管理できる労働者とは異なり、事業場外での勤務を主に行い、労働時間の具体的な管理が難しい労働者について、労働基準法は、「事業場外（事業場施設の外）で業務に従事した場合において、労働時間を算定しがたいときは、所定労働時間労働したものとみなす」（38条の２第１項本文）と定め、容易な労働時間の算定方法を提示しています。

ただし、労働基準法は、「当該業務を遂行するためには通常所定労働時間を超えて労働することが必要となる場合には、当該業務の遂行に通常必要とされる時間労働したものとみなす」（38条の２第１項但書）とも規定しています。これは、所定労働時間内（始業時刻から終業時刻まで）に終了できない仕事である場合は、所定労働時間始業時刻から終業時刻まで労働したとはみなさず、その仕事をするのに通常必要な時間労働したとみなすことを意味します。

■ 事業場外みなし労働時間制を採用するための要件

事業場外みなし労働時間制を採用するためには、就業規則に定めることが必要です（労働者が常時10人以上の事業場では、労働基準監督署への就業規則の届出も必要です）。

また、事業場外で勤務する労働者の労働時間については、前

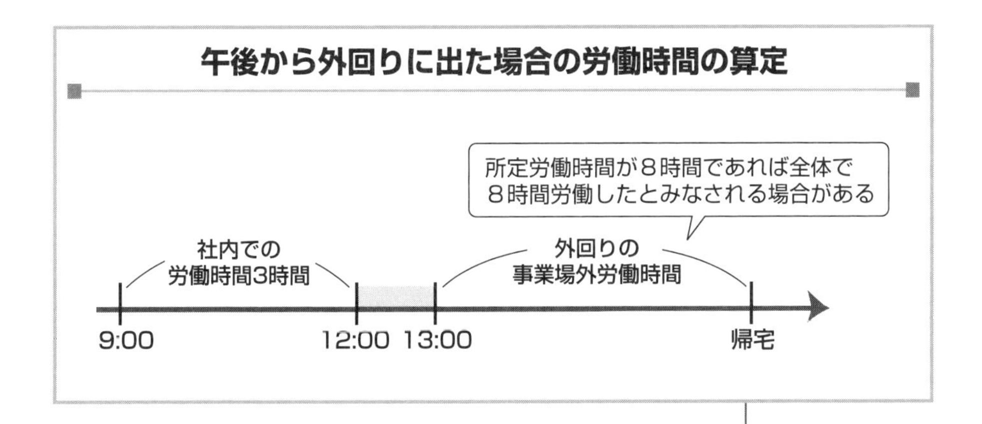

述のように「所定労働時間」であるか、または所定労働時間を超える業務を遂行する場合は「当該業務の遂行に通常必要とされる時間」（通常必要時間）であるとみなされます。

たとえば、ある営業職の従業員の所定労働時間を「６時間」と規定している企業があったとしましょう。この場合、この従業員が実際に働いた時間が５時間であっても、反対に、実際に働いた時間が７時間であっても、この従業員が働いた時間（労働時間）は、原則として「６時間」であるとみなされます。

必要な労働時間が所定労働時間を超えた場合

所定労働時間を「6時間」と規定していても、特定の営業行為については、その遂行に通常必要な時間が「8時間」である場合は、所定労働時間を超えて「当該業務の遂行に通常必要とされる時間」となるため、この営業行為にあたった従業員は「8時間」労働したとみなされる。

■ 労使協定の締結・届出について

事業場外で勤務する労働者の労働時間について、所定労働時間を超える業務を遂行する場合の「当該業務の遂行に通常必要とされる時間」は、使用者が一方的に決定してしまうと、恣意的な時間（不当に短い時間）になるおそれが否定できません。

そこで、事業場の過半数組合（ない場合は過半数代表者）との間で労使協定（事業場外労働のみなし労働時間を定める労使協定）を締結して、あらかじめ、対象業務、有効期間、「当該業務の遂行に通常必要とされる時間」を取り決めておき、それに基づき就業規則などに規定しておくという運用が可能です。

法定労働時間を超過した「通常必要とされる時間」の設定

本文記載の、「当該業務の遂行に通常必要とされる時間」について、「10時間」のように、法定労働時間を超過した時間の設定が必要になる場合もある。この場合に、事業場外労働のみなし労働時間を定める労使協定を締結したときは、その労使協定を労働基準監督署へ届け出なければならない。

■ 適用されないケースもある

事業場外みなし労働時間制は、使用者や労働者が主観的に労働者の労働時間の管理が困難と感じる程度では適用が認められません。あくまでも客観的に見て、労働時間の算定が困難な業務内容であると認められることが必要です。

判例においては、旅行添乗員の業務内容について、客観的に労働時間の管理が困難とは認められず、事業場外みなし労働時間制の適用が認められなかったケースがあります。

■ 事業場外みなし労働時間制の適用範囲は狭くなっている

現在は通信技術が大幅に進化しており、とりわけGPS機能が搭載された携帯電話やスマートフォンが広く普及しています。そのため、これまで事業場外みなし労働時間制が適用されると考えられていた業務についても、労働者の労働時間を「管理・把握することが困難である」と言い難いケースが増えています。

もっとも、在宅勤務制度とも関連しますが、在宅で行うテレワークについては、その業務が私生活を営む自宅で行われること、使用者により業務の遂行に対する具体的な指示や、情報通信機器により常に使用者と通信可能な状態ではない場合は、事業場みなし労働時間制の適用の余地があります。

在宅勤務制度
介護や育児などの事情を抱えた労働者が、会社に出社することなく、空いた時間を労働時間として活用する雇用形態をいう。情報通信機器を用いて、会社以外の場所でも勤務可能なテレワークの一環として導入する企業も増加している。

■ 事業場外労働と残業代の支給の有無

昭和63年の行政通達では、業務を遂行するのに、通常は所定労働時間を超えない場合は「所定労働時間」を労働時間とみなし、通常は所定労働時間を超える場合は「通常必要時間」（または「労使協定で通常必要時間を定めていればその時間」）を労働時間とみなすとしています。

これによって、時間外手当の計算が簡単になりますが、時間外手当を支払わなくてもよいわけではありません。たとえば、労使協定で定めた通常必要時間が１日10時間なら８時間超とな

通常必要時間と残業代の支払い
労使協定で定めていなくても、通常必要時間が8時間を超えていれば、残業代の支払いが必要になる。

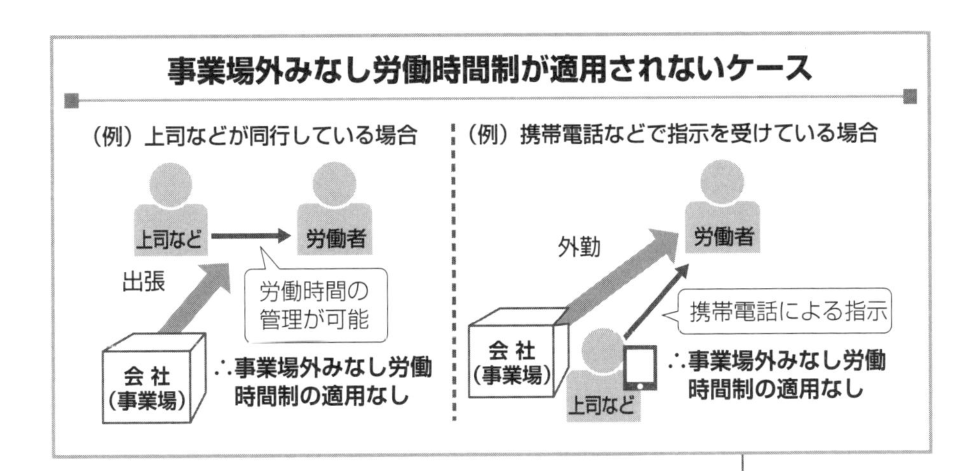

るため、1日2時間の残業代を支給することが必要です。

■ 事業場外みなし労働時間制を採用する上での注意点

事業場外みなし労働時間制を採用するためには、労使協定でみなし労働時間を定めた場合、それが8時間以内であれば、労使協定の締結だけでかまいません。8時間を超えるみなし労働時間を定めた場合は、締結した労使協定を届け出ることが必要になることに注意しなければなりません。

また、営業担当者の事業場外での労働時間は管理できないとして「営業手当」を支給し、残業代を営業手当に含めている会社もあります。しかし、通常必要時間が8時間を超える場合は、月にどの程度事業場外での労働があるかを把握し、「営業手当は○時間分の残業代を含む」（固定残業代）という形で就業規則などで明記しておかなければ、別途残業代の支払いが必要です（121ページ）。

なお、事業場外みなし労働時間制は、労働時間について「日ごと」に判断する制度であることを認識する必要があります。特に、事業場外での勤務と、事業場内での勤務が混在する場合は、労働時間の算定に注意が必要です。

事業場外みなし労働時間制を採用できない場合

外で働く場合でも、労働時間を算定できるケースでは、会社が「労働時間を算定しがたい」とはいえないため、事業場外みなし労働時間制を採用することはできない。
たとえば、労働時間を管理する立場にある上司と同行して外出する場合は、その上司が始業時刻や終業時刻を把握・記録ができるため、事業場外みなし労働時間制を採用できない（上図）。また、出先の事業場などにおいて、具体的に何時から業務に従事し、それが何時に終了するのかが明確なケースでも、事業場外みなし労働時間制を採用することは困難だといえる。

裁量労働

労働時間は労働者の判断にゆだねられる

■ 一定の業務に導入できる裁量労働制

業務の中には必ずしも労働の成果が労働時間と関連しない職種もあります。たとえば、デザイナーのデザインの仕事や記者の原稿作成業務、経営計画の策定業務といった業務は、始業・終業時刻や労働時間を定めても成果が出なければ意味がありません。このような業務については、労使協定で定めることで、実際の労働時間と関係なく、労使協定で定めた時間を労働したものとみなす制度が設けられています。このような労働を裁量労働といい、使用者の指示する労働時間で測らないやり方を裁量労働制といいます。裁量労働制には、労働基準法で定める専門業務に就く労働者に導入することができる専門業務型裁量労働制と、企業の本社などにおいて企画、立案、調査及び分析を行う労働者を対象とした企画業務型裁量労働制の２種類があります。

・専門業務型

専門業務とは、新商品や新技術の研究開発など、情報処理システムの分析や設計、取材や編集、デザイン、プロデューサーやディレクターの業務、事業運営についての考案・助言などの業務です。これらの事業は、その専門性の高さから、使用者が労働者の勤務実態を把握することが困難になりがちです。そのため、労使協定では、労働時間に関する事項の他にも、労働者が過度な長時間労働や、深夜の時間帯に偏って働くことにより健康を損なわないように、労働者の健康を確保するために必要な措置などについて定めておくことが必要になります。

専門業務型裁量労働制とは

【専門業務】(19 種類)

(例) 所定労働時間を「7時間」と定める

5時間働いた（所定労働時間より短い）
9時間働いた（所定労働時間より長い）
⋮

「7時間」働いたとみなす【専門業務型裁量労働制】

・企画業務型

企画業務とは、経営企画を担当する部署における業務のうち、経営状態・経営環境などについて調査・分析を行い、経営に関する計画を策定する業務や人事・労務を担当する部署における業務のうち、現行の人事制度の問題点やその在り方などについて調査・分析を行い、新たな人事制度を策定する業務などです。

■ 労使協定を締結する必要がある

これらの業務は業務遂行の手段や時間配分の決定などについて使用者が具体的な指示をすることが困難であるため、労使協定の締結により、労使協定で定められた時間を労働したものとみなすことができます。具体的には、事業所の労働者の過半数で組織する労働組合（それがないときは過半数を代表する者）との書面による協定を結び、かつ労働基準監督署へ届け出ます。専門業務型裁量労働制を導入する際に労使協定で定める事項は上図のとおりです。また、企画業務型の裁量労働制の場合、労働者と使用者の代表で構成する労使委員会を設置して、委員の多数（5分の4）の同意を得て対象業務や労働者の範囲を定めることが必要です。

労使委員会

企画業務型裁量労働制に関する事項の他にも、広く、労働者の労働条件一般に関係する事柄について、調査・審議を行い、使用者に対して意見を述べる権限が認められている。

PART3
5

変形労働時間制

さまざまな
労働時間のルール
を知る

法定労働時間内となる労働時間が増えるのがメリット

■ 変形労働時間制とは何か

変形労働時間制とは、一定の期間を通じて、平均して「1週40時間」（法定労働時間）の範囲内であれば、特定の日や特定の週に「1日8時間、1週40時間」を超えて労働させてもよいとする制度です。なお、1か月単位の変形労働時間制を導入する事業場は、特例措置対象事業場に該当すれば、平均して「1週44時間」の範囲内とすることができます。

たとえば、変形労働時間制を採用する単位を4週間（1か月）と定めた場合に、月末に繁忙期を迎える工場（特例措置対象事業場ではない）について、月末の1週間の所定労働時間が48時間であったとします。このとき、第1週が40時間、第2週が40時間、第3週が32時間の労働時間であれば、4週間の総労働時間は160時間であり、平均すると1週の法定労働時間を超えません（週40時間× 4週間＝160時間に等しいため）。

このように、あらかじめ設定した一定の期間（ここでは4週間）を平均して「1週40時間」を超えないことが、変形労働時間制の要件のひとつとなります。

特例措置対象事業場

従業員数が常時10人未満の商業、制作事業を除く映画・演劇業、保健衛生事業、接客・娯楽業の事業場で、法定労働時間が1週44時間となる。

変形労働時間制のメリット

会社の業種の中には、「土日だけ忙しい」「月末だけ忙しい」「夏だけ忙しい」などのように、時期や季節によって繁閑の差が激しい業種がある。このような業種の場合、変形労働時間制を採用して、忙しいときは労働時間を長くして、逆に暇なときは労働時間を短くしたり、休日にする方が合理的といえる。

■ 変形労働時間制には3類型ある

労働基準法が認めている変形労働時間制には、次の3類型があります。

① 1か月単位の変形労働時間制

② 1年単位の変形労働時間制

③ 1週間単位の非定型的変形労働時間制

変形労働時間制と時間外労働

【原 則】法定労働時間 ⇒１日８時間・１週 40 時間

∴４週間（１か月）では … 40時間×４週間 ＝ 160時間

【変形時間労働時間制】（例）単位を４週間（１か月）として月末に忙しい商店の場合

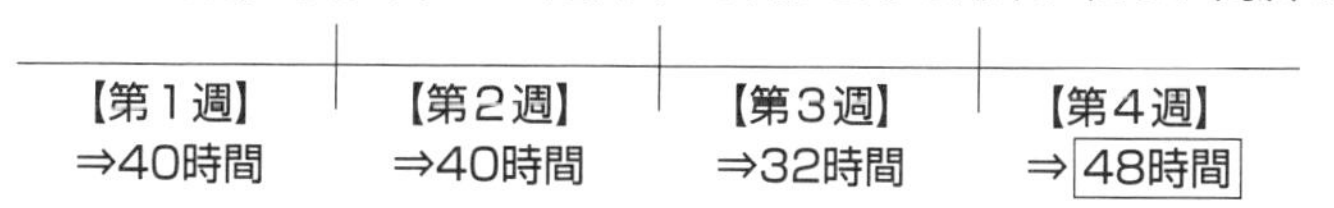

４週間（１か月）を通じて
〈 40時間＋40時間＋32時間＋48時間＝160時間 〉

∴時間外労働にあたる労働時間は発生しないとして扱われる！

ただし、変形労働時間制を採用している企業であっても、妊娠中の女性や出産後１年を経過していない女性が請求した場合には、法定労働時間を超過して働かせることはできません。

その他、さらに、労働者が育児や介護を担当する者である場合や、職業訓練・教育を受ける場合などには、変形労働時間制を採用する際に、それぞれの事情に応じた時間の確保について配慮する必要があります。

変形労働時間制のメリットは、前述のように、業種に合わせた合理的な労働時間を設定できることが挙げられます。労働時間が法定労働時間に収まる範囲が広がるので、企業側が残業代を削減できるのも大きなメリットだといえます。

一方、変形労働時間制のデメリットとしては、個別の労働者ごとに労働時間が異なるため、会社としての一体性を保つことが困難になり、社員のモチベーションや、規律を正すことが困難になる場合があります。また、企業の担当者は、複雑な労働時間の管理等の手続きを行わなければなりません。

年少者への適用

年少者（満18歳未満の者）を変形労働時間制によって労働させることはできないのが原則である。ただし、１週48時間、１日８時間の範囲内（深夜業は禁止）における１か月単位・１年単位の変形労働時間制など、例外的に変形労働時間制によって労働させることができる場合もある。

PART3
6

さまざまな
労働時間のルール
を知る

フレックスタイム制

清算期間の上限が3か月に延長された

■ 始業と終業の時刻を選択できる

労働者が自分で出退勤の時刻を決めることが適しているような事業について有効な制度がフレックスタイム制です。フレックスタイム制は、3か月以内の一定の期間（清算期間といいます）内の総労働時間を定めておいて、労働者がその範囲内で各日の始業と終業の時刻を選択することができる制度です。

2018年の労働基準法改正で、フレックスタイム制の清算期間の上限が1か月から3か月に延長されました。1か月から3か月に延長されることによって、労働者にとって、より柔軟な勤務体系を可能にする制度になることが期待されています。

清算期間が3か月に延長されたことのメリット

2018年の労働基準法改正により、清算期間が3か月に延長されると、ある特定の月において、労働者の事情により、十分に労働に従事できない場合であっても、他の月にその分の労働時間を振り分けることで、より幅広い裁量の下で、労働者が仕事をこなすことができる点が期待されている。

■ コアタイムを設定する場合

フレックスタイム制を導入する場合、事業場の労働者全員が必ず労働すべき時間帯を設けるのが一般的です。この時間帯をコアタイムといいます。

また、コアタイムの前後の一定の範囲で、労働者が自由に始業時刻と終業時刻を選択できる時間帯をフレキシブルタイムといいます。フレキシブルタイムの中では、労働者は自由に始業・終業の時刻を決定できますが、労働者の健康面からも深夜に労働に従事させることは好ましくないため、終業時刻を22時程度に設定している企業が多いのが実情です。

コアタイムの上限

コアタイムを設定しない形でフレックスタイム制を採用することも可能である。また、コアタイムの上限時間もないが、コアタイムを定める場合は、必ず労使協定に盛り込む必要がある。

■ 割増賃金の支払義務が生じる場合

フレックスタイム制を採用した場合、割増賃金の支払義務が

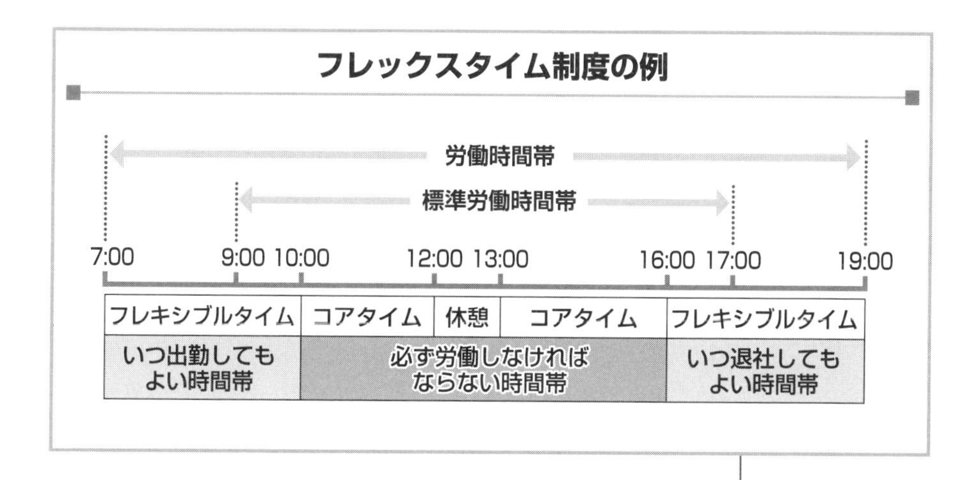

生じるかどうかは、清算期間が１か月以内であるか、それとも１か月超であるかで取扱いが異なります。

①　清算期間が１か月以内の場合

清算期間を平均して１週間あたりの労働時間が週40時間（特例措置対象事業場は週44時間）の法定労働時間の枠を超えなければ、１週間または１日の法定労働時間を超えて労働させても割増賃金を支払う必要はありません。

②　清算期間が１か月超の場合

次の２つの要件を満たす範囲内であれば、１週間または１日の法定労働時間を超えて労働させても割増賃金を支払う必要はありません。

ⓐ　清算期間を平均して１週間あたりの労働時間が法定労働時間の枠を超えないこと。

ⓑ　清算期間を１か月ごとに区分した各期間（最後に１か月に満たない期間が生じた場合はその期間）を平均して１週間当たりの労働時間が50時間以下であること。

特定の期間に労働時間が偏ることのないように、清算期間が１か月を超えるときは、ⓑの枠を追加して設けているといえます。

■ 総労働時間と賃金支払いの関係

フレックスタイム制を採用するときは、清算期間における「総労働時間」（労使協定で定めた総枠）を定めます。

そして、清算期間における実際の労働時間が総労働時間を上回っていた場合、過剰した部分の賃金は、その期間の賃金支払日に支払わなければなりません。

逆に、清算期間における実際の労働時間が総労働時間を下回っていた場合、その期間の賃金を支払った上で、不足している労働時間を次の期間に繰り越す（不足分を加えた翌月の総労働時間が法定労働時間の枠の範囲内であることが必要）こともできますし、その期間内で不足している労働時間分に相当する賃金をカットして支払うこともできます。

清算期間における実際の労働時間が総労働時間を上回っていた場合

過剰した部分の賃金は、その期間の賃金支払日に支払わなければならない。支払いを翌月に繰り越すことは賃金の全額払いの原則に反する違法行為になるおそれがある。

■ 導入する場合の注意点

フレックスタイム制を導入する場合には、事業場の過半数組合（ない場合は過半数代表者）との間の労使協定で、①フレックスタイム制が適用される労働者の範囲、②清算期間（３か月以内）、③清算期間内の総労働時間、④標準となる１日の労働時間、⑤コアタイムを定める場合はその時間帯、⑥フレキシブルタイムを定める場合はその時間帯、について定めておくことが必要です。③の総労働時間は１か月単位の変形労働時間制と同じ計算方法によって求めます。

また、締結された労使協定の届出については、清算期間が１か月以内の場合は不要です。しかし、2018年の労働基準法改正で導入された清算期間が１か月超の場合は、労働基準監督署への届出が必要です。

■ メリット・デメリットなど

フレックスタイム制により、労働者は自分の都合で働くことができます。しかし、業務の繁閑にあわせて働いてくれるとは

総労働時間と賃金との関係

【フレックスタイム制】

⇒ 労使協定により清算期間内の **総労働時間の枠組み** の設定が必要

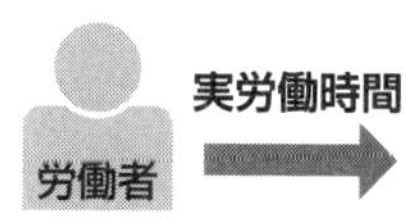

総労働時間を超えていた場合

⇒使用者は割増賃金を支払わなければならない

※超過部分の賃金は翌月に繰り越すことはできない

総労働時間に満たなかった場合

⇒翌月に清算することや、不足分の賃金カットが可能

限らず、コアタイム以外は在席を指示できないなど、会社側のデメリットが多くあるため、導入しても廃止する会社もあります。

フレックスタイム制では、コアタイム以外は従業員のすべてが集合する機会が少なくなりますが、日常の業務が従業員の協同体制によって成り立つ業種では、従業員が連携することで業務を遂行することが前提になるため、そもそもフレックスタイム制を導入することは困難です。会社側としても、フレックスタイム制を活用するインセンティブは生まれにくいといえます。

さらに、編集や設計などが典型的ですが、業務量が一定でなく、まとまって入る業務の量が膨大になる場合には、フレックスタイム制を採用していると、業務の遂行が難しくなりかねません。時期における業務の増減について見通しが立たない場合も多いため、コアタイムなども、事前に明確に定めておくことができません。

ある程度自由に労働時間を決定できるというのは、時間にルーズが許されるとの誤解が生じるおそれがあるため、導入が敬遠される傾向にあります。

PART3
7
さまざまな
労働時間のルール
を知る

三六協定①

残業をさせるには三六協定に加えて就業規則などの定めが必要である

■ 三六協定を結べば残業が認められる

時間外・休日労働（残業）は、原則として労使協定を結び、そこで定めた範囲内で残業を行わせる場合に認められます。この労使協定は労働基準法36条に由来して三六協定といいます。同じ会社でも、残業の必要性は事業場ごとに異なりますから、三六協定は事業場ごとに締結しなければなりません。事業場の労働者の過半数で組織する労働組合（過半数組合がないときは労働者の過半数を代表する者）と書面による協定（三六協定）を締結し、所轄労働基準監督署に届ける必要があります。

労働組合がなく労働者の過半数を代表する者（過半数代表者）と締結する場合は、その選出方法にも注意が必要です。選出に関して証拠や記録がない場合、過半数代表者の正当性が否定され、三六協定自体の有効性が問われます。そこで、選挙で選出する場合は、投票の記録や過半数の労働者の委任状があると、後のトラブルを防ぐことができます。

三六協定は届出をしてはじめて有効になります。届出をする場合は、原本とコピーを提出し、コピーの方に受付印をもらい会社で保管します。労働基準監督署の調査が入った際に提示を求められることがあります。また、三六協定の有効期限は1年が望ましいとされています（法令上の制限はない）。

使用者は、時間外労働については25％以上の割増率（月60時間超の例外あり）、休日労働については35％以上の割増率で計算した割増賃金を支払わなければなりません。三六協定を締結せずに残業させた場合は違法な残業となりますが、違法な残業

三六協定の効力

三六協定は個々の労働者に残業を義務付けるものではなく、「残業をさせても使用者は刑事罰が科されなくなる」（免罰的効果といいます）という消極的な効果しかない。
使用者が残業を命じるためには、三六協定を結んだ上で、労働協約、就業規則または労働契約の中で、業務上の必要性がある場合に三六協定の範囲内で残業を命令できることを明確に定めておくことが必要である。

過半数代表

管理監督者は過半数代表者になることができない。もし管理監督者を過半数代表者に選任して三六協定を締結しても、その協定は無効となる、つまり事業場に三六協定が存在しないとみなされることに注意が必要である。

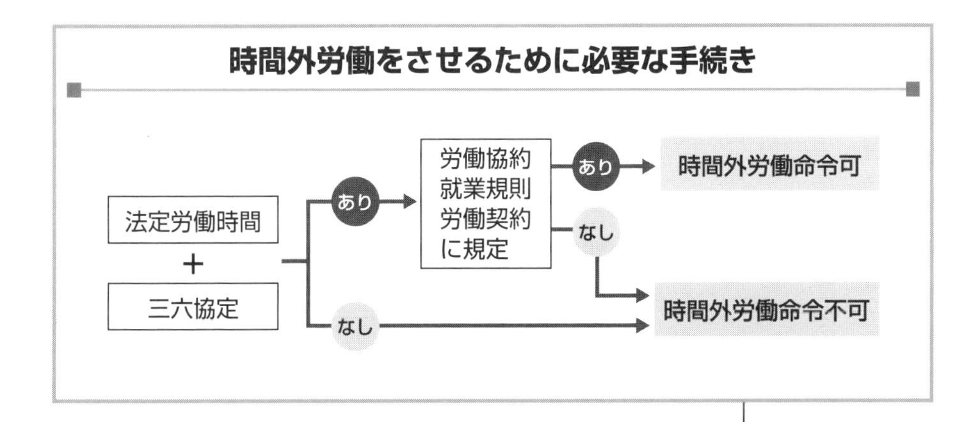

についても割増賃金の支払いは必要ですので注意しなければなりません。

■ 就業規則の内容に合理性が必要

判例によると、三六協定を締結したことに加えて、以下の①と②の要件を満たす場合には、その就業規則の内容が合理的なものである限り、それが労働契約の内容となるため、労働者は時間外・休日労働（残業）の義務を負うことになります。

① 三六協定の届出をしていること

② 就業規則が当該三六協定の範囲内で労働者に残業をさせることができる点について定めていること

以上の要件を満たすと、就業規則に基づき残業命令が出された場合、労働者は正当な理由がない限り、残業の拒否ができません。これに従わないと業務命令違反として懲戒処分の対象になることがあります。

もっとも、就業規則などに残業命令が出せる趣旨の規定がなければ、正当な理由もなく、残業を拒否されても懲戒処分の対象にはできません。

三六協定の締結とともに、就業規則などに基づき労働者に対し残業命令ができる場合であっても、その残業命令の効力が認

労働者の労働時間の管理

残業が恒常的に発生すると、残業代が含まれた給与に慣れてしまい、その金額を前提にライフサイクルができあがり、残業がなくなると困るので、仕事が少なくても残業する労働者が出てくるおそれがある。そこで、会社からの残業命令または事前申請・許可がなければ残業をさせない、という毅然とした対応をとることも必要である。

められない（残業義務が生じない）場合があります。具体的には、業務上必要性がない場合や、不当な目的に基づいているなど、労働者に著しく不利益を与えるような場合には、使用者側の権利の濫用と判断され、残業命令の効力が否定されます。

なお、会社として残業を削減したい場合や、残業代未払いなどのトラブルを防ぎたい場合は、「時間外」「休日労働命令書」「申請書」「時間外・休日勤務届出書」などの書面を利用して、労働時間を管理するのがよいでしょう。

■ 三六協定の締結方法

三六協定で締結しておくべき事項は、①時間外や休日労働をさせる（残業命令を出す）ことができる労働者の範囲（業務の種類、労働者の数）、②対象期間（基本的には１年間）、③時間外・休日の労働をさせることができる場合（具体的な事由）、④「１日」「１か月」「１年間」の各期間について、労働時間を延長させることができる時間（限度時間）または労働させることができる休日の日数です。

④の限度時間について、かつては「時間外労働の限度に関する基準」という厚生労働省の告示で決められていましたが、2018年成立の労働基準法改正で、時間外労働の限度時間が労働基準法で明記されました。

限度時間の内容については、上記の告示を踏襲しています。つまり、１日の限度時間は定められていませんが、１年単位の変形労働時間制を採用している場合を除き、原則として１か月につき45時間、１年間につき360時間を超える時間外労働をさせることは、後述する特別条項付き協定（106ページ）がない限りできません。

かつての告示では「１日」「１日を超え３か月以内の期間」「１年」の各期間の限度時間を設定することになっていました。しかし、改正労働基準法では「１日を超え３か月以内の期間」

１年単位の変形労働時間制の下での限度時間

１年単位の変形労働時間制を採用している場合は、１か月につき42時間、１年間につき320時間が限度時間である。

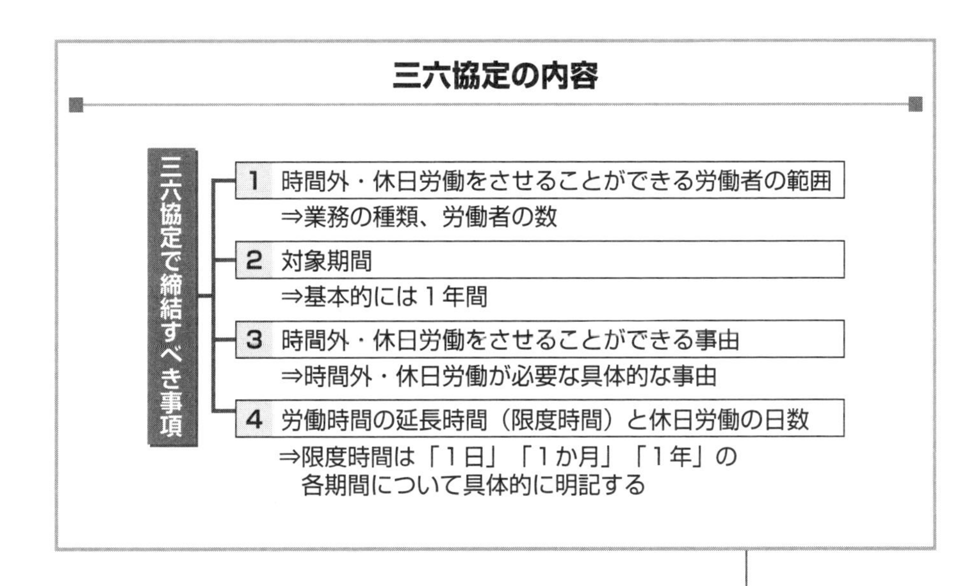

ではなく「1か月」の限度時間を設定することになりました。そのため、告示に従って1週間や2か月などの限度時間を設定している場合、今後は三六協定を締結する際に「1か月」の限度時間を設定することが求められると思われます。

また、三六協定は協定内容について有効期間の定めをしなければなりませんが、その長さについては労使の自主的な判断にまかせています（ただし労働協約による場合を除き無期限の協定は不可です）。しかし、前述の④にあるように、三六協定は必ず「1年間」の限度時間を定めなければなりません。したがって、事業が1年以内に完了するような例外を除き、有効期間は最低1年間となります。また定期的に見直しをする必要がありますので、1年毎に労使協定を結び、有効期間が始まる前までに届出をするのがよいでしょう。

労使協定の中には、労使間で「締結」をすれば労働基準監督署へ「届出」をしなくてよいものもありますが、三六協定については「締結」だけでなく「届出」をしてはじめて効力が発生するため、必ず届け出ることが必要です。

「1日を超え3か月以内の期間」

この期間については「1か月」の限度時間の設定も可能であった。従来から「1か月」の限度時間を設定していれば、改正労働基準法の施行後も特別な対応は不要である。

三六協定に違反した場合の罰則

三六協定で定めた労働時間の上限を超えて労働者を働かせた者は、6か月以下の懲役または30万円以下の罰金が科されることになる（労働基準法119条1号）。

PART3
8

さまざまな労働時間のルールを知る

三六協定②

例外的に限度時間を超えた時間外・休日労働が許される場合

■ 特別条項付き協定とは

実際の事業活動の中で、時間外労働・休日労働の限度時間を超過してしまうこともあります。そのような「特別な事情」に備えて特別条項付き時間外・休日労働に関する協定（特別条項付き協定）を締結しておけば、限度時間を超えて時間外・休日労働をさせることができます。ただし、2018年成立の労働基準法改正により、特別条項付き協定の要件などが労働基準法で明記されました。今後、特別条項付き協定を締結する際は、労働基準法の規制を遵守することが求められます。

特別条項付き協定で定める「特別な事情」とは、労働基準法39条5項が「事業場における通常予見することのできない業務量の大幅な増加等に伴い臨時的に限度時間を超えて労働させる必要がある場合」と明示しています。

さらに、長時間労働規制として、①1か月について時間外・休日労働をさせることができる時間（100時間以内に限る)、②1年について時間外労働をさせることができる時間（720時間以内に限る)、③1か月につき45時間を超える時間外労働を実施できる月数（1年について6か月以内に限る）についても、特別条項付き協定で定めることが必要です。

■ 罰則による長時間労働規制の導入

2018年成立の労働基準法改正で、三六協定や特別条項付き三六協定を締結したとしても、①有害業務（有毒ガスが発生するような場所での業務など）の時間外労働が1日につき2時間を

事業者の努力義務

我が国では、特別条項付き協定を根拠に、使用者が労働者に対して長時間労働を強いるという場合が多く見られた。そこで、2018年成立の雇用対策法改正により、事業主（使用者）に対して労働時間の短縮など労働条件の改善に努力する義務が明記された。

特別な事情とは

特別条項付き協定が認められる「特別な事情」とは、予算や決算の業務、ボーナス商戦に伴う業務の繁忙、納期のひっ迫、大規模クレームの対応、機械トラブルの対応などが挙げられる。

長時間労働規制の例外

新技術や新商品などの研究開発業務に限っては、三六協定の締結に際して、時間外・休日労働の上限に関する諸規制や、罰則付きの長時間労働規制も適用されない。

特別条項付き三六協定

原則 三六協定に基づく時間外労働の限度時間は月45時間・年360時間

1年当たり6か月を上限として
限度時間を超えた時間外・休日労働時間を設定できる

特別条項付き三六協定

【特別な事情(一時的・突発的な臨時の事情)】が必要
- ① 予算・決算業務
- ② ボーナス商戦に伴う業務の繁忙
- ③ 納期がひっ迫している場合
- ④ 大規模なクレームへの対応が必要な場合

【長時間労働の抑止】
※1か月につき100時間以内で時間外・休日労働をさせることができる時間を設定
※1年につき720時間以内で時間外労働をさせることができる時間を設定

超えないこと、②時間外・休日労働が1か月につき100時間を超えないこと、③複数月の時間外・休日労働を平均して1か月につき80時間を超えないこと、をすべて満たすように労働者を労働させることを使用者に義務付けました。さらに、①～③の1つでも満たさないとき、つまり労働基準法違反の長時間労働をさせたときは、刑事罰の対象となることも明記しました。

長時間労働規制に関する罰則
労働基準法に違反する、長時間労働を労働者に労働者にさせたときは、6か月以下の懲役または30万円以下の罰金という刑事罰が科されるおそれがある。

■ 時間外労働の割増率の取扱い

法律で定められている時間外労働に対する割増率は、通常は25％増ですが、1か月につき45時間という限度基準を超えて残業させる場合には、通常の割増率を超えるように努めなければなりません。そして、1か月の時間外労働が60時間を超える場合は、その超える部分について通常の25％増に加え、さらに25％上乗せした50％以上の割増率による割増賃金の支払が必要です。ただし、一定の規模以下の中小企業は、2023年3月31日までの間、その適用が猶予されています（83ページ）。

PART3
9

さまざまな
労働時間のルール
を知る

平均賃金

有給休暇や労災の場合に支給される金額の基準になる金額

■ 平均賃金とは

有給休暇を取得した場合や、労災（労働災害）などによって休業した場合など、何らかの事情で労働しなかった期間であっても、賃金が支払われることがあります。この場合、その期間の賃金額は、会社側が一方的に決めるのではなく、労働基準法の規定に基づいて１日の賃金額を算出し、その額に期間中の日数を乗じた額とすることになっています。その基準となる１日の賃金額を平均賃金と呼びます。

労働基準法12条によると、平均賃金の算出方法は「これを算定すべき事由の発生した日以前３か月間にその労働者に対し支払われた賃金の総額を、その期間の総日数で除した金額」とされています。たとえば、機械の故障や業績不振など、使用者側の事情で労働者を休業させる場合、使用者は休業期間中、労働者にその平均賃金の100分の60以上を休業手当として支給します（同法26条）。年次有給休暇を取得中の労働者に支給する金額についても、就業規則等の定めに従い、平均賃金または所定労働時間労働した場合に支払われる通常の賃金により算定することになります（同法39条７項）。

なお、平均賃金の基準になる「３か月（３か月間の総日数）」とは、暦の上の日数のことです。また、算定の対象となる「賃金の総額」には、基本給の他、通勤手当や時間外手当などの諸手当も含まれますが、臨時に支払われた賃金や３か月を超える期間ごとに支払われた賃金などは「賃金の総額」から控除されることになります（次ページ図）。

労働基準法12条の趣旨

本文記載のように、平均賃金の算定にあたり、直近の３か月の賃金を用いて計算する趣旨は、できるだけ直近の賃金額から平均賃金を算定することによって、労働者の収入の変動幅を少なくするためである。

平均賃金の基準になる「３か月」について

平均賃金の基準になる３か月を算定するにあたり、その期間中に、業務上の傷病による休業期間や育児・介護休業期間などが含まれる場合は、その期間の日数分が「３か月」から控除されるので（３か月の算定に含めない）、その期間内に支払われた賃金額が「賃金の総額」から控除される（計算基礎から除外される期間・賃金）。

平均賃金の具体的な計算例

$$\frac{\text{算定事由の発生した日以前3か月間にその労働者に支払われた賃金総額}}{\text{上記の3か月間の総日数}}$$

【「以前3か月間」の意味】

算定事由の発生した日（＊）は含まず、その前日から遡って3か月
賃金締切日がある場合は、直前の賃金締切日から遡って3か月

（＊）「算定事由の発生した日」とは、
解雇予告手当の場合「解雇通告した日」
休業手当の場合「その休業日の初日」
年次有給休暇中の賃金の場合「有給休暇の初日」
災害補償の場合「事故発生の日又は疾病の発生が確定した日」
減給の制裁の場合「制裁意思が労働者に到達した日」

【計算基礎から除外する期間・賃金】

・業務上の傷病による休業期間
・産前産後の休業期間
・使用者の責めに帰すべき事由による休業期間
・育児・介護休業法による育児・介護休業期間
・試用期間

【賃金総額から除外される賃金】

・臨時に支払われた賃金（結婚祝金、私傷病手当など）
・3か月を超える期間ごとに支払われた賃金（賞与など）
・法令または労働協約に基づかない現物給与

【平均賃金の最低保障額】

日給制、時間給制などの場合、勤務日が少ないと上記の計算式では異常に低くなってしまう場合があるため、最低保障額が定められている。上記計算式の算出額と、次の計算式の算出額を比較し、多い方を平均賃金とする。

・賃金が日給、時間給、出来高給その他の請負制であった場合

$$\frac{\text{3か月間の賃金総額}}{\text{その期間中に労働した日数}} \times \frac{60}{100} \cdots Ⓐ$$

・賃金の一部が、月給、週給その他一定の期間によって定められた場合
（月給・週給などと「日給、時間給、出来高給その他の請負制」との併用の場合）

$$\frac{\text{月給・週給等の部分の総額}}{\text{上記の部分の総日数}} + \text{上記Ⓐの金額}$$

・雇入れ後3か月に満たない者の場合

雇入れ後に支払われた賃金総額÷雇入れ後の期間の総日数

PART3
10

さまざまな
労働時間のルール
を知る

割増賃金

残業などには所定の割増賃金の支給が義務付けられている

■ 割増賃金とは

使用者は、労働基準法37条により、労働者の時間外・深夜・休日労働に対して、通常の労働時間又は労働日の賃金計算額の25%～50%以下の割増率の範囲内で上乗せした割増賃金の支払義務を負うことになっています。

割増率は労働基準法37条を受けて、政令で定められています。それによると、1日8時間、週40時間の法定労働時間を超えて労働者を働かせた時間外労働の割増率は、25%以上となっています（月60時間を超える場合には50%以上）。また、午後10時から午前5時までの労働（深夜労働といいます）についても、同様に25%以上となっています。時間外労働と深夜労働が重なった場合は、2つの割増率を足すことになりますので、50%以上の割増率となります。また、1週1日以上または4週4日以上と定められている法定休日に労働者を働かせた場合は、休日労働として35%以上の割増率となります。休日労働と深夜労働が重なった場合、割増率は60%以上となります。

割増賃金の制度は、使用者に経済的負担を強いることによって、8時間労働制を守るブレーキの役割を果たしているといえます。また、過重な労働に対する労働者への補償の意味をもつものともいえるでしょう。

なお、時間外労働・休日労働をさせるには三六協定の締結と同協定の労働基準監督署への届出が必要になりますが、三六協定によらずに違法に時間外労働をさせた場合でも、割増賃金の支払義務は当然に発生するものとされています。また、法律に

三六協定
労働者に残業をさせることができるようにするための協定。労働基準法上、特別な場合を除き、労働者に残業をさせることはできないが、所定の手続きを行った企業に限って、その企業の使用者はそこで働く労働者に残業してもらうことができる。この手続きが三六協定の「締結」と「届出」である。労働基準法36条に規定があるため、この名称がついた。三六協定は、他の労使協定と異なり、「締結」だけでは免罰効果が発生せず、「届出」をしてはじめて免罰効果が発生する。

賃金の割増率

時間帯	割増率
時間外労働	25%以上
時間外労働（月60時間を超えた場合の超えた部分）	50%以上 ※
休日労働	35%以上
時間外労働が深夜に及んだとき	50%以上
休日労働が深夜に及んだとき	60%以上

※労働時間が１か月60時間を超えた場合に支払われる残業代の割増率については、2023年（平成35年）４月１日より、中小企業に適用される。

違反して年少者に時間外労働をさせた場合も、同様に使用者に割増賃金の支払義務が発生します。

割増賃金の計算方法は、労働者に支払う賃金を時間あたりの額（時間単価）に引き直し、その額に割増率を掛けて算出する時間計算方式が一般的です（114ページ）。

■ 時間外勤務手当とは

時間外労働の割増賃金が発生するのは、法定労働時間を超えたときです。したがって、会社の所定労働時間が７時間と定められている場合に、８時間労働させたとしても、延長した１時間については、賃金規程などで別段の定めがない限り、労働基準法上は割増賃金を支払う必要はありません。

たとえば、午前９時から午後５時までが就業時間で、その間に正午から午後１時までの１時間を休憩時間としているような会社がこれにあたります。このケースでは、午後５時の終業時刻の後に午後６時まで１時間の残業をさせたとしても、その１時間については、割増率を上乗せする前の時間単価１時間分を残業手当として支給すれば足りることになります。

ただ、この残業させた１時間について、割増率分を上乗せし

休日割増

法定休日に仕事をした場合には、通常の時間単価の賃金に35%割増の賃金を支払わなければならない。法定休日ではなく法定外休日に出勤した場合には、通常の時間外労働と考えられるため、25%割増の賃金を支払えば足りる。

て賃金を支払う分には労働者に有利な結果となりますから、会社が独自に決めることができます。

■ 休日勤務手当とは

休日労働については、会社の就業規則などで別段の定めがある場合を除いて、法定休日に労働させたときに限って休日勤務としての、割増賃金を支払う義務が発生します。

したがって、就業規則などで法定休日以外の土曜日や祝祭日などを会社休日（労働の義務がない日のこと）と定めておいたものの、会社の業務状況によりその日に労働させたとしても、労働基準法上は、休日勤務としての割増賃金を支払う必要はありません。

ただし、週40時間を超える労働時間となる場合は、休日勤務の割増手当は不要ですが、時間外手当の割増は必要となります。

法定休日か法定外休日かで休日割増を支払う義務が変わることになるので、就業規則で休日を定める際には、法定休日を明確にしておくことが望ましいといえます。

■ 深夜勤務手当とは

労働基準法における労働時間、休日、休憩時間の規定が適用除外となる監視に従事する者や断続的労働に従事する者（役員専用自動車運転手や１日の交通量が10往復程度の鉄道の踏切番など)、管理監督業者についても、深夜における割増賃金は支払わなければなりません。

■ 割増賃金の支払いに代えて支払う代替休暇とは

時間外労働をさせた場合、通常の賃金に加え、割増賃金の支給が必要です。特に、１か月に60時間を超える時間外労働をさせた場合、労働基準法で通常の賃金と比較して150％以上の賃金を支払うことが必要とされています。

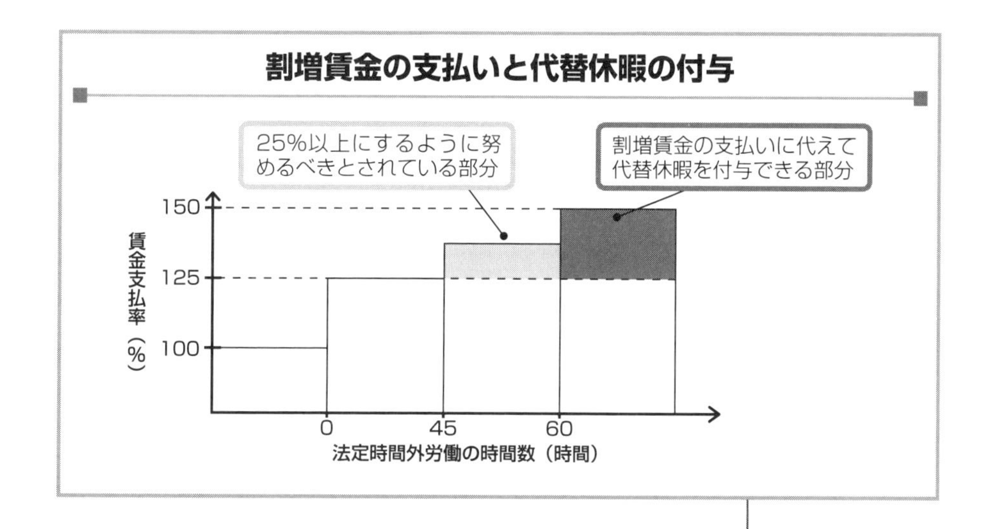

ただし、労働者の健康を確保するという観点から、長時間労働の代償として割増分の残業代の支払いではなく、労働者に休暇を付与するという方法もあります。そのため労使協定を締結することにより、1か月の時間外労働が60時間を超えた場合の25%以上を上回る分の割増賃金の支払いに代えて、有給休暇を与えることが認められています。

なお、代替休暇は労働者の休息の機会を与えることが目的ですので、付与の単位は1日又は半日とされています。また、代替休暇に振り替えられるのは、1か月の時間外労働が60時間を超えた場合の25%を上回る分の賃金を時間換算したものです。25%までの割増賃金については、これまで通り25%の割増賃金の支払いが必要です（上図参照）。

代替休暇を与えるためには、労使協定の締結が必要です。その労使協定で定めなければならない事項は、①代替休暇として与えることができる時間数の算定方法、②代替休暇の単位、③代替休暇を与えることができる期間、④代替休暇の取得日の決定方法、⑤割増賃金の支払日です。

PART3
11

さまざまな
労働時間のルール
を知る

割増賃金の計算ルール

通常の賃金に割増率を掛けて割増賃金を算出する

■ 労働時間の端数処理に気をつける

ここでは実際に割増賃金を計算して見ていくことにしましょう。割増賃金を計算する上では1時間あたりの賃金を基礎とします。そこで、月給制や日給制などの支払方法にかかわらず、すべての労働者の1時間あたりの賃金を算出する必要がでてきます。1時間あたりの賃金を算出した後、それに割増率を掛けて割増賃金を求めることになります。

なお、たいていの事業所では給与計算の都合上、休日労働や時間外労働の時間を算出する場合に30分単位や15分単位で処理しています。そのため、30分や15分という単位に満たない労働時間の端数が生じる場合があります。休日や時間外に労働した場合の労働時間数は、1か月単位で端数処理をしなければならず、1日ごとに端数処理を行うことはできません。そこで、実務上の処理方法としては、30分単位で時間を集計している会社の場合、日々の労働時間は1分単位で集計する方法と、1か月トータルの労働時間の30分以上1時間未満の端数を1時間に切り上げ、30分未満の端数を切り捨てるという方法をとります。

月給における1か月の所定労働時間

1か月の所定労働時間は1日の所定労働時間に1か月の所定労働日数を掛けた時間となる。

日給月給制の取扱い

日給月給制（月給制の形をとるが、労働者が欠勤した場合にはその日数分だけ差し引いて支払う支払形式）の場合も月給制の場合と同じようにして、1時間あたりの賃金を計算することになる。

■ 計算の手順をマスターする

では、給与の支払方法ごとに1時間あたりの賃金の算出の仕方を確認しておきましょう。

① **時間給**

時間給とは、「1時間あたりいくら」で仕事をする形態です。時間給の場合、その時間給が1時間あたりの賃金になります。

労働時間の端数処理の仕方

●1日25分間、20日間時間外労働した場合の残業時間の計算

30分未満	→	切り捨て
30分以上1時間未満	→	切り上げ

➡ 1日ごとに処理すると、25分は切り捨てられてしまうが、そのような計算はしない。

➡ 25分間 × 20日間 ＝ 8時間20分
20分を切り捨てて、8時間の時間外労働とする

・1時間あたりの賃金＝時間給

② 日給

日給とは、「1日あたりいくら」で仕事をする勤務形態です。

日給の場合、日給を1日の所定労働時間で割って1時間あたりの賃金を算出します。

・1時間あたりの賃金＝日給÷ 1日の所定労働時間

③ 月給

月給とは、「1か月あたりいくら」で仕事をする形態です。月によって労働日数や労働時間が多少異なっても、原則として毎月同じ額の給与（残業代などは変動します）が支払われることになります。

公務員や多くの会社員は月給で給与をもらっています。

月給の場合、月給の額を1か月の所定労働時間で割って1時間あたりの賃金を算出します。1か月の所定労働時間は1日の所定労働時間に1か月の所定労働日数を掛けた時間です。

・1時間あたりの賃金＝月給÷ 1か月の所定労働時間

ただ、月給の場合、1か月の所定労働時間が月によって変動します。

実務上の労働時間の端数処理

実務上の処理方法としては、30分単位で時間を集計している会社の場合、日々の労働時間は1分単位で集計する方法と、1か月トータルの労働時間の30分以上1時間未満の端数を1時間に切り上げ、30分未満の端数を切り捨てるという方法がある。

たとえば、1月、5月、8月といった所定休日の多い月については、所定労働時間が少なくなります。逆に、6月などの所定休日の少ない月については、所定労働時間が多くなります。所定労働日数でいうと、1か月19日の月もあれば、22日の月もあるといった具合です。これをその月ごとに所定労働時間を計算してしまうと、毎月の給与は同じであるにもかかわらず割増賃金の単価が毎月違うということになってしまいます。そこで、1年を通じて1か月の平均所定労働時間を計算して、月給を1か月の平均所定労働時間で割って求めた金額を1時間あたりの賃金として扱います。

④　出来高給

歩合給などの出来高払いの賃金の場合、出来高給の金額を算定期間の総労働時間数で割った金額が1時間あたりの賃金となります。

1時間あたりの賃金＝出来高給÷算定期間の総労働時間数

なお、出来高給の人の算定期間の総労働時間とは、所定労働時間に時間外労働時間と休日労働時間を足したものになります。

■ 割増賃金の基礎となる賃金から除くもの

賃金（給与）には労働の対償として支給されるものの他、個人的事情にあわせて支給される賃金もあります。家族手当や通勤手当がこれにあたります。個人的事情にあわせて支給される賃金を割増賃金の計算の基礎となる賃金に入れてしまうと、労働者間で不公平が生じてしまいます。

そこで、個人的事情にあわせて支給される賃金は割増賃金の計算の基礎となる賃金から除くことになっています。

割増賃金の計算の基礎から除く手当としては、①家族手当、②通勤手当、③別居手当、④子女教育手当、⑤住宅手当、⑥臨時に支払われた賃金、⑦1か月を超える期間ごとに支払われる賃金があります。

割増賃金の計算方法

前提

・基本給のみの月給制
・1日の所定労働時間は8時間（始業9時・終業18時・休憩1時間）
・完全週休2日制（法定休日は日曜日）

① 賃金単価の算出

基本給 ÷ 1か月平均所定労働時間 ＝ 1時間あたりの賃金単価

② 1か月の残業時間・法定休日労働時間・深夜労働時間の算出

・1日ごとの残業時間（法定外休日労働時間を含む）を端数処理せずに1か月分を合計
・1日ごとの深夜労働時間を端数処理せずに1か月分を合計
・法定休日労働時間を端数処理せずに1か月分を合計

③ 1か月の割増賃金の算出

60時間までの残業時間 × 1時間賃金単価 × 割増率（1.25以上） ＝ 60時間までの残業の割増賃金 **A**

60時間を超える残業時間※ × 1時間賃金単価 × 割増率（1.5以上） ＝ 60時間を超える残業の割増賃金 **B**

法定休日労働時間 × 1時間賃金単価 × 割増率（1.35以上） ＝ 法定休日労働の割増賃金 **C**

深夜労働時間 × 1時間賃金単価 × 割増率（0.25以上） ＝ 深夜労働の割増賃金 **D**

※60時間を超える残業時間（時間外労働時間）の割増率が50%以上となるのは、2023年（平成35年）3月31日までは中小企業を除く企業

④ 受け取る賃金の算出

A ＋ **B** ＋ **C** ＋ **D** ＝ 1か月の受け取る割増賃金の合計額

PART3
12

さまざまな労働時間のルールを知る

残業時間と限度時間

医学的な見地から算出された限度時間がある

■ 月45時間を超える場合は要注意

会社としては、労働者が健康障害を起こさないようにするため、労働者の労働時間を適切な時間内にとどめるように管理しなければなりません。よく言われる基準として「1か月に45時間までの残業時間」があります。月45時間という数字は、通常の人が1日7～8時間の睡眠をとった場合に、残業時間に充当できる時間の1か月分の合計です（1日2～2.5時間×20日間）。月45時間は時間外労働の限度基準としても採用されています（次ページ図）。また1か月の残業時間が、80時間を超えるかどうかも1つの目安です（84ページ）。この数字は、通常の人が1日6時間の睡眠をとった場合に、残業時間に充当できる時間（1日4時間の残業時間）を基準に、1か月あたり20日間働くものとして算出される数字です。

なお、2018年の労働基準法改正により、月100時間を超える時間外・休日労働をさせると、原則として刑事罰の対象になる（106ページ）ことにも注意が必要です。

■ 明示的な指示がない場合

上司が、労働者に残業を命じていないにもかかわらず、勝手に労働者が残業した場合に、残業代の支払義務があるのかが問題になります。

まず、当該会社にとって「時間外労働が適法に行えるか否か」が重要です。従業員の時間外・休日労働をすべて禁止している会社では、時間外・休日労働を適正に管理するための三六

100時間超の残業時間のリスク

残業時間が月100時間を超える労働者については、過労死のリスクが高まっており、特に会社側にとって労災事故のリスクが高くなっているといえる。

残業申請書

残業を事前申請にする方法として、残業申請書を用いる場合が多い。残業申請書には、労働者に、残業を必要とする理由やその目的、必要となる残業時間を労働者に記載させる。その他には、労働時間の管理という観点から、管理者が残業を許可したことを示す署名やサイン欄を設けておく必要がある。

三六協定の締結事項と限度時間（2018年改正による）

締結事項

①時間外・休日労働を必要とする具体的事由　②業務の種類
③労働者の数　④延長時間、労働させる休日　⑤有効期間

期 間	1か月	1 年
限度時間	45時間	360時間

かつての告示には「1週間15時間」「2週間27時間」「4週間43時間」「2か月81時間」「3か月120時間」の限度時間もあった。

協定が未締結の場合があります。この場合、残業手当の対象となる時間外・休日労働そのものが違法と考えられる場合があります。次に、会社側が時間外・休日労働の禁止を周知徹底していたかどうかです。たとえば、時間外・休日労働の禁止と、その必要が生じたときは役職者が引き継ぐべきという指示や命令を社内通知、朝礼などにより判断します。

これら2点について、命令に反した従業員が知り得る状態にあったと判断されれば、残業代の支払義務はないと考えられます。

黙示の残業命令

たとえば、残業しないと間に合わないほどの業務を上司が労働者に命じた場合は、上司が残業を命じなかったとしても、黙示的に残業を命令したと扱われる可能性が高い。また、労働者が残業しているところを見ていながら何も言わずにいると、黙示的に残業を命令したと判断される場合もある。

■ どんな対策を講ずるべきか

業務上必要な残業については、事前申請制にすることです。就業規則上「不要な残業をすること、させることの禁止」「業務外目的での終業時刻後の正当な理由のない在社禁止」などを定め、その違反を懲戒事由とすることも大切です。

また、会社は労働者の労働時間を適正に管理しなければ、労働基準監督署に指導を受けるおそれがあります。労働時間を把握するには、経営者や上司など労働者を管理する者が、直接労働者の労働時間を現認する（見て確認する）などの方法があります。

PART3
13

さまざまな
労働時間のルール
を知る

固定残業手当

人件費の予算管理を効率化できる

■ 固定残業手当とは何か

残業手当を固定給に含め、残業の有無にかかわらず、毎月定額を固定残業手当として支払う会社も少なくありません。このような固定額による残業代の支払いを適法に行うには、①基本給と固定残業手当を明確に区分する、②固定残業手当には何時間分の残業時間を含むのかを明確にする、③固定残業手当に含まれる残業時間を超過した場合は別途割増賃金を支給する、という３つの要件をすべて満たす必要があります。

その上で、事業場の就業規則（賃金規程）を変更しなければなりません。変更した就業規則を従業員に周知することも必要で、固定残業手当の導入には、支給の経緯、実態から見て「定額手当＝残業代」と判断できなければなりません。

固定残業手当に適した業種

小売店や飲食店などでは、営業時間がほぼ同じで、開店準備や閉店業務にかかる時間も大きな変動がなく、毎日ある程度一定の労働時間となる。そのため、固定残業手当を導入しやすいといえる。営業職の場合も、日中のクライアント訪問、帰社後の残業による提案書の作成など、毎日ほぼ同じ労働時間が見込まれるのであれば、固定残業手当の導入が可能である。

■ なぜこのような手当を設けるのか

固定残業手当の導入による一般的なメリットとしては、不公平感の解消です。同じ仕事を残業なしでこなす従業員Ａと、残業を10時間してこなす従業員Ｂとの間では、通常の残業手当の考え方だとＡにとって不公平に感じられますが、固定残業手当では公平感があります。また、固定残業時間以内であれば、実際に残業が発生しても追加の人件費が発生しないため、年間の人件費のおおまかな見積りが可能なこともメリットとなります。

企業側にとっては、固定残業手当を導入することで、給与計算の手間が大幅に削減されます。もっとも、導入に際して従うべきルールが複雑であることも事実です。

固定残業手当の労働者側のメリット

労働者側からすると、残業してもしなくても基本的には同じ給与なので、効率的に仕事をして残業を削減する方向になるといえる。これは長時間労働の抑制につながるため、結果として企業側のメリットにもなる。

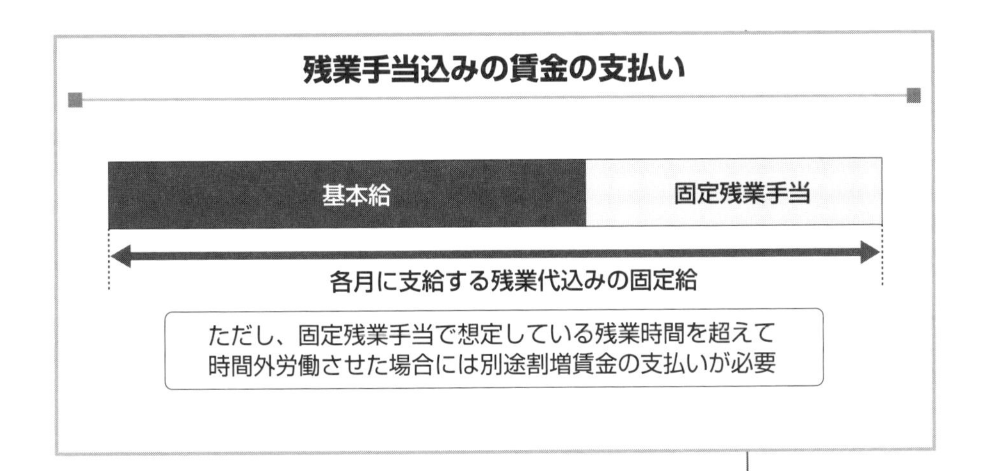

■ どのくらいが目安なのか

労働基準法では、時間外労働・休日労働を行わせるためには、三六協定を締結することが必要です。三六協定で設定できる時間外労働の限度時間は、1か月あたり45時間、1年あたり360時間です（84ページ）。そうなると必然的に1年あたりの限度時間の12分の1、つまり月30時間分の残業代が固定残業手当の上限となると考えられます。

ただし、固定残業手当は「これさえ支払っていれば、もう残業代（時間外手当）が不要となる」という便利手当ではありません。想定する残業時間を超えた場合は、別途残業代を支払わなければなりません。逆に残業がなかったときに、固定残業手当を支払わないとすることは許されません。

なお、固定残業手当を採用する会社においては、賃金を支払う場面においても、注意しなければならない点があります。会社が固定残業代を含めて支払う賃金を見ると、最低賃金を超えた金額を労働者に支払っているように思える場合であっても、固定残業手当にあたる部分を除くと、実際には基本給の部分が最低賃金を下回っているというケースがあります。

基本給と割増賃金の区分

固定残業手当について、基本給と固定残業手当の区分は、従業員が本来支給されるはずの残業代が給与に含まれているのか否かを確認する手段として重要である。
従業員に支払った固定残業手当が実際の残業時間で計算した残業代を明確に下回るときには、その差額の支払いを労働者から請求される可能性もあるため、注意が必要になる。

PART3
14

さまざまな
労働時間のルール
を知る

欠勤・遅刻・早退の場合の取扱い

働かなかった部分から給与を控除する

■ ノーワーク・ノーペイの原則とは

給与は労働者の労働力の提供に対して支払われるため、労働者が労働力を提供していない場合に、使用者は賃金を支払う必要はありません。これを、「ノーワーク・ノーペイの原則」といいます。

まず、当然の前提ともいえますが、ノーワーク・ノーペイの原則は、休日に適用されます。休日については、そもそも労働者が労働に従事することがないのが原則ですので、使用者が賃金を支払う義務がないことも、特に不自然なことではありません。また、産前産後休暇や育児休業の場合には、一般の休日と同様に、労働者は労働に従事していませんので、原則として、使用者に賃金の支払義務はありません。ただし、これらは通常の休日とは性質が異なりますので、労働者に対して、賃金に相当する額の一定額が支払われる制度が設けられています。産前産後休暇を取得している労働者に対しては、健康保険から、出産手当金として、賃金の３分の２に相当する金額が支払われます。そして、育児休業を取得している労働者に対して、雇用保険法が、育児休業給付制度を採用しており、賃金額の67％にあたる金額、労働者に対して支払われます。

これに対して、労働者が体調不良などの理由により労働者が仕事を休んだ場合、使用者は、その休んだ日数分の給与を支払う必要はありません。なぜならば、給与は労働者の労働力の提供に対して支払われるため、体調不良などの理由により労働者が仕事を休んだ場合、使用者は、その休んだ日数分に関しては、

ノーワークノーペイの原則の適用対象

本文記載のように、丸１日欠勤した場合だけでなく、始業時刻に遅れた場合（遅刻）、終業時刻の前に帰った場合（早退）、業務の自発的中断（途中離業）についても、労働力が提供されていない時間分は、給与を支払う必要がない。

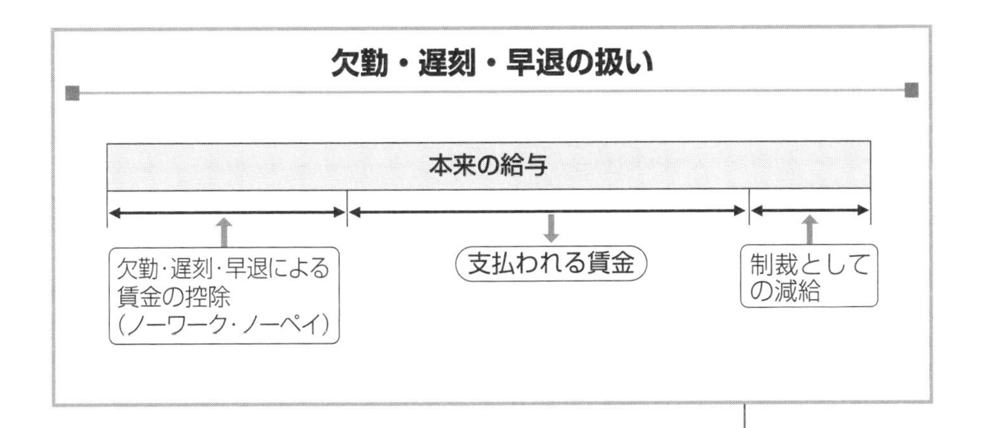

労働力を提供したとは扱うことはできないためです。

ノーワーク・ノーペイの原則については、まる1日欠勤した場合だけでなく、始業時刻に遅れた場合（遅刻）、終業時刻の前に帰った場合（早退）、業務の自発的中断（途中離業）についても、労働力が提供されていない時間分は、給与を支払う必要がありません。

■ どのようにして控除額を定めるのか

ノーワーク・ノーペイの原則に基づく控除額について、労働基準法では特に定めを置いていないため、実際に休んだ分の賃金を超えない範囲内で、各会社で独自にルールを定めることになります。実務上は就業規則や賃金規程に規定を置き、それに従って控除額を算出しています。一般的な控除額の算出方法としては、「月給額÷ 1年間の月平均所定労働日数×欠勤日数」で算出する方法をとっている会社が多いようです。遅刻や早退などで1時間あたりの控除額を算出する場合は、「月給額÷ 1年間の月平均所定労働日数÷ 1日の所定労働時間」で控除額を求めます。

また、「月給額÷該当月の所定労働日数×欠勤日数」で算出することにしている会社もあります。ただ、この方法で計算する場合は、毎月控除額が変わるため、給与計算処理が面倒になるというデメリットがあります。控除額を計算する際、給与を構成するどの手当を含めて控除額を計算するのか、という点についても賃金規程などで定める必要があります。

なお、就業規則の定めにより、職場の規律に違反した労働者に対し、制裁として給与を減額する方法があり、これを減給といいます。ただ、給与は労働者の生活を維持するための重要なものですから、減給の制裁による控除額には、一定の制限があります（労働基準法91条）。

減給の制裁の制限

減給については「１回の額が平均賃金の１日分の半額を超え、総額が１賃金支払期における賃金の総額の10分の１を超えてはならない」という控除額の制限がある。

■ 労働者が欠勤・遅刻・早退した場合の控除

ノーワーク・ノーペイの原則に基づき、労働者が欠勤・遅刻・早退した場合には、その分を給与から控除することができます。具体例で計算してみましょう。

Ｚ社に勤務しているＡさんは、今月、欠勤を１日、遅刻を３時間しました。Ｚ社の１年間の月平均所定労働日数は20日で、１日の所定労働時間は８時間です。Ａさんの給与を構成する手当は以下のとおりです。なお、Ｚ社は控除額を計算するときは、給与のうち基本給だけを対象としているものとします。

基本給 220,000円　家族手当 20,000円

通勤手当 15,000円

なお、Ｚ社では、欠勤１日につき１年間の月平均所定労働日数分の１を控除するという方法をとっているものとします。

このような場合、欠勤分の控除額と遅刻分の控除額を別々に算出します。まず、欠勤した分の控除額を求めます。Ａさんの場合、220,000円を１年間の月平均所定労働日数で割って、これに欠勤日数を掛けます。

220,000円÷20日×１日＝11,000円（１日分の控除額）

続いて、遅刻した分の控除額を計算します。１時間あたりの控除額は１日あたりの控除額を所定労働時間で割って求めます。

公共交通機関の遅れによる遅刻の取扱い

本文記載のように、遅刻した労働者については、ノーワーク・ノーペイの原則に従い、賃金から一定の金額が控除される。遅刻の原因が、公共の交通機関の遅延によるものである場合であっても、企業は同様に取り扱ってよい。しかし企業によっては、賃金からの控除を行わない場合もある。この場合には、遅延証明書の提出を義務付けている場合が多いといえる。

減給制裁の限界

1/2

1日分の賃金

1回の額が平均賃金の1日分の半分を超えない

➡1日1万円が平均賃金の場合、減給の上限額は5,000円

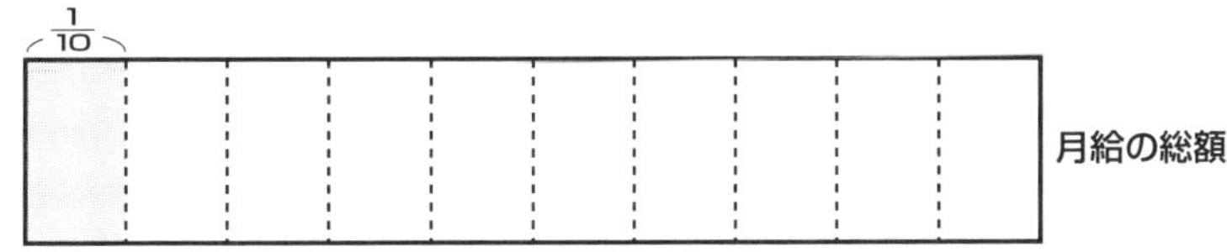

減給の総額が賃金の総額の10分の1を超えてはならない

➡月給30万円の場合、複数回の制裁があったとしても
1か月をトータルして減給の上限額は3万円

11,000円÷ 8時間× 3時間=4,125円（3時間分の控除額）

したがって、Aさんの今月の給与から控除される額は、11,000円+4,125円=15,125円ということになります。

なお、Z社では、皆勤手当や精勤手当といったその月の出勤状況によって支給額や支給するかどうかが決まる手当がないため、このような計算になります。しかし、皆勤手当や精勤手当が支給されることになっている事業所では、欠勤、遅刻、早退などの状況によって、手当を支給しない（支給要件に該当しない）、支給額を減額する、といった処理が必要になります。

また、従業員が規律違反を犯した場合、会社として減給処分を下すことがあります。ただ、減給の制裁には一定の制限があります。減給の制裁として上図のように上限額が労働基準法で定められているので注意が必要です。たとえば、1日1万円が平均賃金の場合、1回の減給の上限額は5,000円になります。月給30万円の場合、1か月の減給の上限額は3万円になります。この2つの条件は同時に満たす必要があります。

年俸制

年俸制でも時間外労働の割増賃金は支払われる

■ どんな制度なのか

年俸制とは、まず1年間の給与（賞与を含める場合もあります）の総額を決定し、その12分の1、あるいは16分の1（仮に賞与を4か月分と設定する場合）を毎月支給するという賃金体系です。労働基準法上の制約もあるため、重要なポイントは把握しておく必要があります。

① 賃金の支払方法について

1年単位で賃金総額が決まるとはいっても、労働基準法24条で毎月1回以上、一定期日の賃金支払いが要求されているため、最低でも月1回、特定の日に賃金を支払わなければなりません。ただし、年俸に賞与が設定されている場合は賞与支払月に多く支払うことはできます。

② 時間外労働の割増賃金について

年俸制を導入すれば、時間外労働の割増賃金を支払う必要がない、と勘違いしている使用者が少なくありません。しかし、年俸制では毎月支給される金額が1か月分の基本給となり、時間外労働をした場合には、この1か月分の基本給をベースに割増賃金を支払わなければなりません。つまり、年俸制を導入する場合であっても、時間外・休日・深夜の労働に対する割増賃金は必要です。

そして、使用者が年俸制を導入する場合、年俸額の内訳は基本給だけなのか、一定時間分の残業手当（固定残業手当）を含んでいるのかを明確にする必要があります。

もっとも、毎月の給与額が残業手当により増減があると、年

年俸制と割増賃金基礎額

年俸制を採用している会社で、従業員が法定労働時間（1日8時間、1週40時間が原則）を超える労働を行った場合、25%以上の割増率を加えた賃金の支払いが必要である。そして割増賃金基礎額（1時間当たりの賃金）の算定には、役職手当、資格手当、業務手当、皆勤手当などが含まれる。

年俸制導入の注意点

本文記載のように、年俸制は残業代を節約できる制度とは限らない。また、業種・職種によっては、導入することが不適当なケースもあるため、業種や従業員の就業実態などを考慮して導入を検討していく必要がある。

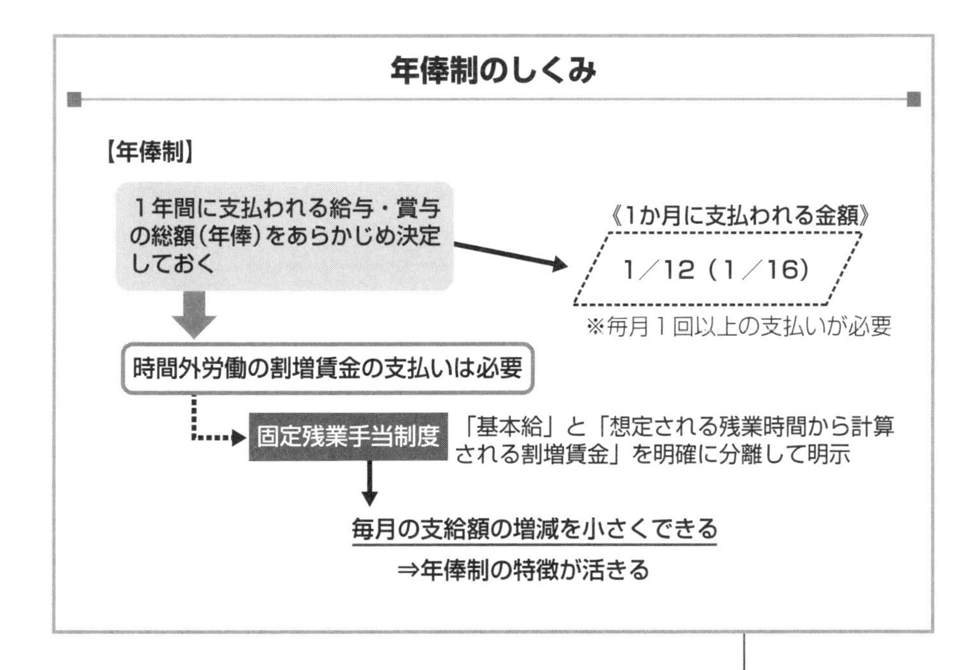

俸制にした意味合いがなくなることから、固定残業手当の制度が用いられることが多いようです。年俸制の金額を設定するときに、純然たる基本給の部分と、想定される残業時間から計算された固定残業手当の部分を明確に分離して従業員に明示します。もちろん、想定する残業時間を超過した場合には、別途残業手当が必要になりますが、それによる給与額の増加はあまり多くならないと思われます。

割増賃金の支払いが不要になる場合

管理監督者に該当して労働時間の規制が適用除外とされる場合や、裁量労働制や事業場外みなし労働時間制の「みなし労働時間」の適用を受ける場合などは、一定の要件の下で時間外・休日の労働に対する割増賃金は不要になる（深夜労働に対する割増賃金は必要である）。

■ どのように取り扱うべきなのか

労働基準法では、給与計算期間ごとに残業時間を集計して、次の賃金支払日に残業手当を支払うよう求めています。固定残業手当は例外的な処理です。

ただし、固定残業手当が想定している残業時間を超えて残業を行わせたときは、別途残業手当の支払が必要になりますので、年俸制は決して残業代を直接的に節約できる制度ではありません。

Column

残業不払い訴訟と対策

労働者が勤務時間外に働いている場合で、会社が労働基準法で定められている時間外労働手当を支払わない場合をサービス残業（賃金不払い残業）といいます。

残業代不払いの問題点は、そのままにしておくと、労働者側から請求があったり労働基準監督署に申告された場合に、一度に多額の未払賃金相当額を支払わなければならなくなる恐れが高い、ということです。特に弁護士などに依頼した労働者から不払い分を請求された場合には、過去２年分さかのぼって請求される場合があります。裁判になるとその２年分の不払い分の金額と同額の付加金の支払請求を受けることも考えられます。さらに、時間外労働や休日労働の割増賃金の不払いについては、遅延損害金も請求される場合があります。また、労働基準法によると、時間外労働や休日労働の割増賃金の不払いに対しては、６か月以下の懲役、30万円以下の罰金という刑事罰が科されます。

労働者から訴訟を起こされた場合には、まず、会社としては、労働者が主張している残業時間というものが、本当に労働基準法上の労働時間に該当しているかどうかを検討する必要があります。

労働時間に該当していないと判断できる場合で、それを裏付けるような証拠がある場合にはそれを準備して、労働時間にあたらないことを主張することになります。一方、労働時間に該当する場合には、それが割増賃金を支払わなければならない労働時間にあたるのかどうかを検討することになります。つまり、残業代の対象となる労働時間ではないことを証明することになります。たとえば裁量労働制や事業場外のみなし労働時間制、あるいは管理監督者であるといった事項が該当します。割増賃金手当を支給している場合には、そのことを主張することになります。

PART 4

社会保険事務の基本を知る

PART4
1
社会保険事務の
基本を知る

労働保険料の算定と納付

労働保険料は概算で前払いする

■ 労働保険料とは

労働保険料とは、労働者に支払われる賃金の見込み総額に、労災保険率と雇用保険率を合わせた割合を掛けることによって求める金額をいいます。労災保険料率や雇用保険料率は、事業の種類ごとに率が定められています。労災保険料が全額事業主負担なのに対し、雇用保険料は事業主と被保険者がそれぞれ定められた割合の保険料を負担します。なお、労災保険か雇用保険のどちらか一方の保険関係だけが成立している事業の場合は、その一方の保険料率だけが一般保険料率となります。

一元適用事業と二元適用事業

一元適用事業（労災保険と雇用保険を同時に扱う事業）の場合、労働保険料の徴収事務の窓口は労働基準監督署である。
一方、二元適用事業（労災保険と雇用保険を別個に扱う事業）は、労働保険料のうち労災保険分を労働基準監督署に、雇用保険分を都道府県労働局にそれぞれ申告・納付する。

■ 高年齢者の保険料免除や中小事業主の特別加入制度

高年齢者の急増に伴う雇用確保策として、高年齢者を継続的に雇用する事業の雇用保険料を免除する制度が設けられています。また、本来であれば労働者ではない、中小事業主が労災保険へ特別に加入する制度もあります。

■ 保険料は１年分を概算払いし、翌年に精算する

労働保険の保険料は、年度更新という手続きで毎年６月１日から７月10日までの間に行います。まず年度当初に１年分の概算保険料を計算して申告・納付し、翌年度に確定保険料として精算する方法をとっているため、事業主は前年度の確定保険料と当年度の概算保険料をあわせて申告・納付することになります。

年度更新に際して、概算保険料が40万円以上であるなど、一定の条件に該当する場合は、保険料を３期に分割して納付する

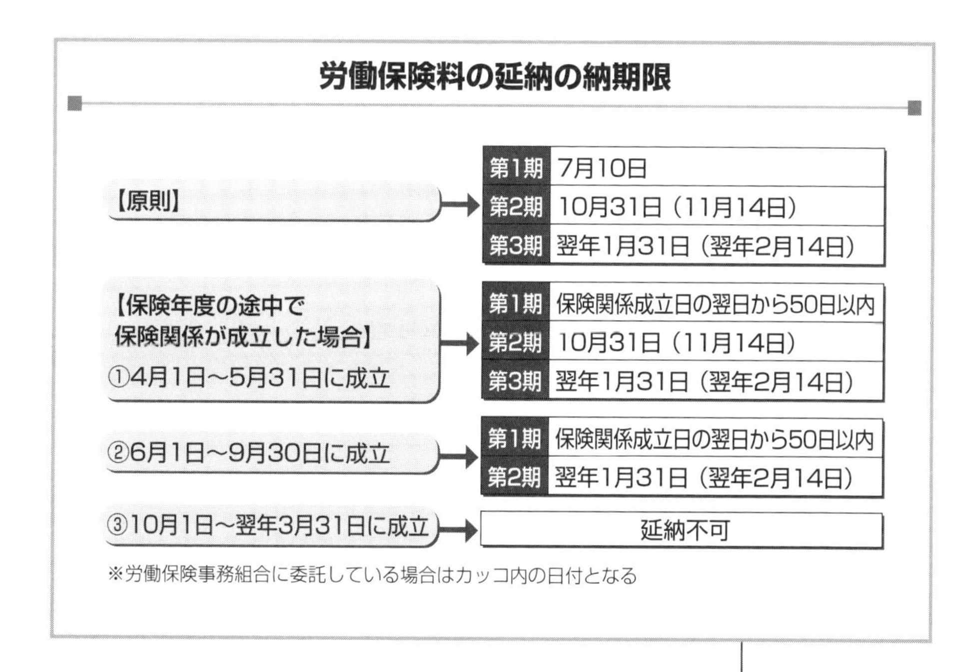

ことができます。ただし、10月１日以降に成立した継続事業は分割納付ができず、保険関係成立日から３月末までの保険料を一括納付します。

■ 事業拡大したときは増加概算保険料を申告・納付する

概算保険料申告書を提出した後、年度の途中に事業規模の拡大で労働者が大幅に増え、賃金総額が増加する場合があります。

この場合、増加が見込まれる賃金の総額に応じて、新たに増加分の保険料（増加概算保険料）の申告・納付をしなければなりません。増加概算保険料の納付が必要な場合は、賃金総額の見込額が当初の申告額の２倍を超えて増加し、加えて、その賃金総額によって算出された概算保険料額が申告済の概算保険料に比べ13万円以上増加する場合です。

事務処理の委託と延納の納期限

上図の労働保険料の延納の納期限について、労働保険の事務処理を労働保険事務組合へ委託している場合には、第２期と第３期の納期限がカッコ内の11月14日と翌年2月14日に延期される。

労働保険料の分割納付要件

概算保険料額が40万円（労災保険・雇用保険のどちらか一方の保険関係のみ成立する場合は20万円）以上の場合、もしくは、労働保険事務組合に労働保険事務の事務処理を委託している場合は、労働保険料を３回に分割して納付（延納）することができる。

労働保険料の計算方法

賃金総額に保険料率を掛けて求める

■ 労働保険料＝年間賃金総額×一般保険料率

労働保険料は、事業主が1年間に労働者に支払う賃金の総額（見込み額）に一般保険料率（労災保険率と雇用保険率を足しあわせた率）を掛けて算出した額になります。

労働保険料のうち、労災保険分については全額事業主が負担するのに対し、雇用保険分については事業主と労働者の双方で負担することになります。保険料の算定にあたって賃金総額に掛ける労災保険率は、業種によって1,000分の2.5 ～ 1,000分の88まで分かれています。

■ 賃金は給与・手当など名称を問わない

労働保険料は労働者に支払う賃金の総額に所定の保険率を掛けて算出することになっています。

賃金とは、賃金、給与、手当、賞与などの名称を問わず労働の対償として、事業主が労働者に支払うすべてのものをいいます。一般的には労働協約、就業規則などによって、支給が事業主に義務付けられているものです。ただ、退職金、結婚祝金などは、労働協約、就業規則などで支給が義務付けられていても、賃金として取り扱わなくてもよいとされています。また、原則として所定の現金給付の代わりに現物給付するもの（定期券など）についても賃金となります。

労働協約
労働組合と使用者の間で結ばれる取り決めで、組合員の労働条件や使用者と組合との関係を規律するもの。

就業規則
その事業所で労働者が働くにあたって、事業所と労働者のそれぞれが守るべきルールや労働条件を定めたもの。

現物給付
お金でなく、直接物やサービスを提供すること。

■ 労災保険に限り、賃金総額の特例で計算できる

賃金総額を正確に計算することが難しい次ページの図の事業

賃金算定の特例が認められている事業

賃金算定の特例
- ①請負による建設の事業
- ②立木の伐採の事業
- ③造林の事業、木炭又は薪を生産する事業、その他の林業の事業
- ④水産動植物の採捕・養殖の事業

については、特例によって賃金総額を計算することができます。これは、労災保険の保険料の額の算定に限って認められているもので、雇用保険の保険料の額の算定については、実際に労働者に支払う賃金の総額により保険料の額を算定します。ただ、賃金算定の特例が認められている事業であっても、賃金の算定ができる場合は特例によらず、原則通り実際に労働者に支払う賃金の総額により保険料を計算します。

①の請負による建設の事業の賃金総額は、請負金額に労務費率を掛けて計算します。請負金額とは請負代金の額そのものではなく、注文者から支給を受けた工事用の資材または貸与された機械器具等の価額相当額を加算します。また、機械装置の組立または据付の事業の請負代金の中に機械装置の額が含まれているときは請負代金の額から、それらの機械装置の額を差し引きます。

②の立木の伐採の事業の賃金総額は、素材1㎥を生産するために必要な労務費の額に生産するすべての素材の材積（木材の体積）を掛けて算出します。

上図の③と④に記載した事業については、厚生労働大臣が定める平均賃金相当額にそれぞれの労働者の使用期間の総日数を掛けて賃金総額を求めます。

労務費率

請負金額に占める賃金部分の一般的な割合を比率で表したもの。事業の種類によってあらかじめ定められている。

保険料率と負担割合

事業の種類によって保険料率が異なる

■ 一般保険料率＝労災保険率＋雇用保険率が原則

一般保険料率とは、一般保険料の額を算定するときに使用する保険料率で、労災保険率と雇用保険率を合計した率のことです。

①　労災保険率

事業の種類ごとに業務の危険性を考慮して定められています。最高1,000分の88（金属鉱業、非金属鉱業または石炭鉱業）から最低1,000分の2.5（通信業、放送業、新聞業または出版業など）に分類されています。労災保険率の中には、通勤災害にかかる率1,000分の0.6が含まれています。労災保険の保険料は、全額事業主が負担します。

②　雇用保険率と負担割合

事業の種類などにより、３段階に分かれます。雇用保険は事業主と被保険者がそれぞれ定められた割合によって、保険料を負担することになります。

通勤災害
労働者が通勤中に被った負傷、疾病、障害、死亡のこと。業務中の災害とは区別される。

■ 事業主の努力によって労災保険料を低く抑えることができる

労災保険の保険率は、上記のように業種によって災害リスクが異なることから、事業の種類ごとに定められています。しかし、事業の種類が同じでも、作業工程、機械設備などの労働環境整備や、事業主の災害防止への努力の違いにより、個々の作業場の災害率には差が生じます。

そこで、保険料負担の公平性の確保と、労働災害防止努力の一層の促進を目的として、事業主の労働災害防止のための努力

メリット制が適用される事業

メリット制

① 連続する3保険年度中の各保険年度において、次のⓐ～ⓒのいずれかに該当する事業

ⓐ 100人以上の労働者を使用する事業

ⓑ 20人以上100人未満の労働者を使用する事業にあっては、労働者数に労災保険率から通勤災害にかかる率（1,000分の0.6）を引いた率を掛けて求めた数が0.4以上であること

ⓒ 有期事業の一括の適用を受けている建設の事業又は立木の伐採の事業については、連続する3保険年度中の各保険年度の確定保険料の額が100万円以上であること

② 連続する3保険年度の最後の保険年度に属する3月31日（基準日）現在において、労災保険の保険関係が成立後3年以上経過している事業

を労災保険率に反映させるメリット制が採用されています。メリット制には継続事業のメリット制、中小事業主のための特例メリット制、有期事業のメリット制、の3種類があります。

継続事業のメリット制が適用されるためには、上図の①及び②の要件を満たすことが必要です。図中の要件に、「100人以上」「100万円以上」「3年以上」とあるように、メリット制が適用されるためにはある程度の規模の事業が一定期間以上続いていることが必要ということになります。

以上のような要件を満たしている事業において、連続する3保険年度の保険料に対する保険給付の割合（収支率）が100分の85を超えた場合、または100分の75 以下となった場合にメリット制が適用されます。具体的には、100分の85を超えた場合には労災保険率は引き上げられ、逆に100分の75以下となった場合には引き下げられます。

メリット制
個々の事業における災害防止努力の結果に応じて、労災保険率や保険料の額を増減させる制度。

労災隠し
メリット制の適用を受けたいがために、労災の申請を嫌がる事業主がいることが問題視されている。

PART4
4

社会保険事務の
基本を知る

雇用保険料の計算と免除

事業の種類によって保険料率が異なる

■ 雇用保険の保険料率は事業によって異なる

雇用保険の保険料は事業主と労働者がそれぞれ負担します。事業主は、労働者に支払う賃金や賞与の中から保険料を預かり、事業主負担分とあわせて国（政府）に納付します。

労働者から徴収する保険料は、労働者の賃金総額に労働者負担分の保険料率を掛けて算出します。雇用保険の保険料率は業種によって異なり、平成30年４月１日から平成31年３月31日までの雇用保険料率は、次ページの図のとおりです。この保険料率の中には、事業主が全額負担することになる雇用二事業の率（図中の①と②の事業は1000分の３、③の事業は1000分の４）が含まれていて、雇用二事業の率を除いた部分を労働者と事業主が折半して負担するしくみになっています。

雇用保険料が徴収される賃金については次ページの表を参照してください。

雇用二事業の保険料率
雇用保険の会社負担分に含まれている雇用二事業の保険料率（雇用二事業率）とは、雇用二事業（雇用安定事業、能力開発事業）として行う各種助成金や施設の運営等にかかる率のこと。

■ 雇用保険には高齢者の保険料を免除する制度がある

高年齢者の急増に伴い、その雇用を確保する必要が生じています。そこで、高年齢者を継続的に雇用する事業の雇用保険について保険料を免除する制度が設けられました。保険年度（４月１日～翌年３月31日）の初日（４月１日）に満64 歳以上の被保険者は、その年度以降、保険料が免除されます。免除されるのは、被保険者負担分と事業主負担分の両方の保険料です。

ただし、短期雇用特例被保険者と日雇労働被保険者は、保険料免除の対象になりません。

短期雇用特例被保険者
季節的事業に雇用される者や短期の雇用（同じ事業主に引き続き雇用される期間が１年未満の雇用）に就くことを常態としている者についての雇用保険の呼称。ただし、日雇労働被保険者に該当する者は除く。

雇用保険料が徴収される賃金と料率

●雇用保険料率

（平成30年4月1日から平成31年3月31日まで）

事業区分＼雇用保険率	雇用保険率	事業主負担率	被保険者負担率
① 一般の事業	$\frac{9}{1000}$	$\frac{6}{1000}$	$\frac{3}{1000}$
② 農林水産事業 ※1 清酒製造の事業	$\frac{11}{1000}$	$\frac{7}{1000}$	$\frac{4}{1000}$
③ 建設の事業	$\frac{12}{1000}$	$\frac{8}{1000}$	$\frac{4}{1000}$

※1「農林水産事業」のうち牛馬の飼育、養鶏、酪農、養豚、園芸サービス及び内水面養殖事業は「一般の事業」に該当する

●賃金に含まれるものと含まれないもの

賃金に含まれるもの	賃金に含まれないもの
○基本給 ○超過勤務手当、深夜手当、休日手当 ○扶養手当、子供手当、家族手当 ○日直・宿直料 ○役職手当・管理職手当 ○地域手当 ○教育手当 ○別居手当 ○技能手当 ○特殊作業手当 ○奨励手当 ○物価手当 ○調整手当 ○賞与 ○通勤手当 ○通勤定期券、回数券 ○皆勤手当 ○さかのぼって昇給した場合に支給される差額の給与 ○有給休暇日の給与 ○休業手当 （労働基準法第26条の規定に基づくもの） ○所得税・雇用保険料・社会保険料等の労働者負担分を事業主が負担する場合 ○チップ （奉仕料の配分として事業主から受けるもの） ○住居の利益（社宅等の貸与を行っている場合のうち貸与を受けない者に対し均衡上住宅手当を支給する場合）	○労働基準法76条の規定に基づく休業補償 ○退職金 ○結婚祝金 ○死亡弔慰金 ○出張旅費・宿泊旅費 ○解雇予告手当 ○制服、赴任手当 ○会社が全額負担する生命保険の掛金 ○役員報酬 ○災害見舞金、出産見舞金等 （いずれも、労働協約等によって事業主にその支給が義務付けられていても賃金として取り扱わない） ○住居の利益 （一部の社員に社宅等の貸与を行っているが、他の者に均衡給与が支給されない場合）

労働保険料の計算

労働保険料の精算手続きをする

■ 年度更新の計算例

まず、労災保険と雇用保険の保険料について、計算式を確認しておきましょう。平成29年度の概算保険料と確定保険料は平成29年度の料率、平成30年度の概算保険料については、平成30年度の料率を使用しています。労災保険の保険料は次の算式で算出します。

全労働者の賃金総額の見込額×労災保険率

また、雇用保険の保険料は、以下の算式で算出します。

(全労働者の賃金総額の見込額－４月１日現在で64歳以上の労働者の賃金総額の見込額）×雇用保険率

次ページに記載した、「株式会社ささき商事」についての労働保険料の設例を基に計算してみましょう。

■ 平成29年度の概算保険料の計算（手順１）

まず、**手順１**として、平成29年度に納付した保険料を確認しておきます。不動産業の労災保険率は、平成29年度は1000分の2.5でした。雇用保険料率については、不動産業の事業区分は「一般の事業」ですから、一般の事業の料率を使用します。平成29年度の保険料を計算するにあたっては、平成30年度の料率ではなく、平成29年度の料率を使用します。平成29年度の一般の事業の雇用保険料率は、1000分の９です。

① **労災保険の保険料**

29,820千円×（2.5／1000）＝74,550円

② **雇用保険の保険料**

設例（株式会社ささき商事についての労働保険料）

株式会社ささき商事（不動産業、従業員数30人）の平成29年と平成30年の賃金総額は以下の通り。

・平成29年度見込額：29,820千円
・平成29年度実績額：33,820千円
（うち雇用保険の対象とならない臨時労働者分800千円）
・平成30年度見込額：33,820千円
（うち雇用保険の対象とならない臨時労働者分800千円、平成29年度実績額による）

29,820千円×（9／1000）＝268,380円

③　**平成29年分の概算保険料額**

74,550円＋268,380円＝342,930円

したがって、株式会社ささき商事は平成29年度分の概算保険料として、平成29年中に342,930円を納めたはずです。

■ 平成29年度の確定保険料の計算（手順2）

次に **手順2** として、平成29年度の確定した保険料額を計算します。確定保険料納付時には、概算保険料納付時と異なり、石綿健康被害救済法に基づく一般拠出金（平成29年度の一般拠出金率は1000分の0.02）の納付が必要です。

①　**労災保険の保険料**

33,820千円×（2.5／1000）＝84,550円

②　**雇用保険の保険料**

雇用保険の保険料からは、対象外の臨時労働者分を除いて算定します。

（33,820千円－800千円）×（9／1,000）＝297,180円

③　**平成29年分の確定保険料額**

一般拠出金

平成19年度から始まった石綿健康被害救済のために負担する費用のこと。労災保険が適用される全事業主が対象になる。
確定保険料納付時に納付するもので、概算保険料納付時には納付しない。
一般拠出金率は平成30年度は1000分の0.02となっている。

84,550円＋297,180円＝381,730円

④　**一般拠出金**

33,820千円×（0.02／1,000）＝676円（小数点以下切り捨て）

■ 平成30年度の概算保険料の計算（手順３）

平成29年度と30年度の料率

平成30年度の労災保険率と雇用保険料率は、平成29年度と同様であるため、同じ料率を用いて計算することになる。

続いて **手順３** として、翌年、つまり平成30年度の概算保険料を計算します。

平成30年度の概算保険料については、１年間に使用する労働者に支払う賃金総額の見込額を基に計算します。ただし、年度更新では、申告年度の賃金総額の見込額が前年度の賃金総額の100分の50以上100分の200以下、要するに半分以上２倍以下の場合には、前年度の賃金総額をそのまま申告年度の賃金総額の見込額として使用することになっています。

株式会社ささき商事の平成30年度の賃金総額見込額である「33,820千円」は、平成29年度の確定賃金総額である「33,820千円」の100分の50以上100分の200以下ですから、平成29年度の実績賃金総額を基礎として、平成30年度の概算保険料を計算することになります。平成30年度の料率（不動産業の労災保険率は1000分の2.5、一般の事業についての雇用保険料率は1000分の９）を使用します。

①　**労災保険の保険料**

33,820千円×（2.5／1,000）＝84,550円

②　**雇用保険の保険料**

（33,820千円－800千円）×（９／1,000）＝297,180円

③　**平成30年分の概算保険料額**

84,550円＋297,180円＝381,730円

■ それぞれの回の納付額を計算する

株式会社ささき商事の平成30年度の申告・納付の手続きを整理しましょう。

設例「株式会社ささき商事」の年度更新

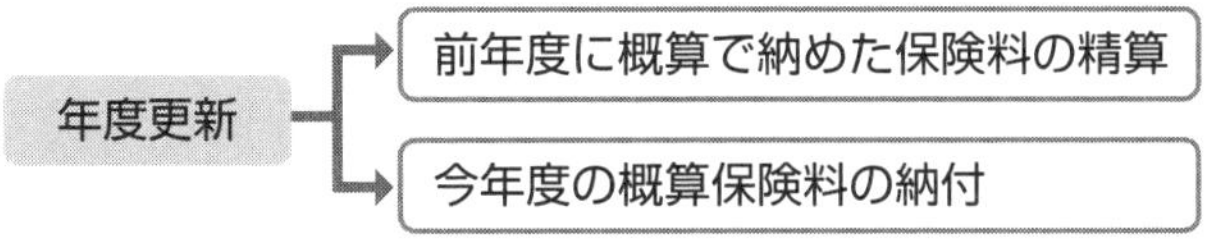

年度更新
- → 前年度に概算で納めた保険料の精算
- → 今年度の概算保険料の納付

●設例の「株式会社ささき商事」の平成30年度の年度更新
　平成29年度：納付額が 3万8800円不足！
➡一般拠出金、平成30年度の概算保険料とともに納付する
（3回で分納する場合の納付金額は以下の通り）

第1期（7/10まで）	第2期（原則11/14まで※）	3回目（原則翌年2/14まで※）
16万6720円	12万7243円	12万7243円

※ 労働保険事務組合に事務処理を委託する場合

まず、平成29年度の概算保険料として納付した額は342,930円ですから、確定した平成29年度の保険料額（確定保険料）381,730円に対して、38,800円不足しています。この不足額に一般拠出金676円を足した39,476円を、平成30年度の概算保険料の第1期納期限（7月10日）までに納付することになります。

また、平成30年度の概算保険料については、一括納付が原則ですが、株式会社ささき商事は概算保険料が40万円以下ですから、労働保険事務組合に労働保険の事務処理を委託することで、保険料の額に関係なく、労働保険料を3回に分割して納付することができます。381,730円は3では割り切れませんが、1円未満の端数は第1期に納付することになります。

結局、それぞれの回の納付額は、第1期166,720円（127,244円＋38,800円＋676円）、第2期127,243円（11月14日が納期限）、第3期127,243円（翌年2月14日が納期限）となります。

PART4
6

社会保険事務の基本を知る

社会保険料の決定方法

給料をもとに保険料が決まる

■ 社会保険の保険料は労使折半で負担する

社会保険の保険料は、被保険者の報酬に保険料率を掛けて算出した保険料を、事業主と労働者で折半して負担します。被保険者の負担分は、事業主が毎月の給料や賞与から天引き（控除）して預かります。ただ、毎月の給料計算のたびに給料に保険料率を掛けて保険料を算出していたのでは、給料計算事務の担当者の事務負担が相当なものになってしまいます。そのため、社会保険では、あらかじめ給料の額をいくつかの等級に分けて、被保険者の給料をその等級にあてはめることによって保険料を決定するというしくみを採用しています。

なお、賞与にかかる社会保険料も、給料と基本的に同様で、標準賞与額に保険料率を掛けて求めた額になります。

標準賞与額

標準賞与額とは実際に支給された賞与額から1,000円未満の部分を切り捨てた額のこと。標準賞与額は賞与が支給されるつど決定される。

給料から控除する保険料の決め方には、資格取得時決定、定時決定、随時改定の３つのパターンがあります。

・資格取得時決定

会社などで新たに労働者を採用した場合、その労働者の給料（社会保険では「報酬」といいます）から控除する社会保険料を決定する必要があります。この場合に行われるのが資格取得時決定です。控除される保険料は採用時の報酬を基準に算出します。採用時の報酬をあらかじめ区分された報酬の等級にあてはめます。

このようにして決定された報酬月額は、一定期間使用することになります。使用期間（有効期間）は資格取得日によって変わってきます。１月１日～５月31日までに決定された場合は、

定時決定による社会保険料の改定

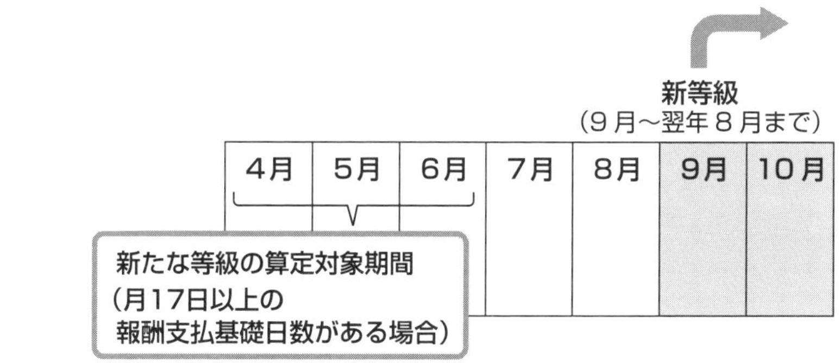

4月	5月	6月	7月	8月	9月	10月

新等級
(9月〜翌年8月まで)

新たな等級の算定対象期間
(月17日以上の
報酬支払基礎日数がある場合)

※月17日に満たない場合は一定の条件で改定を行う。

その年の8月31日まで有効です。一方、6月1日〜12月31日までに決定された場合は、その年の翌年の8月31日まで有効になります。いずれの場合も9月以降については、後述する定時決定により、新たな報酬月額が決まります。

・定時決定

定時決定とは、毎年7月1日現在において、その事業所に在籍する労働者の4、5、6月に実際に支払われた報酬額を基準にして、新たな報酬月額を決定する手続きです。定時決定は被保険者全員を対象とするのが原則ですが、その年の6月1日以降に被保険者となった者とその年の7、8、9月のいずれかから随時改定によって標準報酬が改定される者は、対象外です。

病気などで長期間休職している場合のように、4月〜6月の3か月間に報酬支払基礎日数（給与計算の対象となる日数のこと）がなかった労働者については、従前（前年）の標準報酬月額をそのまま使用します。また、特定適用事業所に勤務する短時間労働者の定時決定は、4、5、6月のいずれも支払基礎日数が11日以上で算定します。

新しい報酬月額は、「（4〜6月に受けた報酬の額）÷ 3」

特定適用事業所に勤務する短時間労働者

一般職員の所定労働時間および所定労働日数が4分の3未満で、次の①〜⑤のすべてに当てはまる者

① 週の所定労働時間が20時間以上あること
② 雇用期間が1年以上見込まれるこ
③ 賃金の月額が8.8万円以上であること
④ 学生でないこと
⑤ 常時501人以上の企業に勤めていること（労使合意をした場合などは500人以下）

標準報酬月額

標準報酬月額は、国が決めた標準報酬月額表に実際の総支給額をあてはめて算出する。つまり、あくまでも仮の給与額だが、この仮の給与額が厚生年金保険料を算出する際の給与報酬とみなされる。

という式によって求めた額を報酬月額表にあてはめて、年金事務所が決定します。新しく決定された（年金事務所から通知を受けた）標準報酬月額は、その年の９月１日から改定されます。なお、社会保険料は当月分を翌月の報酬から控除しますから、10月１日以降に支給される報酬から新しい社会保険料を控除することになります。

・随時改定

標準報酬月額の改定は原則として１年に１回だけ行います。しかし、現実的には、定時昇給（一般的には４月）以外のときに大幅な報酬額の変更（昇給または降給）が行われることもあります。そこで、以下のすべての条件に該当するときには、次の定時決定を待たずに標準報酬月額を変更することができます。これが随時改定です。

① 報酬の固定的部分（基本給、家族手当、通勤手当など）に変動があったこと

② 継続した３か月間の各月の報酬（残業手当などの変動する部分も含む）が現在の標準報酬月額に比べて２等級以上上がった（下がった）こと

③ ３か月とも報酬支払基礎日数が17日以上あること

上限・下限と随時改定

標準報酬月額の上限・下限を超えてしまう場合については、2等級以上の変動はありえない。上限・下限にわたる変動の場合、上限・下限でなければ2等級以上の差が生じるような変動があったといえる場合に随時改定を行うことになる。

■ 算定基礎届の提出

定時改定の手続きは、７月１日現在雇用するすべての被保険者の４、５、６月に支払った報酬を算定基礎届に記載し提出します。届出は、６月下旬頃に届出用紙が各事業所に郵送され、７月１日から10日までに指定の場所へ提出します。提出方法も多様化しており、電子申請をすることも可能です。

提出する書類は、「健康保険・厚生年金保険被保険者報酬月額算定基礎届（算定基礎届）」と「健康保険・厚生年金保険被保険者報酬月額算定基礎届総括表」です。

「算定基礎届」は、個々の労働者の標準報酬月額を決定し、次

定時決定による標準報酬月額の求め方

〈例1〉3か月ともに支払基礎日数が17日以上あるとき

月	支払基礎日数	支給額
4月	31日	305,000円
5月	30日	320,000円
6月	31日	314,000円

→3か月間の合計　939,000円
（平均額　939,000円÷3 ＝313,000円
標準報酬月額　320,000円

〈例2〉3か月のうち支払基礎日数が17日未満の月があるとき

月	支払基礎日数	支給額
4月	31日	312,000円
5月	16日	171,000円
6月	31日	294,000円

→2か月間の合計　606,000円
（平均額　606,000円÷2 ＝303,000円
標準報酬月額　300,000円

※支払基礎日数は暦日数ではなく、給与支払いの対象となった日数を記載する。
　たとえば、「20日締め25日支払い」の場合、4月25日に支払われる給与についての基礎日数は3月21～4月20日までの31日間となるため、4月の支払基礎日数は31日となる。5月25日支払われる給与については、4月21～5月20日までの30日間となるため、5月の支払基礎日数は30日となる。

の9月から翌年の8月分まで使用する保険料額を決めるための書類です。正社員だけでなく、パートタイマーやアルバイトなどの短時間労働者も被保険者であれば、届出が必要です。70歳以上の従業員（70歳以上被用者）の届出も必要です。本来70歳であれば、厚生年金保険の資格を喪失します。一方で、老齢厚生年金を受給しているのが一般的です。給与と年金額が一定以上になると、年金額が調整されるため、年金事務所に「算定基礎届」を通して、給与（＝標準報酬月額）を申告しているのです。

「算定基礎届総括表」とは、各事業所の報酬の支払状況や被保険者数などを保険者が把握するための書類です。総括表には、事業の種類・具体的な報酬の支給状況・昇給月などを記入します。その他にも、現在被保険者でない労働者数や派遣職員数を記入します。

在職中の年金

老齢厚生年金の額と給与・賞与の額を足して一定額に達すると、年金の一部または全額が調整される場合がある。これを在職老齢年金という。

PART4
7

社会保険事務の基本を知る

報酬月額算定の特例

報酬月額の算定方法には特殊な方法もある

■ 保険者が報酬月額を算定することもある

定時決定又は資格取得時決定によって報酬月額を算定することが困難であるときは、保険者（政府または健康保険組合）が報酬月額を決定する（保険者算定）ことになっています。定時決定、資格取得時決定、随時改定によって算定した額が著しく不当な場合にも保険者算定によります。

「算定することが困難であるとき」とは、定時決定において、4～6月の3か月のいずれの月の報酬支払基礎日数も17日未満であった場合です。また、「額が著しく不当な場合」として、定時決定の場合であれば、次ページ図のように5つのケースがあります。

産休中、育休中の保険料免除

被保険者と事業主は社会保険料を半分ずつ負担するが、免除が認められれば、免除期間中は被保険者・事業主双方とも保険料を支払わなくてよい。

■ 特殊な場合の標準報酬はどうやって決めるのか

産前産後休業や育児休業の終了後、家庭を優先し、勤務日数や勤務時間を短縮したり、時間外労働を制限する従業員もいるようです。こういった場合、復職前よりも給与が減ってしまいます。しかし、報酬支払基礎日数が17日以上必要となる定時決定では改定が行われず、高いままの保険料を負担し続けることになります。

そういった事情を考慮して、従業員が産前産後休業や育児休業により復職した場合の保険料は、定時決定の条件に該当しなくても、保険料を改定することが可能です。具体的には、休業終了日の翌日が属する月以後3か月間に受けた報酬の平均額に基づいて、4か月目の標準報酬月額から改定が行われます。

育児休業期間中の変動

もし、育児休業期間中に定期昇給などによって報酬に変動が生じた場合であっても、育児休業開始前の報酬月額による。

著しく不当な場合にあたるケース

①	4～6月のいずれかの月に3月以前の給料をさかのぼってもらった場合のように通常受けるべき給料(報酬)以外の報酬を受けた場合
②	4～6月のいずれかの月に通常受ける報酬の額と比較して低額の休職給を受けた場合
③	4～6月のいずれかの月にストライキによる賃金カットがあった場合
④	4～6月給与から算出した標準報酬月額と前年7月以降1年間の給与から算出した標準報酬月額とで2等級以上差があり、それが例年続くと見込まれる場合
⑤	月の途中で入社した場合など、4～6月のいずれかに1か月分の報酬を受けることができなかった月がある場合

■ 任意継続被保険者の保険料はどうするのか

会社などの事業所を退職すると健康保険の被保険者の資格を失います。しかし、資格喪失の前日まで被保険者期間が継続して2か月以上ある者であれば、退職後も引き続き2年間健康保険の被保険者でいることができます。これを任意継続被保険者といいます。在職中の被保険者の場合、保険料は被保険者と会社が折半して負担しますが、任意継続被保険者の場合の保険料は全額自己負担することになります。このため、保険料は在職中の倍額になります。任意継続被保険者の保険料は退職時の標準報酬月額と、その者の属する保険者（全国健康保険協会または健康保険組合）の標準報酬月額の平均額とのいずれか低い方の額に保険料率を掛けた額となります。

高齢任意加入制度（25ページ）を利用している70歳以上の高齢任意加入被保険者については、事業主がこれまで通りの保険料を半額負担することに同意した場合には保険料の半額を負担すればよいのですが、事業主が同意しない場合には高齢任意加入制度を利用する高齢者が保険料を全額自己負担しなければなりません。

任意継続被保険者の保険料の納付と滞納

任意継続被保険者の保険料は、その月の保険料を毎月10日までに納めるか、一定期間分(半年または1年分)をまとめて納付(前納)する。保険料を納付期限までに納めないと、その翌日に被保険者資格を失う。

複数の適用事業所に使用されている場合

複数の適用事業所に使用される被保険者の標準報酬月額は、それぞれの事業所ごとの報酬月額をすべて合算し、その額を報酬月額として標準報酬を決定する。

賞与の源泉徴収と社会保険料

計算方法に注意する

■ 源泉徴収の計算方法

賞与は法律上、支給が義務付けられているものではありませんが、多くの事業所で支給することとしているようです。労働者としても賞与をあてにしてローンを組んだり、生活設計を立てたりしているのが現実です。会社などの事業所で賞与を支給することとしている場合、賞与の支給額や支給額の算定基準について、就業規則や給与規程に定めることが必要です。

賞与についても源泉徴収が行われますが、月々の給与とは源泉徴収の計算方法が少し違ってくるため、注意が必要です。ただし、賞与の源泉徴収税額の納付期限は給与と同じです。つまり、賞与を支払った月の、翌月の10日までに納付しなければなりません。賞与の源泉徴収税額は、課税対象額（賞与の額－社会保険料）に算出率を掛けて算出します。この算出率を求めるには、まず該当する社員の前月分給与から社会保険料を引いた額を求めます。

次にこの額と扶養控除等（異動）申告書に基づいた扶養親族などの数を「賞与に対する源泉徴収税額の算出率の表」に照らし合わせて算出率を出すという方法をとります。

■ 賞与についての社会保険料の計算方法

月給とは別に、賞与からも社会保険料を徴収します。この場合は、標準賞与額（実際に支給された賞与額から1,000円未満を切り捨てた額）に各々の保険料率を掛けたものが社会保険料となります。標準賞与額は賞与が支給されるごとに決定されま

賞与に対する源泉徴収税額の算出率の表

賞与の金額に乗ずべき率	甲																乙	
	扶養親族等の数																	
	0人		1人		2人		3人		4人		5人		6人		7人以上			
	前月の社会保険料等控除後の給与等の金額																前月の社会保険料等控除後の金額	
	以上	未満	以上	未満	以上	未満	以上	未満	以上	未満	以上	未満	以上	未満	以上	未満	以上	未満
%	千円	千円	千円	千円	千円	千円	千円	千円	千円	千円	千円	千円	千円	千円	千円	千円	千円	千円
0.000	68千円未満		94千円未満		133千円未満		171千円未満		210千円未満		243千円未満		275千円未満		308千円未満			
2.042	68	79	94	243	133	269	171	295	210	300	243	300	275	333	308	372		
4.084	79	252	243	282	269	312	295	345	300	378	300	406	333	431	372	456		
6.126	252	300	282	338	312	369	345	398	378	424	406	450	431	476	456	502		
8.168	300	334	338	365	369	393	398	417	424	444	450	472	476	499	502	527		
10.210	334	363	365	394	393	420	417	445	444	470	472	496	499	525	527	553	239千円未満	
12.252	363	395	394	422	420	450	445	477	470	504	496	531	525	559	553	588		
14.294	395	426	422	455	450	484	477	513	504	543	531	574	559	602	588	627		
16.336	426	550	455	550	484	550	513	557	543	591	574	618	602	645	627	671		
18.378	550	647	550	663	550	678	557	693	591	708	618	723	645	739	671	754		
20.420	647	699	663	720	678	741	693	762	708	783	723	804	739	825	754	848	239	296
22.462	699	730	720	752	741	774	762	796	783	818	804	841	825	865	848	890		
24.504	730	764	752	787	774	810	796	833	818	859	841	885	865	911	890	937		
26.546	764	804	787	826	810	852	833	879	859	906	885	934	911	961	937	988		
28.588	804	857	826	885	852	914	879	942	906	970	934	998	961	1,026	988	1,054		
30.630	857	926	885	956	914	987	942	1,017	970	1,048	998	1,078	1,026	1,108	1,054	1,139	296	528
32.672	926	1,321	956	1,346	987	1,370	1,017	1,394	1,048	1,419	1,078	1,443	1,108	1,468	1,139	1,492		
35.735	1,321	1,532	1,346	1,560	1,370	1,589	1,394	1,617	1,419	1,645	1,443	1,674	1,468	1,702	1,492	1,730		
38.798	1,532	2,661	1,560	2,685	1,589	2,708	1,617	2,732	1,645	2,756	1,674	2,780	1,702	2,803	1,730	2,827	528	1,135
41.861	2,661	3,548	2,685	3,580	2,708	3,611	2,732	3,643	2,756	3,675	2,780	3,706	2,803	3,738	2,827	3,770		
45.945	3,548 千円以上		3,580 千円以上		3,611 千円以上		3,643 千円以上		3,675 千円以上		3,706 千円以上		3,738 千円以上		3,770 千円以上		1,135 千円以上	

す。つまり、賞与の保険料は毎月の保険料と違って、賞与の支給額により保険料が変動することになります。保険料は、給与についての社会保険料と同様、事業主と被保険者が折半で負担し、保険料率については、給与と同率です。健康保険・厚生年金保険の保険料の被保険者負担率は以下のようになっています。

・健康保険料率

全国健康保険協会管掌健康保険の東京都の例では、標準賞与額に対して、1000分の49.50（介護保険第２号被保険者に該当する場合は1000分の57.35）を乗じて算定します（平成30年３月分から）。

・厚生年金保険料率

平成29年９月分（10月納付分）からは、標準賞与額に対して1000分の91.5（一般の被保険者の場合）です。

なお、賞与支給月（月末以外）に退職をするような場合には、資格は退職月の前月までのため、賞与から社会保険料は控除されません。

標準賞与額の上限

標準賞与額には、厚生年金保険については150万円（1か月あたり）、健康保険料と介護保険料については年間で573万円という上限が設けられている。たとえば1年間に1000万円の賞与を受け取ったとしても、これにかかる健康保険料と介護保険料は573万円を基にして計算する。

PART4
9

社会保険事務の基本を知る

社会保険の各種手続き①

労働者の入退社などで手続きが必要になる

■ 採用したら５日以内に手続きをする必要がある

会社などの事業所で新たに労働者を採用した場合、採用日から５日以内に「被保険者資格取得届」を年金事務所に提出しなければなりません。健康保険組合がある場合は健康保険組合に提出します。たとえば、４月１日の採用（入社）であれば、取得届は４月５日までに提出する必要があります。たとえ試用期間中であっても、採用（試用）開始時点で資格取得の手続きを行わなければなりません。その労働者に被扶養者がいる場合は、資格取得届と同時に「被扶養者（異動）届」も提出します。

資格の取得と喪失
保険に加入することを「資格を取得する」といい、逆に保険を脱退することを「資格を喪失する」という。

■ 労働者が退職したときの手続きも５日以内

労働者が退職した場合、退職日の翌日から数えて５日以内に「被保険者資格喪失届」を年金事務所に提出します。添付書類としては、健康保険被保険者証が必要になります。たとえば、３月31日付けで退職したのであれば、４月５日までに喪失届を提出する必要があります。なお、社会保険の資格を喪失する日は退職日の翌日になります。

■ 再雇用で給料が下がった場合の特例がある

定年後にその者を再び雇用する制度（再雇用制度）を実施している会社もあります。再雇用制度を実施した場合には、給料が定年前の給料より低い水準に変更されることもあります。

ところが、随時改定（144ページ）を行ったとしても、随時改定は、継続した３か月の報酬を基にして４か月目から標準報

再雇用制度
定年退職者と新たな条件で雇用契約を結び、引き続き雇用する制度のこと。

社員を採用した場合の各種届出

事由	書類名	届出期限	提出先
社員を採用したとき（雇用保険）	雇用保険被保険者資格取得届	採用した日の翌月10日まで	所轄公共職業安定所
社員を採用したとき（社会保険）	健康保険厚生年金保険被保険者資格取得届	採用した日から5日以内	所轄年金事務所
採用した社員に被扶養者がいるとき（社会保険）	健康保険被扶養者（異動）届	資格取得届と同時提出	

酬を改定するので、改定された標準報酬が実際の給与に反映されるのは、賃金を改定した月から5か月目ということになります。被保険者にしてみれば、再雇用後、給料が下がったにもかかわらず、変更されるまでの間、定年前の水準のまま保険料を徴収されるのでは経済的にも負担が大きくなってしまいます。

そこで、定年退職後の再雇用時の特例として、被保険者の資格の喪失と取得を同時（同日）に行うことが認められています（この手続を同日得喪といいます）。同日得喪ができる者は、60歳以上の方が対象です。この特例は、正社員に限らず、パートタイマーなどにも適用されます。

随時改定
昇給や降給などにより社会保険の標準報酬の額が大きく変動した場合において、次回の定時決定を待たずに標準報酬の改定を行うこと。

■ 資格喪失届と資格取得届を同時に提出する

同日得喪とする場合、定年退職日の翌日を資格喪失日とする資格喪失届と、それと同じ日を資格取得日とする資格取得届を同時に保険者に提出します。退職日がわかる書類や再雇用後の雇用契約書などを添付します。これにより、再雇用後の月分の保険料は、再雇用後の給料額をもとにして決定された標準報酬月額によって算出されます。

PART4
10

社会保険事務の基本を知る

社会保険の各種手続き②

家族に異動があった場合には届出を行う

■ 産前産後休業、育児休業期間中は保険料が免除される

産前産後休業や育児休業期間中は、会社からの給与が支給されないのが一般的です。その分の給与補填として、健康保険や雇用保険から一定の条件であれば手当金や給付金が支給されます。ただ、休業前の給与全額が補填されるわけではなく、労働者の経済的負担が大きいことに変わりはありません。そこで保険者に届出を行うことで社会保険料を免除する制度があります。産前産後休業、育児休業のそれぞれ休業開始月から終了予定日の翌日の月の前月までは、給料の支給の有無に関係なく、本人負担分と事業主負担分の社会保険料が免除されます。

保険料の免除を受けるためには、年金事務所にそれぞれの休業に対して「産前産後休業取得者申出書」「育児休業等取得者申出書」を事業所経由で提出します。免除されている期間は、将来、年金額を計算する際、保険料を納めた期間として扱われるので、厚生年金等の給付で不利益になることはありません。

■ 労働者や家族の異動があったら必要な届出をする

被保険者や被扶養者に異動があったときは、異動内容によってそれぞれ届出をしなければなりません（次ページ図参照）。

■ 出産育児一時金として42万円が支給される

被保険者あるいはその被扶養者である家族が妊娠4か月以後（妊娠85日以後）に出産したときに、一児につき42万円が支給されます（産科医療補償制度に加入していない医療機関での出

育児介護休業法

仕事と育児・介護を両立させることを目的として、一定の期間育児や介護のために仕事を休む権利を保障した法律のこと。

育児休業と賞与についての保険料

申出書の提出により、保険料が免除されている月に賞与が支給されたときは、賞与にかかる保険料も免除される。

産前産後休業

産前の6週間（多児妊娠の場合は14週間）と産後8週間は、労働者の請求があれば休業できる。産後6週間は請求の有無にかかわらず就業はできない。労働基準法に規定されている。

育児休業

育児休業は、男女かかわらず事業主に申し出ることで取得が可能である。休業期間は、最長で子が2歳になるまでである。産前産後休業と重複した場合は、産前産後休業が優先される。

労働者や家族に異動があったときに提出する届出

異動内容	届出書類	提出期限
結婚して氏名が変わったとき	健康保険厚生年金保険被保険者氏名変更届	すみやかに
結婚して配偶者を扶養するとき	健康保険被扶養者(異動)届	扶養することになった日から5日以内
被保険者の住所が変わったとき	厚生年金保険被保険者住所変更届 ※組合管掌健康保険では別に届出が必要な場合あり	すみやかに
子が生まれたとき	健康保険被扶養者(異動)届	出生してから5日以内
	健康保険被保険者出産育児一時金支給申請書	出産から2年以内
	健康保険出産手当金支給申請書	すみやかに(時効は2年)
被扶養者が就職したとき	健康保険被扶養者(異動)届	扶養しなくなった日から5日以内
家族の退職などで被扶養者が増えたとき	健康保険被扶養者(異動)届	扶養することになった日から5日以内

産の場合には39万円)。

被扶養者が出産する場合には、被保険者に対して家族出産育児一時金が支給されます。

なお、退職などの理由で健康保険の被保険者でなくなったとしても、被保険者資格を喪失する日の前日まで継続して1年以上被保険者期間のある人が資格喪失後6か月以内に出産したという場合であれば、出産育児一時金が支給されます。

出産育児一時金を請求する場合、出産から2年以内に事業所管轄の全国健康保険協会の都道府県支部または会社の健康保険組合に「健康保険被保険者出産育児一時金支給申請書」または、「健康保険出産育児一時金内払金支払依頼書・差額申請書」を提出します。

会社や従業員の変更に関する社会保険関係の事務

社会保険、労働保険、税金関係の変更手続きを行う

■ 事業所の名称や住所を変更する場合の届出

事業所の変更（事業所の名称を変更する場合や事業所を移転する場合など）や、事業主の変更（事業主の住所の変更や事業主の変更など）があった場合、その変更を、年金事務所、公共職業安定所、税務署などに届け出なければなりません。

・社会保険関係の手続き

名称を変更した事業主、同一の都道府県内に移転する事業主は、管轄する年金事務所は変わりませんので、「健康保険・厚生年金保険適用事業所名称/所在地変更（訂正）届（管轄内）」を提出します。一方、都道府県をまたいで移転する事業主は、「健康保険・厚生年金保険適用事業所名称/所在地変更（訂正）届（管轄外）」を提出します。いずれの場合も、従来の管轄年金事務所に提出します。変更のあった日から５日以内に届け出ます。なお、事業主の住所の変更や事業主の変更など、事業主に変更があった場合には変更があった日から５日以内に、管轄の年金事務所または健康保険組合に「健康保険・厚生年金保険事業所関係変更（訂正）届」を届け出ます。

・労働保険関係の手続き

名称、所在地に変更があった日の翌日から10日以内に管轄の労働基準監督署に「労働保険名称・所在地等変更届」を届け出ます。また、「雇用保険事業主事業所各種変更届」を公共職業安定所に届け出ます。ただし、他の都道府県に移転した場合には、変更届ではなく、改めて変更後の所在地で「労働保険関係成立届」と「雇用保険適用事業所設置届」を提出します。

税金関係の届出

事業所の移転により、納税地が移転した場合には移転後すみやかに納税地の税務署に異動事項に関する届出を提出する。また、移転日から１か月以内に、移転前及び移転後の地域を管轄するそれぞれの税務署に給与支払事務所等の開設・移転・廃止の届出を提出する。

会社についてのおもな社会保険・労働保険の変更手続き

	変更内容	提出書類	提出先と期限
社会保険	事業所の名称、所在地変更	健康保険・厚生年金保険適用事業所名称／所在地変更（訂正）届（管轄内・管轄外）	変更前の管轄年金事務所に、変更日から5日以内
	事業主の変更、事業所の電話番号の変更等	健康保険・厚生年金保険事業所関係変更(訂正)届	管轄年金事務所に、変更日から5日以内
労働保険	事業所の名称、所在地変更	労働保険名称・所在地等変更届	所轄労働基準監督署に、変更日の翌日から10日以内
		雇用保険事業主事業所各種変更届	所轄公共職業安定所に、変更日の翌日から10日以内
	事業主の変更	届出の必要はない（事業主の変更のみの場合）	

■ 従業員の氏名や住所に変更があった場合

以下の届出が必要になります。

・社会保険関係の届出

被保険者やその被扶養配偶者に住所変更があった場合に、事業主が、管轄の年金事務所に、すみやかに「健康保険・厚生年金保険被保険者住所変更届」を提出します。被保険者の被扶養配偶者に住所変更があった場合には、「国民年金第３号被保険者住所変更届」を提出することになります。

労働者が結婚した場合など、被保険者の氏名に変更があった場合には、事業主は、「健康保険・厚生年金保険被保険者氏名変更（訂正）届」を年金事務所にすみやかに提出します。

・労働保険関係の届出

被保険者の氏名が変わった場合、事業主は、すみやかに管轄の公共職業安定所へ「雇用保険被保険者氏名変更届」を届け出ます。転勤などで従業員が他の支店に勤務することになった場合、「雇用保険被保険者転勤届」を転勤した日の翌日から10日以内に転勤後の事業所管轄の公共職業安定所に届け出ます。

PART4
12

社会保険事務の電子申請

パソコンを利用して24時間いつでも申請できる

■ 電子申請とは

従来、労働保険料の申告などの手続きは、管轄の行政機関（労働保険の場合、労働基準監督署や公共職業安定所など）に出向いて、申請書などの紙を提出することによって行っていました。しかし、現在では、行政手続きについての電子化が進んでいます。労働保険関連の申請手続きも同様で、パソコンを使ってインターネット経由で申請を行うことができるようになりました。このように、インターネットを利用してパソコンで申請することを電子申請といいます。

電子申請のメリットは、システムのメンテナンス時間を除いて、いつでも、どこからでも、申請することができる点です。紙による申請のように、実際に出向いて書類の提出や手数料の納付をすることなく、一連の手続きを済ませることができます。

■ どんな手続きに利用できるのか

社会保険に関するほとんどの手続きについて、イーガブを利用して電子申請することができます。また、電子申請は、雇用保険の資格取得手続きなど労働保険の多くの手続きでも利用することができます。そして、社会保険と雇用保険の資格取得手続きを一緒に行いたい場合には、グループ申請という機能を利用して手続きをまとめて行うこともできます。

電子申請を行う場合には、申請データに対する電子署名をしなければなりません。この電子署名をするには、認証局が発行する電子証明書が必要となります。

イーガブ（e-Gov）

政府は、電子政府の総合窓口としてイーガブ（e-Gov）というホームページを開設しており、（http://www.e-gov.go.jp/index.html）インターネットを利用した電子申請を行う場合には、この電子政府の総合窓口を利用する。

電子申請を利用した手続きの流れ

電子証明書の取得・プログラムのインストールなど動作環境を整える
→ 電子申請システムの画面で、申請する手続を検索し、申請データを作成する
→ 作成した申請データに電子署名を行い、申請データを保存した上で送信する
→ 受信した申請書の内容と電子署名の検証が行われ、問題がなければ申請書の到達として扱われる
→ 到達番号、問合せ番号が申請者に送信されるので、状況照会画面で番号を入力し申請状況を確認する
→ 申請手続きが終了する

※上記の手続きの流れは一般的な流れを概略して記載したもので、代理人申請を行う場合、手順が異なることもある

次に、電子申請に利用するパソコンを設定します。設定する前に、そのパソコンで電子申請を行うことができるかどうかを確認しておく必要があります。イーガブのサイトに掲載されている要求スペックを確認し、性能の面で問題がないかどうか確認するようにしましょう。

また、申請データ作成をサポートするソフトウェアも多数発売されており、業務支援ソフトウェア製品等を使用することによって、より簡単に電子申請を行うことができるようになってきています。手続きの流れは上図のとおりです。

■ 電子申請できる社会保険手続き

たとえば、「健康保険・厚生年金保険被保険者資格取得届」「健康保険・厚生年金保険被保険者賞与支払届」「健康保険・厚生年金保険被保険者報酬月額算定基礎届」といった手続きで電子申請を利用することができます。

電子証明書とは

身分や所属組織を電子的に証明するもの。この電子署名と電子証明書によって、セキュリティ上安全な電子申請が行えるようになっている。

電子証明書の取得方法

取得には、認証局に対して利用申請書と必要書類一式を郵送し、ICカードなどを郵送してもらう必要がある。ICカードを郵送してもらった時点で電子証明書を利用することができるようになる。

PART4
13

社会保険事務の
基本を知る

源泉徴収税額表の使い方

源泉徴収税額表から該当する金額や料率を割り出す

■ 給与所得の源泉徴収税額表の区分について

税額表の使用区分

税額表の使用区分については、次ページ図に掲載しているが、どんな場合にどの税額表を使うのかをきちんと区別して覚えておかなければならない。

源泉所得税を求めるために使う「給与所得の源泉徴収税額表」には、①月額表と②日額表の２つの種類があります。また、賞与については、賞与用の税額表（③賞与に対する源泉徴収税額の算出率の表）があります。それぞれの税額表はさらに、甲欄と乙欄（日額表には丙欄もある）に分かれています。

① 月額表

会社員の場合、ほとんどの人が月給制又は日給月給制で働いていますが、月給制も日給月給制も「月ごと」に給与が支給されます。そのような人について使用するのが月額表です。「半月ごと」「10日ごと」に給与が支払われる場合も月額表を使用します。

月額表を見ると、甲欄と乙欄があります（次ページ図参照）。甲欄の下には扶養親族等の数として０人から７人まで記載してあります。一方、乙欄の場合、扶養親族等の数の記載がありません。これは甲欄と乙欄の違いがその労働者の扶養親族がわかるかどうかに関係があるためです。甲欄は扶養控除等（異動）申告書を提出している者の所得税額を求めるときに使用し、提出がなかった者については乙欄を使用します。

なお、半月ごとや10日ごとに給与が支払われる場合、その額を１か月分に計算し直します。半月ごとであれば、給与の額を２倍にし、10日ごとであれば同じように３倍にして、１か月分に換算します。ただ、月の当初から１か月の給与がわかるようであれば、その額を１か月の給与額とします。

給与所得にかかる源泉所得税額の求め方（月額表、平成30年分）

その月の社会保険料控除後の給与等の金額		甲								乙
		扶養親族等の数								
		0人	1人	2人	3人	4人	5人	6人	7人	
以上	未満	税額								税額
円	円	円	円	円	円	円	円	円	円	円
290,000	293,000	8,040	6,420	4,800	3,190	1,570	0	0	0	50,500
293,000	296,000	8,140	6,520	4,910	3,290	1,670	0	0	0	51,600
296,000	299,000	8,250	6,640	5,010	3,400	1,790	160	0	0	52,300
299,000	302,000	8,420	6,740	5,130	3,510	1,890	280	0	0	52,900
302,000	305,000	8,670	6,860	5,250	3,630	2,010	400	0	0	53,500
305,000	308,000	8,910	6,980	5,370	3,760	2,130	520	0	0	54,200
308,000	311,000	9,160	7,110	5,490	3,880	2,260	640	0	0	54,800
311,000	314,000	9,400	7,230	5,620	4,000	2,380	770	0	0	55,400
314,000	317,000	9,650	7,350	5,740	4,120	2,500	890	0	0	56,100
317,000	320,000	9,890	7,470	5,860	4,250	2,620	1,010	0	0	56,800
320,000	323,000	10,140	7,600	5,980	4,370	2,750	1,130	0	0	57,700
323,000	326,000	10,380	7,720	6,110	4,490	2,870	1,260	0	0	58,500
326,000	329,000	10,630	7,840	6,230	4,610	2,990	1,380	0	0	59,300
329,000	332,000	10,870	7,960	6,350	4,740	3,110	1,500	0	0	60,200
332,000	335,000	11,120	8,090	6,470	4,860	3,240	1,620	0	0	61,100

※社会保険料などを控除した後の給与の金額と扶養親族等の数が交わるところが控除すべき所得税の額

1か月分の給与額が算出できた後に、その額を税額表の該当欄にあてはめて所得税額を求めます。求めた所得税額は半月ごとの給与の場合は2分の1にし、10日ごとの場合は3分の1にして、それぞれの支給期ごとに控除するようにします。

以下、Aさんの給与について、例を挙げて源泉所得税額を算出してみましょう。Aさんの今月の給与は、社会保険料と非課税通勤費を差し引いた後の額で325,000円になります。Aさんは奥さんと高校在学中の子ども1人を扶養親族として会社に申告書を提出してあります。Aさんの給与は月給なので、月額表を使用します。月額表の「その月の社会保険料等控除後の給与等の金額」の欄で325,000円（Aさんの今月の社会保険料などを控除した後の給与額）が当てはまるところを探します。325,000円は323,000円以上326,000円未満に該当します。そこで、この欄を右に見ていき、甲欄の扶養親族等の数が2人の欄と交わるところにある金額（6,110円）がAさんの今月の給与から控除する所得税の金額ということになります（上図参照）。

② 日額表

日額表を使用するのは以下のようなケースです。

ⓐ 給与を毎日支払う場合（日給制）

ⓑ 給与を週ごとに支払う場合（週給制）や月額表によることができない給与の場合

ⓒ 給与を日割りで支払う場合（途中入退社した場合など）

日額表にも月額表と同様に甲欄と乙欄がありますが、日額表の場合、さらに丙欄があります。甲欄と乙欄の違いについては月額表と同じように扶養控除等（異動）申告書を提出しているかどうかによって区別します。丙欄は日雇労働者や2か月以内の期間を決めて臨時で雇われた労働者の源泉所得税額を算出するときに使用します。

日雇労働者
1日単位で雇用される労働者のこと。

日額表の場合の所得税の求め方も月額表の場合と同じです。

③ 賞与に対する源泉徴収税額の算出率の表

賞与（ボーナス）から控除する源泉所得税の求め方は、給与から控除する源泉所得税の求め方と少し異なります。

賞与から控除する源泉所得税を求めるために使用するのは、「賞与に対する源泉徴収税額の算出率の表」（次ページ図）です。率の表ですから、税額そのものが示された表ではありません。

では、どのように所得税額を算出するのかを見ておきましょう。

まず、労働者の扶養親族等の数を確認して、算出率表の甲欄の該当する扶養人数のところを見ます（扶養控除等（異動）申告書を提出していない人は乙欄を使用します）。

次に、その労働者の賞与が支給される月の前月の給与の総支給額から社会保険料などを控除した金額を求めます。そして、控除後の金額が当てはまるところを探し、左側に見ていき、一番左の欄の「賞与の金額に乗ずべき率」を求めます。

最後に、「賞与の金額に乗ずべき率」の欄で求めた率を労働者の社会保険料等控除後の賞与の金額に掛けて、控除すべき所得税額を求めます。前述したAさんの例（325,000円、159ペー

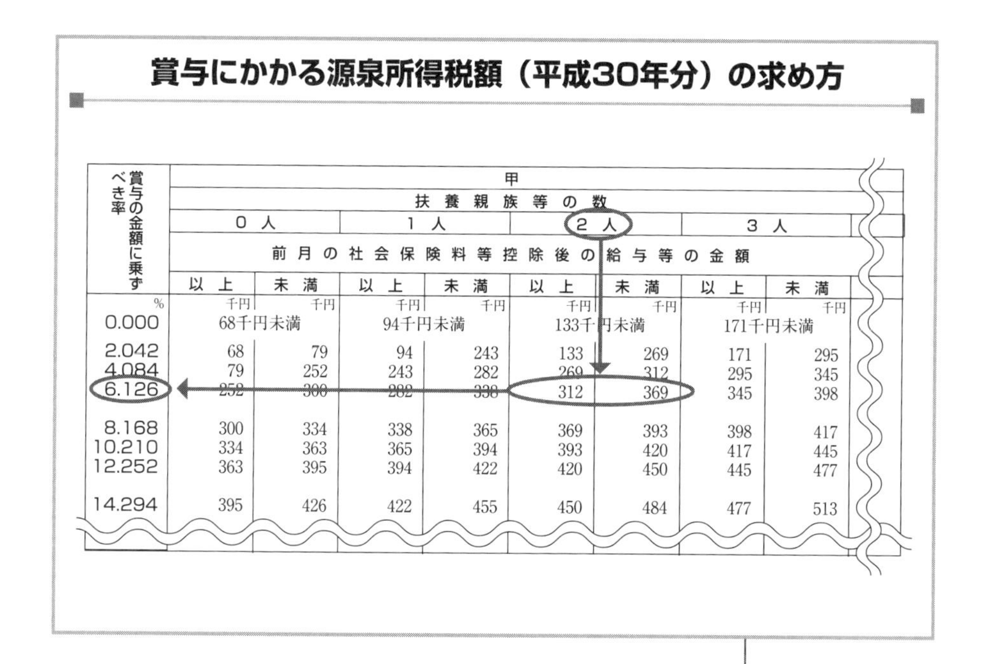

賞与にかかる源泉所得税額（平成30年分）の求め方

賞与の金額に乗ずべき率	甲							
	扶養親族等の数							
	0人		1人		2人		3人	
	前月の社会保険料等控除後の給与等の金額							
	以上	未満	以上	未満	以上	未満	以上	未満
%	千円	千円	千円	千円	千円	千円	千円	千円
0.000	68千円未満		94千円未満		133千円未満		171千円未満	
2.042	68	79	94	243	133	269	171	295
4.084	79	252	243	282	269	312	295	345
6.126	252	300	282	338	312	369	345	398
8.168	300	334	338	365	369	393	398	417
10.210	334	363	365	394	393	420	417	445
12.252	363	395	394	422	420	450	445	477
14.294	395	426	422	455	450	484	477	513

ジ）でいうと、社会保険料控除後の賞与の金額に掛ける率は6.126％ということになります（上図参照)。

■ パート、アルバイトの場合の源泉徴収税額表

パートやアルバイトであっても一定の所得を超える人については所得税の源泉徴収を行います。この場合の源泉徴収所得税の金額は「給与所得の源泉徴収税額表」の「日額表」の「丙欄」を使って金額を求めます。

ただし、パートやアルバイトであっても、継続して２か月を超えて支給する場合や、雇用期間の延長などにより継続して２か月を超えて雇用することになった場合には、「丙欄」ではなく、日額表の「甲欄」･「乙欄」を適用します。パートやアルバイトが「給与所得者の扶養控除等（異動）申告書」を提出している場合には「甲欄」を、提出していない場合には「乙欄」を適用することになります。

Column

事業場を異にする場合の兼業と割増賃金

従業員の中には、休日や勤務時間外の時間を利用してアルバイトや副業を行う者がいるかもしれません。会社からすれば兼業には「会社の業務に支障をきたすおそれがある」「情報漏えいの危険がある」といった不安があるため、就業規則や個別の雇用契約で兼業を禁止している企業は多く、裁判所も、就業規則にこのような規定をおくことを認めています。ただし、休日や業務後のプライベートの時間を利用した兼業を一切禁止するような規定は、兼業による企業秘密の漏えい、本来の業務に与える影響、他の従業員に対する悪影響などを考慮しても会社の行き過ぎで妥当ではないと判断される可能性があります。従業員の兼業を認める場合、会社として注意したいのが労働時間の通算です。１週間に40時間、１日に８時間という法定労働時間の制限は、事業場を異にする場合においても通算します。

たとえば、従業員Aが自社で８時から12時まで働いた後、B社で13時から18時まで働いた場合、合計９時間労働したことになり、従業員に対してどちらかの企業が１時間分の割増賃金を支払わなければなりません。平成30年１月に厚生労働省で策定された「副業・兼業の促進に関するガイドライン」では、労働契約を後から締結した企業が支払うことと示されました。以前にも増して、兼業先の業種や労働契約の前後関係を把握することが必要となっています。

なお、業務の性質にもよりますが、仕事中に、PCやタブレットを使用している可能性もあるため、「業務中に従業員がアフィリエイトなどで副収入を得る」といった問題が発生することもあります。

業務中の副業は通常は就業規則の服務規定に違反することになりますので、従業員に対して、勤務中は担当作業に集中するように、意識を徹底させることが重要です。

PART 5

給与・賞与の計算の仕方をマスターする

PART5
1

給与・賞与の計算の仕方をマスターする

給与規程の作成

就業規則とは別規程とするのが一般的である

■ 給与は何を基準にして計算するのか

給与は基本給、住宅手当、家族手当、通勤手当、残業手当などさまざまな支給項目によって構成されています。それぞれの支給の目的や性格に応じて給与の支給項目を体系的に分離したものを給与体系（賃金体系）といいます。給与体系は事業所ごとに独自に決めることができます。ただ、会社などの事業所で定めた給与の支給項目は、すべての従業員に対して一定のルールに従って適用される必要があります。このルールのことを給与規程（賃金規程）といいます。給与体系は給与規程に定められていますから、事業所は原則として、それぞれの給与規程に基づいて従業員の給与や賞与を計算し、支給しています。

どのような種類の給与が支給されるのかを明記しておくと、給与体系が一目瞭然となり、新たに雇用した労働者に労働条件を示しやすいなど、さまざまなメリットがあります。給与のうち、たとえば基本給は、職能給や職務給など仕事内容で決定する仕事給、年齢や勤続年数で決まる属人給、仕事給と属人給を合わせた総合給といった形で決定することができます（次ページ）。

給与規程は通常、事業所の就業規則で定められています。ただ、給与に関する事項は、多岐にわたり、細かな規程になりやすく、時代情勢によって改定も必要になることが多いので、別規程として作成するのが一般的です。別規程を作成することによって、就業規則の本則が繁雑になることを防ぐことができます。ただし、別規程といっても、就業規則の一部ですから、給与規程も全従業員に対して適用されることになります。就業規

職能給と職務給

職能給は、職務遂行能力で決まる賃金である。年齢や勤続年数の属人的な要素で決まりがちで、終身雇用と相性がよいため、日本の企業で多く取り入れられてきた。賃金表は、同一能力同一賃金を前提に作られる。
これに対して、職務給は、職務そのものの難易度や責任の度合に応じて決まる賃金であり、欧米で多く見られる。賃金表は、同一労働同一賃金を前提に作られる。

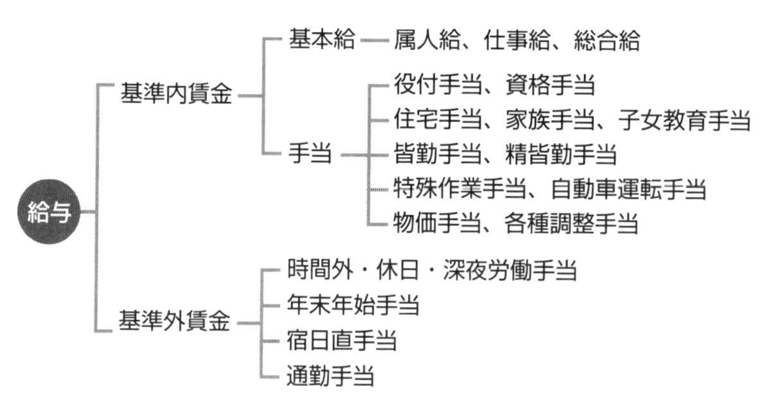

則（本則）と同時に作成し、労働者への周知と労働基準監督署への届出もしなければなりません。なお、必ずしも１つの給与規程を全従業員に適用する必要はありません。特定の雇用形態の従業員については別個の給与規程を定めることも可能です。たとえば、正社員用とパート社員用の給与規程を別に作成することもできます。

就業規則

労働者が就業する上で遵守すべき規律及び労働時間や賃金などの労働条件に関する具体的事項について労働基準法に基づいて定められた規則のこと。

■ 賞与を支給する場合には規定を置く

賞与（ボーナス）は法律上、支給が義務付けられているものではありませんが、支給することとしている場合、支給額や算定基準について、就業規則や給与規程に定めを置くことが必要です。一般的に賞与は、夏季と冬季の年２回支払われています。事業所によっては、他に決算賞与を支給しているところもあります。なお、年４回以上賞与が支給される場合は、社会保険においては給与とみなされ、標準報酬月額の算定の対象とします。

賞与

企業が、通常の賃金の他に特別に従業員に対して支給する金銭のこと。近年は職務や企業業績に対する成果に連動して算定・支給される傾向が強くなっている。

PART5
2

給与・賞与の計算の
仕方をマスターする

給与支給額の計算例

一定の手順に従って計算する

■ 例を使って支給額を計算する

給与計算の仕方について一通り見てきましたので、例を使って実際に給与計算をして見ることにしましょう。下のケースで、A社に勤める労働者Pさんに今月支給する給与額を算出します。

手順1　総支給額を求める

まず、Pさんの今月の時間外労働の賃金を計算します。Pさんの給与のうち割増賃金の計算の基礎となるのは、基本給の他に、役職手当、皆勤手当の諸手当です。A社は毎月の所定労働時間が変動するので、年間労働日数237日から、1か月の平均所定労働時間を計算します。

(237日× 7時間) ÷12か月=138.25時間

これを基礎として割増賃金を計算します。

① 所定時間外労働

280,000円÷138.25時間× 8時間=16,203円（四捨五入）

② 法定時間外労働

280,000円÷138.25時間×1.25×17時間=43,038円（四捨五入）

③ 深夜労働

280,000円÷138.25時間×0.25× 4時間=2,025円（四捨五入）

④ 法定休日労働

280,000円÷138.25時間×1.35× 9時間=24,608円（四捨五入）

したがって、Pさんの今月の給与の総支給額は、以下のようになります。

固定的給与=基本給+住宅手当+役職手当+家族手当+通勤手当=330,000円

所定労働時間

会社の就業規則で定めた労働時間を所定労働時間という。

法定労働時間

労働基準法32条で規定されている労働者の労働時間の限度。
法定労働時間は1日8時間、1週間については40時間。

今月のPさんの給与明細

給与明細書　平成○年○月分

所属	製造	社員No	24	氏名	P　殿

	基本給	役職手当	家族手当	住宅手当	皆勤手当	時間外手当(法定内)	時間外手当(法定外)	休出手当	深夜残業	課税交通費	非課税交通費
支給	250,000	20,000	20,000	25,000	10,000	16,203	43,038	24,608	2,025	0	15,000
										不就業控除	総支給額
										0	425,874
控除	健康保険料 介護保険料	厚生年金料	雇用保険料		社保料合計	課税対象額	所得税	住民税			
	16,830 0	31,110	1,278		49,218	361,656	10,090	15,000			
	互助会費	生命保険料	財形貯蓄								控除額合計
			20,000								94,308

差引支給額	端数調整額	銀行振込		現金支給額
331,566	0	331,566		0

	出勤	休出	年次	特休(有)	特休(無)	欠勤	遅刻外時間	時間外(法定内)	時間外(法定外)	休日時間	深夜等時間	実働時間
勤怠	20	1	0	0	0	0	0	8.00	17.00	9.00	4.00	174.00

変動的給与＝皆勤手当＋所定時間外労働手当＋法定時間外労働手当＋深夜労働手当＋休日労働手当＝95,874円

合計＝425,874円となります。

手順2　控除額を求める

次に、Ｐさんの今月の給与から控除される項目について見ていきましょう。まず、雇用保険料、健康保険料、厚生年金保険料を算出します。

Ａ社の事業である製造業は雇用保険上「一般の事業」で、Ｐさんの今月の給与支給総額は425,874円ですから、この金額に平成30年度の雇用保険率1,000分の３（被保険者負担分）を掛けて雇用保険の保険料を求めます。

425,874円×0.003＝1,278円（四捨五入）となります。

健康保険料については、A社は東京都にあり、保険者は全国健康保険協会ですから、Pさんには東京都の料率（平成30年3月分から9.90%。被保険者負担分は4.95%）で計算することになります。Pさんの標準報酬月額は340,000円で、39歳のPさんには介護保険料はかかりませんから、Pさんが負担する健康保険料は16,830円となります。

一方、厚生年金保険料については、平成29年9月分からは、保険料率が18.300%（被保険者負担分は9.15%）ですから、標準報酬月額340,000円の人の負担分は、31,110円です。

続いて、源泉所得税を求めます。源泉所得税は、総支給額から非課税通勤費と社会保険料を控除した後の金額を基準として、税額を計算します。

425,874円（総支給額）－15,000（非課税通勤費）－16,830円（健康保険料）－31,110円（厚生年金保険料）－1,278円（雇用保険料）＝361,656円（課税対象額）

この361,656円を、源泉徴収税額を割り出す資料である、給与所得の源泉徴収税額表（月額表、平成30年分）にあてはめると、「その月の社会保険料控除後の給与等の金額」の欄の359,000円以上362,000円未満が該当します。

Pさんの扶養親族は子1人ですから、該当する金額10,090円が、今月のPさんの給与から控除する源泉所得税の金額になります。

控除項目がすべて算出できたので、整理してみましょう。控除項目は、①健康保険料16,830円、②厚生年金保険料 31,110円、③雇用保険料1,278円、④源泉所得税10,090円、⑤住民税 15,000円、⑥財形貯蓄20,000円、ですから、控除額合計は、94,308円となります。

手順3　差引支給額を求める

Pさんが今月、実際に給与として受け取る金額である差引支給額を求めます。差引支給額のことを実際に手に取る金額とい

設例で使用する保険料の料率・税額表

・雇用保険料
平成30年度の料率
・健康保険料
東京都で適用される全国健康保険協会の平成30年度の料率
・厚生年金保険料
平成29年9月分～平成30年8月分に適用される料率
・給与所得の源泉徴収税額表
平成30年分の源泉徴収税額表

設例（A社とPさんのデータ）

●A社（製造業、東京都）のデータ

・今月の勤務日数　20日（年間所定労働日数　237日）

・所定労働時間　9:00〜17:00（うち休憩 12:00〜13:00）

・所定休日　毎週土・日曜日、祝祭日、年末年始休暇、夏季休暇（年間休日 128日）

・割増賃金の端数処理計算の途中過程では端数処理をせず、残業時間を掛けた後に四捨五入する

・健康保険の保険者は全国健康保険協会
　Pさんの標準報酬月額は、340,000円

●Pさん（39歳）のデータ

・扶養親族　子1人（17歳）：扶養控除等申告書提出済み

・給与の支給項目（合計 340,000円）
　基本給　250,000円　　住宅手当　25,000円
　役職手当 20,000円　　皆勤手当　10,000円
　家族手当 20,000円　　通勤手当　15,000円（全額非課税）

・健康保険料、厚生年金保険料以外の給与からの控除項目
　住民税　15,000円　財形貯蓄　20,000円（労使協定あり）

〈今月のPさんの勤怠状況〉

・出勤日数 20日（欠勤日数0日）

・所定労働時間外労働　8時間

・法定労働時間外労働　17時間（そのうち、深夜労働4時間）

・休日労働 9時間

※有給休暇はとっていない

う意味で「手取額」ともいいます。

手順1で求めた総支給額から控除額の合計額を差し引きます。

425,874円－94,308円＝331,566円（手取額）

331,566円が今月Pさんに支給される手取り給与の金額になります。**手順1**～**手順3**によって求めたPさんの給与を上図のように給与明細書に記載します。

割増賃金額の計算例

四捨五入が原則である

■ 計算過程の端数処理によって支給額も変わってくる

労働時間の端数処理だけでなく、賃金計算時の端数処理にも注意が必要です。最近では、パソコン用給与計算ソフトを使って毎月の給与計算を行っている事業所も多いようです。給与計算ソフトで処理をする場合、初期設定できちんと端数処理の方法を選択しておけば、その後、端数処理で悩むことはないかもしれません。しかし、電卓を使って毎月手計算で従業員の給与を計算する場合、最初のうちは、計算の途中のいろいろな場面で生じる端数の処理（切り捨てるのか、四捨五入するのか、切り上げるのか）に頭を悩ませるものです。給与計算の端数処理は四捨五入が原則ですが、すべて四捨五入しておけばよいのかというと、そういうものでもありません。そこで、実務上、どのような端数処理方法があるのかを確認しておくことにしましょう。

なお、労働者によって端数処理の方法がまちまちにならないように、事業所内では統一した基準で端数処理を行うようにします。

■ 切り上げるか四捨五入をする

労働者ごとの１時間あたりの賃金額や割増賃金を計算しようとすると、多くの場合、１円未満の端数が生じます。

たとえば、月平均所定労働時間数が168時間（１か月あたりの平均労働日数21日、１日８時間勤務）で月給30万円の労働者の場合、割増賃金の算定の基礎となる１時間あたりの賃金額は、

賃金額の端数処理について

1 残業代や休日出勤算定根拠となる、1時間あたりの賃金額を求める

月平均所定労働時間数	168 時間(1か月平均 21 日、1日 8 時間)
月給	30 万円
1時間あたりの賃金額	30 万 ÷168＝1785.714……円

2 端数がある場合にはどのように処理するか？

四捨五入方式	⟶	1,786 円
一律切り上げ	⟶	1,786 円
一律切り下げ	⟶	不可

3 1,786 円として、残業代や休日出勤の割増率を掛ける

＊端数のあるままで残業代や休日出勤の割増率を掛け、最後に四捨五入か切り上げをしてもよい。
＊労働者でまちまちにならないよう、処理方法を事業所内で統一する。

30万円÷168時間＝1,785.714…

となります。この場合、小数点以下の端数については、四捨五入する方法（50銭未満のときは切り捨て、50銭以上のときは切り上げる方法）と切り上げる方法が認められています。

逆に端数を切り捨てる方法は認められていません。切り捨てることは、給与計算上、労働者に不利になるためです。この例の場合、四捨五入の方法をとれば、1時間あたりの賃金額は1,786円となります。

また、切り上げの方法をとっても1時間あたりの賃金額は、1,786円となります。仮に、切り下げの方法で、1,785円として計算した場合、1円の違いが、1か月20時間の残業（法定時間外労働）で25円、年間で300円の割増賃金が少なく支給されてしまうことになり、この方法は認められません。

なお、割増賃金を求める計算の途中では端数処理をせず、算出した割増賃金の額の端数を四捨五入または切り上げの方法により処理することもできます。

1か月の賃金支払額における端数処理

1か月の賃金支払額における端数処理について、次の方法は、賃金支払の便宜上の取扱いと認められるので、法違反としては取り扱わないとされている。

① 1か月の賃金支払額（必要な控除等を行った後の額）に100円未満の端数が生じた場合、50円未満の端数を切り捨て、それ以上を100円に切り上げて支払うこと
② 1か月の賃金支払額に生じた1,000円未満の端数を翌月の賃金支払日に繰り越して支払うこと

■ 割増賃金額を算定する

ここでは、次ページの設例を基に、Aさんに今月支給される割増賃金の具体的な金額を算定してみましょう。

まず、割増賃金の計算の基礎となる1時間あたりの賃金額を計算します。166ページで述べたように、割増賃金の基礎となる手当には諸手当も含まれますが、通勤手当は除外されること、及び設例の条件からは、役職手当のみを加算することになります。

基本給250,000円＋役職手当20,000円＝270,000円

次に、Aさんの1か月の平均所定労働時間を計算します。

237日× 8時間÷12か月＝158時間

このように、1か月の平均所定労働時間は158時間ということになります。

■ 時間外労働・深夜労働・休日労働についての金額の算定

「270,000円」「158時間」を基に、①時間外労働、②深夜労働、③休日労働の金額をそれぞれ計算してみましょう。

① 時間外労働

Aさんの1か月の時間外労働は月60時間を超えていませんので、割増率は25％で計算することになります（60時間を超えた場合には、超えた分については割増率50％で計算します）。

270,000円÷158時間×1.25×22時間＝46,993.670…

端数を四捨五入して時間外労働の割増賃金は46,994円になります。

② 深夜労働

Aさんの時間外労働22時間のうち、3時間については、時間外労働と深夜労働が重なる部分ですから、上記①の時間外労働手当に加えてさらに深夜労働分に該当する25％増の割増賃金の支払いが必要です。

270,000円÷158時間×0.25× 3時間＝1,281.645…

設例（Aさんの勤務形態）

① Aさんは X 社に勤めている。
② X 社の1日の所定労働時間は8時間。
③ X 社の社内カレンダーによれば、今年の年間労働日数は237日。
④ Aさんの今月の時間外労働等は、時間外労働が22時間（うち深夜労働が3時間）、休日労働が9時間。
⑤ Aさんの給与を構成する手当は以下の通り。

基本給	250,000円	役職手当	20,000円
家族手当	20,000円	住宅手当	20,000円
通勤手当	10,000円		

※）X 社は割増賃金の計算において1円未満の端数をそのまま使っている
※）支給されている家族手当、住宅手当は割増賃金の基礎とならないものとする

端数を四捨五入して、1,282円になります。

③ 休日労働

Aさんの休日労働に対する割増率は、35％で計算することになります。

270,000円÷158時間×1.35× 9時間＝20,762.658…

端数を四捨五入して、20,763円になります。

したがって、割増賃金の合計は、46,994円＋1,282円＋20,763円＝69,039円となります。

なお、労使協定を締結すれば、時間外労働時間が60時間を超えた場合も、割増率を25％のままとし、法定割増率50％との差、25％を累積して代替休暇（1か月の時間外労働が60時間を超えた場合の25％を上回る分の割増賃金の支払いに代えて、付与する休暇のこと）を取得させることもできます。ただし、すべての割増賃金の支払いが免除されるわけではないので、注意が必要です。

時間外労働と代替休暇

1か月に60時間を超える時間外労働をさせた場合、労働基準法で通常の賃金と比較して150％以上の賃金を支払うことが必要とされているが、この場合に、25％を上回る分の割増賃金の支払いに代えて休暇を付与することが認められている。

賞与額の計算例

手順に従って控除額を計算する

■ 賞与の額を計算する

具体的な計算例を挙げて、賞与の計算方法を見ていきましょう。

〈設例：サービス業の会社の現場で働くQさん（42歳）の場合〉
賞与の支給額：500,000円
前月の社会保険料控除後の給与の額：324,895円
Qさんの扶養親族等の数：2人（扶養控除等申告書提出済み）

以上のものがQさん（42歳）に支給される賞与の計算上必要なデータです。この場合の賞与から控除される社会保険・源泉所得税の金額と実際にQさんが受け取ることになる金額を計算してみます。

手順1　健康保険と厚生年金保険の額を算出する

最初に賞与額から控除する健康保険と厚生年金保険の額を計算します。Qさんは42歳ですから、40歳以上の被保険者が負担する介護保険の保険料も徴収することになります。健康保険料率は加入する健保組合によってそれぞれ異なっていますが、ここではQさんが全国健康保険協会（協会けんぽ）東京支部に加入していると仮定して説明しましょう。

協会けんぽ東京支部では介護保険第2号被保険者に該当する人の健康保険料の被保険者負担割合は1000分の57.35（平成30年3月分から）ですから、Qさんは28,675円の保険料を負担することになります。

500,000円×57.35／1,000＝28,675円

特殊な場合の賞与の源泉徴収税額計算方法

(1)前月の給与の額の10倍を超える賞与を支払う場合

① 社会保険料控除後の賞与の額×1／6(賞与算定の基礎となった期間が6か月を超えるときは1／12)

↓

② ①+(前月の社会保険料控除後の給与の額)

↓

③ ②の金額を月額表にあてはめて税額を求める

↓

④ ③−(前月の給与に対する源泉徴収税額)

↓

⑤ ④×6(賞与算定の基礎となった期間が6か月を超えるときは12)

(2)前月に給与を支払っていない者に賞与を支払う場合

① 社会保険料控除後の賞与の額×1／6(賞与算定の基礎となった期間が6か月を超えるときは1／12)

↓

② ①の金額を月額表にあてはめて税額を求める

↓

③ ②×6(賞与算定の基礎となった期間が6か月を超えるときは12)

同様に厚生年金保険料の額を求めます。厚生年金保険料率は平成29年９月分からは1000分の183.00ですが、健康保険と同様に労使で半分ずつ負担するので、Ｑさんの負担率は1000分の91.5となります。したがって賞与の額に1000分の91.5を掛けて算出した金額が被保険者負担分となります。

500,000円×91.5／1000＝45,750円

手順２ 雇用保険の保険料を算出する

次に賞与から控除する雇用保険の保険料を求めます。雇用保

雇用保険料の免除

賞与を支払う年の4月1日現在で満64歳以上の被保険者の雇用保険料は事業主負担分を含めて免除される（短期雇用特例被保険者と日雇労働被保険者は除く)。

険料率は業種によって違いがありますが、平成30年度のサービス業（一般の事業に含む）についての雇用保険率（被保険者負担分）は1000分の３ですから、500,000円に1000分の３を掛けて雇用保険料の被保険者負担分を算出します。

500,000円× ３／1000＝1,500円

手順３　源泉所得税の額を算出する

賞与から控除する社会保険料等の金額を算出した後に、源泉所得税の金額を求めます。源泉所得税は、総支給額から社会保険料等を控除した後の金額を基準として、税額を計算します。

500,000円－28,675円－45,750円－1,500円＝424,075円

Ｑさんの扶養親族は２人ですから、賞与にかかる源泉徴収税額を算定する資料である「賞与に対する源泉徴収税額の算出率の表（平成30年分)」の扶養親族等の数２人の列を確認し、前月の社会保険料控除後の給与の金額である324,895円が当てはまるところを探します。「312千円以上369千円未満」がこれに該当しますので、社会保険料などの控除後の賞与の金額に乗じる金額は6.126％ということになります。

424,075円×6.126％＝25,978円（端数切り捨て）

端数処理

賞与から源泉徴収をする所得税及び復興特別所得税の額について１円未満の端数が出た場合、端数は切り捨てる。

手順４　実際の支給額を計算する

控除項目がすべて算出できたので、整理してみましょう。控除項目は以下のようになっています。

・健康保険料28,675円

・厚生年金保険料45,750円

・雇用保険料1,500円

・源泉所得税25,978円

控除額合計は、101,903円になります。

Ｑさんに実際に支給される賞与額（手取額）は、500,000円－101,903円＝398,097円（次ページ図明細参照）ということになります。なお、住民税は賞与からは控除しません。

Qさんの賞与明細書

賞与明細書　平成○ 年夏季賞与

所属	○○	社員No	14	氏名	Q 殿

支給	基本給									
	500,000									
										総支給額
										500,000
控除	健康保険料	厚生年金料	雇用保険料		社保料合計	課税対象額	所得税			
	28,675	45,750	1,500		75,925	424,075	25,978			
										控除額合計
										101,903

差引支給額	端数調整額	銀行振込		現金支給額
398,097		398,097		

■ 月額表を使って源泉徴収税額を求めるケースもある

通常、賞与から控除する源泉徴収税額を計算するときは、賞与に対する源泉徴収税額の算出率の表を使用します。しかし、次の２つのケースに限っては、給与所得の源泉徴収税額表（月額表）を使って徴収税額を計算します。

・前月の給与の額の10倍を超える賞与が支給されるとき

・前月の給与の支払いがない者に賞与を支払うとき

前月の給与の額の10倍を超える賞与が支給されるときは、175ページ図の(1)の手順で求めた金額が源泉徴収税額となります。

前月の給与の支払いがない者に賞与を支払うときは、175ページ図の(2)の手順で求めた金額が源泉徴収税額となります。

なお、冒頭の設例に示したように、Qさんは前月にも給与の支払いがあり、賞与の額もその10倍を超えていないので、これには当てはまりません。

Column

過払い分の処理はどうなる？

賃金の過払いはどんな場合に生じるでしょうか。たとえば、扶養親族が就職などにより、会社の給与規程上、扶養手当の対象外になったり、引っ越しにより住宅手当や通勤手当が変更になったにもかかわらず労働者が申請を怠っており、手当が支給され続ける場合があります。また、時間外労働の計算ミスや割増率の間違いなど、会社側に起因する場合もあります。

万一、賃金の過払いが生じてしまった場合は、労働者から返還をしてもらうことができます。ただし、返還額を賃金から直接控除することはできません。なぜなら、賃金支払いの５原則があるからです。５原則とは「通貨払い」「直接払い」「全額払い」「毎月一回以上払い」「一定期日払い」のことをいいます。そのうちの「全額払い」は、支給日に確定している賃金を全額支払わなければならないというものです。社会保険料などの法定控除や、労使協定で定められたもの以外を控除することはできません。

以上のことから、現金や振込などを利用して別途請求することが原則です。ただし、前月の過払い賃金を翌月で清算する程度は認められるという通達があります（昭23.9.14/基発1357号）。返還額が多い場合は、一括での支払いではなく、分割払いを認めるなどの配慮も必要です。過払いがある場合では、源泉所得税や雇用保険料なども関係するので、過徴収した源泉所得税などを返還額から差し引いた金額を請求します。

なお、過払いを未然に防ぐことも必要です。方法としては、給与規程で支給基準を明確にし、労働者へ周知することです。また、タイムカードだけで時間外を集計するのではなく、時間外申請書などの申請書類を整備し、それに基づいて支給することです。

PART 6

年末調整の仕方を知る

PART6
1

年末調整

年末調整の仕方を知る

1年間に納めるべき所得税額を計算する

■ 1年間に支払った給与と賞与にかかる税額を精算する

10月～12月の時期に事務担当者が行うべきことで、もっとも大変な仕事は年末調整です。年末調整は、役員や労働者に対する毎月の給与や賞与から源泉徴収をした所得税の合計額と、その人が1年間に納めるべき所得税額との差額を調整するための手続きです。

会社などの事業所では、役員や労働者に対して報酬や給与（賞与を含む）を支払う際に所得税の源泉徴収を行っています。しかし、その年1年間に給与などから源泉徴収した所得税の合計額は、労働者などが1年間に納めるべき税額と必ずしも一致するわけではありません。そこで、1年間に源泉徴収した所得税の合計額と、本来役員や労働者が1年間に納めるべき所得税額とを一致させる必要があります。この一致させるための手続きが年末調整ということになります。

年末調整は文字通り年末に行います。正確にいうと、1年の最後の給与が支給されるときに行います。給与が支給された後に賞与が支給されることになっている場合は、賞与の支給後に年末調整を行うこともできます。

後に支払う額を見込みで年末調整を行う場合

給与で年末調整を行った後に、賞与を年内に支給することにしている場合、後に支払う賞与の額を加えた額で年末調整を行う必要がある。もし、見込んでいた賞与額と異なる額を支給することになった場合、年末調整をやり直さなければならなくなるので注意したい。これは賞与で年末調整をして、その後に給与を年内に支給する場合も同じである。

■ 年末調整の手順を確認する

年末調整は、労働者に1年間に支払う給与（賞与を含む）の額を合計して、次のような手順で計算を行います。

① 給与所得控除後の給与の額を求める

1年間に支払う給与の合計額から給与所得控除後の給与の額

特殊な場合の年末調整

ケース	年末調整を行う時期
①年の途中で死亡したとき	退職時
②著しい身体障害により年の途中で退職し、その年中に新たな職に就いて給与を得ることができないとき	
③12月中に支払期の到来する給与が支給された後に退職したとき	
④年の途中で海外勤務になったなどの理由で、非居住者(※)となったとき	非居住者となった時

(※)国内に住所や居所をもたないことになった者

を求めます。給与所得控除後の給与の額は、「年末調整等のための給与所得控除後の給与等の金額の表」で求めます。

② 所得控除を差し引く

給与所得控除後の給与の額から扶養控除や生命保険料控除などの所得控除を差し引きます。

③ 税額を求める

②の所得控除を差し引いた金額に所得税の税率をあてはめて税額を求めます。

④ 税額控除をする

年末調整で住宅借入金等特別控除などの税額控除を行う場合には、求めた税額から控除額を差し引きます。差引後の税額が、その労働者が1年間に納めるべき所得税額になります。

⑤ 還付または徴収をする

最後に、源泉徴収をした所得税の合計額が1年間に納めるべき所得税額より多い場合には、その差額をそれぞれの労働者に還付します。逆に、源泉徴収をした所得税の合計額が1年間に納めるべき所得税額より少ない場合には、その差額を労働者に支払う給与(または賞与)から徴収します。

■ 年末調整の対象となる人

給与所得者であっても、年末調整の対象とならない人もいます。

扶養親族の判定時期

1年間の所得税額を計算するときは、その年の12月31日現在の状況によって扶養親族等の数を判断することになる。

給与所得者の扶養控除等（異動）申告書

給与所得者が、給与について配偶者控除や扶養控除、障害者控除などの控除を受けるために行う手続きにおいて必要事項を記載する書面のこと。

賞与についての調整

賞与の年間支給額が給与の5か月分より多い場合は、年末調整で源泉徴収税額が徴収不足となる可能性が高い。これは賞与に対する源泉徴収税額の算出率の表が、概ね給与の5か月分を想定して算出されるためである。

年末調整の対象になる人は、年末調整を行う日までに「給与所得者の扶養控除等（異動）申告書」を提出している一定の人です。年末調整の対象となる人は、12月に年末調整を行う場合と、年の途中で行う場合とで異なります。

まず、12月に行う年末調整の対象となる人は、会社などの事業所に12月の末日まで勤務している人です。

1年間勤務している人だけでなく、年の途中で就職した人や青色事業専従者（個人事業者の配偶者などで事業を手伝い、給与をもらっている者）も年末調整の対象になります。ただ、①1年間に受け取る給与の総額が2000万円を超える人、②災害減免法の規定により、その年の給与に対する所得税の源泉徴収について徴収猶予や還付を受けた人など、一定の場合には、年末調整の対象にはなりません。

次に、年の途中で行う年末調整の対象となる人は、次の5つのいずれかに当てはまる人です。

ⓐ　1年以上の予定で海外の支店などに転勤した人
ⓑ　死亡によって退職した人
ⓒ　著しい心身の障害のために退職した人（退職した後に給与を受け取る見込みのある人は除きます）
ⓓ　12月に支給されるべき給与などの支払いを受けた後に退職した人
ⓔ　パートタイマーとして働いている人などが退職した場合で、本年中に支払いを受ける給与の総額が103万円以下である人（退職した後に給与を受け取る見込みのある人は除きます）

■ 年末調整の対象となる給与について

年末調整の対象となる給与は、その年の1月1日から12月31日まで（年の途中で退職した人などについては、退職時まで）の間に支払うことが確定した給与です。たとえば、本年12月分の給与を翌月10日に支給している場合は、1月10日に支給され

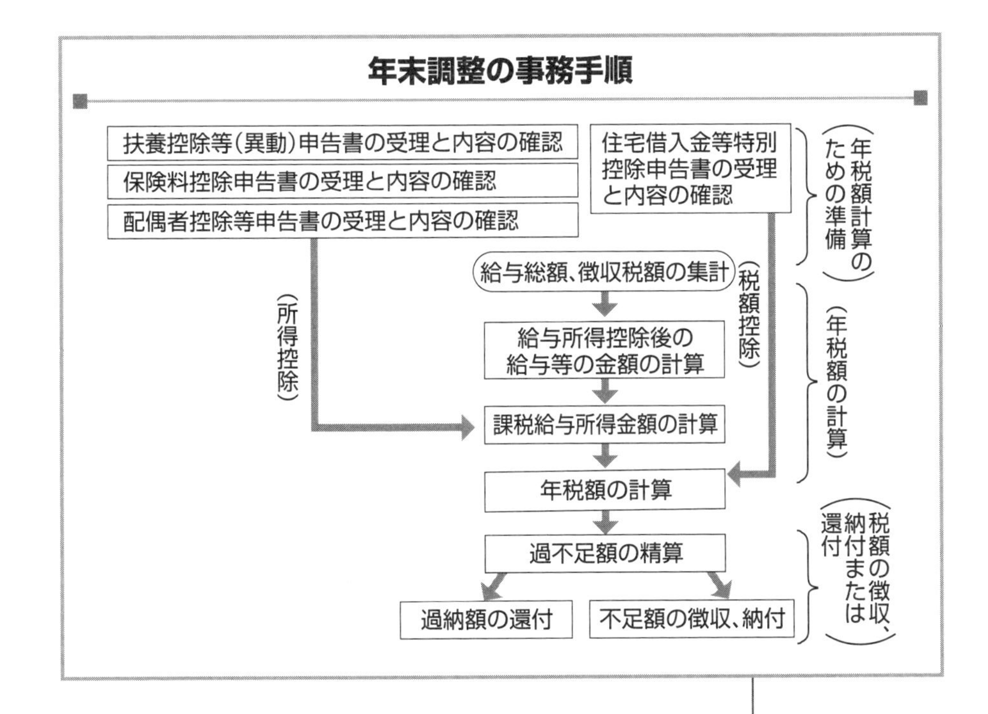

た給与（12月分）は、本年分の年末調整の対象にはなりません。

また、通勤費、旅費、食事代などの特殊な給与で非課税扱いとならない部分についても年末調整の対象になります。

なお、年末調整の対象となる給与は年末調整をする会社などの事業所が支払う給与だけではありません。たとえば、年の途中で就職した人が就職前に他の会社などで給与を受け取っていたケースがあります。このような場合は、前の会社で「給与所得者の扶養控除等申告書」を提出していれば、前の会社の給与を含めて年末調整をすることになります。前の会社が支払った給与の支給金額と、徴収した源泉所得税や社会保険料の額は、前の会社が発行した源泉徴収票によって確認します。前職の源泉徴収票の提出がない場合は、合算して年末調整ができませんので、すぐに労働者にその旨を伝えて提出してもらいましょう。

通勤費で非課税となる部分

電車バスなどの交通機関を利用して通勤している場合は、1か月当たり15万円までの通勤手当は非課税となる。マイカーや自転車などを使って通勤している場合、「2㎞以上10㎞未満の場合4,200円」など、片道の通勤距離に応じて、非課税限度額が定められている。電車バスの交通機関とマイカーなどを利用している場合、両者を合計することになるが、その場合も最高限度額は15万円となる。

PART6
2

年末調整の仕方を知る

年末調整についてのその他の注意点

扶養親族が増えた場合など、年末調整のやり直しをする場合がある

■ 年末調整後に扶養親族等の数が異動したとき

年末調整が終わった後、その年の12月31日までの間に、扶養親族などの人数が異動する場合があります。

このような場合には、年末調整した税額とその人が納めるべき税額とが違ってきます。扶養親族が増えた場合は、年末調整のやり直しをすることができます。扶養親族の増加によって年末調整のやり直しを行うときには、異動があった労働者から「給与所得者の扶養控除等（異動）申告書」の提出を受けるようにします。

ただ、扶養親族の増加により年末調整のやり直しを行うことができるのは、その異動があった年の翌年の１月末日までになります。年末調整のやり直しをしない場合には、労働者が自分で確定申告を行うことによって所得税の還付を受けることができます。

一方、子どもが結婚などをして、扶養親族などの数が減る場合もあります。このような場合にも、その労働者から「扶養控除等（異動）申告書」を提出してもらいます。その上で、年末調整をやり直して不足している税額を徴収します。徴収不足税額がある場合の年末調整のやり直しについては、異動があった年の翌年の１月末日以降であっても行う必要があります。

子どもが満16歳に達した場合と税額の変動

12月に子どもが満16歳に達した場合の年末調整時の扶養控除の額とその年の１月に子どもが満16歳に達した場合の扶養控除の額は同額になる。しかし、12月に子どもが満16歳に達した場合の11月までの給与は、それまでの扶養親族の数で所得税が源泉徴収されているため、その分所得税が多く徴収されていたことになる。

扶養親族が死亡した場合と税額の変動

年の途中で扶養親族が亡くなった場合、その翌月から徴収される所得税の額が増加することになる。しかし、翌年1月1日に扶養親族が亡くなった場合であっても、その年の扶養親族の数にカウントされることになるため、翌年以降は、その分、源泉所得税が多く徴収されることになる。

■ 年末調整についてその他の注意点

年末調整で他にも注意しなければならない点としては、以下の場合が挙げられます。

年末調整の後に扶養親族等の数が異動した場合の取扱い

増えた場合

「給与所得者の扶養控除等（異動）申告書」の提出を受け、やり直し。
所得税を還付。翌年の１月末日まで可
または労働者が自分で確定申告を行うことによって所得税の還付を受ける

減った場合

「給与所得者の扶養控除等（異動）申告書」の提出を受け、やり直し。
税金を徴収。翌年１月末日以後も可

① 中途入社した場合

年末調整を行うのはその年最後に給与を支払う者と決められていますので、前職の給与と合わせて年末調整を行います。

② 年の中途で死亡、あるいは出国した場合

死亡、あるいは出国した時点までの給与から算出して年末調整を行うことになります。

③ 未払いの給与があった場合

支給日が年内の給与ならば、たとえ未払いの給与でも、年末調整の対象になることに注意しましょう。

④ 前職の源泉徴収票がない場合

年末調整を行うのが不可能なため、社員が自分で確定申告をします。

⑤ 年の途中で退職してから再就職していない場合

退職した者については、通常は年末調整の対象とはなりません。

⑥ 本人から不要の申し出があった場合

たとえば他の所得と併せて確定申告を行うなどの理由で、社員から申し出があった場合でも、会社は扶養控除申告書を提出している社員の年末調整をする義務があります。

子どもが就職した場合と税額の変動

年の途中で子どもが学校を卒業して就職したような場合、その子どもの就職後の年収により、扶養親族とすることができるかどうかが決まる。3月に卒業して4月に就職したのであれば、通常は、扶養親族にはできないケースの方が多いといえる。

PART6
3

年末調整の仕方を知る

年末調整に必要な書類

労働者ごとの情報が必要になる

■ 労働者一人ひとりに書いてもらう書類もある

年末調整を行うには、労働者ごとの資料が必要になります。

この場合の資料には労働者本人に書いてもらうものや、労働者から提出を促すものもあります。労働者に年末調整について説明をし、書類の提出期限を区切ってその日までに書類を提出するように求めます。「提出がなかった場合は年末調整をしない」というような姿勢で提出を促すと効果的です。以下、年末調整に必要な書類を確認していきましょう。

① 給与所得者の扶養控除等（異動）申告書（次ページ）
② 給与所得者の配偶者控除等申告書（次ページ）
③ 給与所得者の保険料控除申告書（189ページ）
④ 住宅借入金等特別控除申告書
⑤ 前職の源泉徴収票（中途採用者で前職に収入がある場合）
⑥ 源泉徴収簿（193ページ）
⑦ 国民年金保険料控除証明書
⑧ 年末調整等のための給与所得控除後の給与等の金額の表
⑨ 配偶者控除額、扶養控除額、障害者等の控除額などが分かるもの
⑩ 納付書（給与所得・退職所得等の所得税徴収高計算書）

以上の①～⑩の資料のうち、①～④が労働者に書いてもらうことになる書類です。①の給与所得者の扶養控除等（異動）申告書は、扶養親族や源泉控除対象配偶者の氏名や生年月日などを記入します。いない場合においても提出を依頼します。この申告書は、原則としてその年の最初の給与支払までに会社へ提

扶養控除等申告書のチェックポイント

① 「生年月日」欄
生年月日からは、特定扶養親族（19歳以上23歳未満）や、老人扶養親族（70歳以上）に該当するかどうかが判断される。
② 「住所」欄
翌年1月1日現在の住所地が住民税の納付地であり、事業所はその住所地の市区町村に「給与支払報告書」を提出することになる。
③ 「源泉控除対象配偶者」欄・「扶養親族」欄
源泉配偶者控除の対象者は、本年中の所得の見積額が85万円以下（給与収入のみの場合、年収150万円以下）で、扶養親族の場合は、所得の見積額が38万円以下（給与収入のみの場合、年収103万円以下）で、かつ、本人と生計同一の者である。別居の場合は、仕送りの有無についても確認が必要になる。
④ 「障害者等」欄
勤労学生控除の場合、学校名と入学年月日などを「左記の内容」欄に記入してもらう。証明書の添付も必要になる。

給与所得者の扶養控除等（異動）申告書

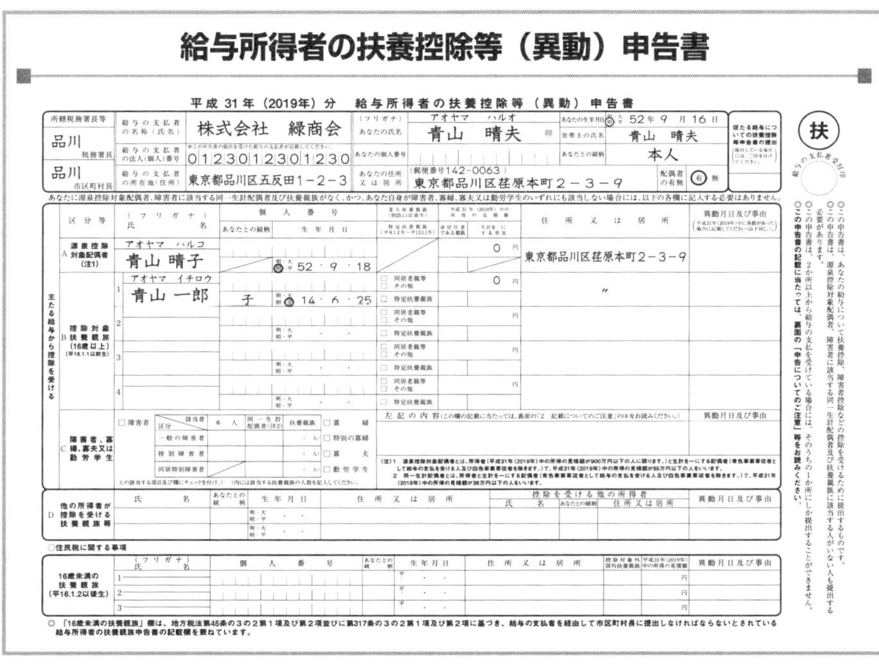

平成 31 年（2019年）分　給与所得者の扶養控除等（異動）申告書

所轄税務署長等	品川 税務署長 / 品川 市区町村長
給与の支払者の名称（氏名）	株式会社　緑商会
給与の支払者の法人（個人）番号	0123012301230
給与の支払者の所在地（住所）	東京都品川区五反田1－2－3
（フリガナ）	アオヤマ　ハルオ
あなたの氏名	青山　晴夫　㊞
あなたの個人番号	
あなたの住所又は居所	（郵便番号142-0063）東京都品川区荏原本町２－３－９
あなたの生年月日	昭和 52年 9 月 16 日
世帯主の氏名	青山　晴夫
あなたとの続柄	本人
配偶者の有無	㊒・無

あなたに源泉控除対象配偶者、障害者に該当する同一生計配偶者及び扶養親族がなく、かつ、あなた自身が障害者、寡婦、寡夫又は勤労学生のいずれにも該当しない場合には、以下の各欄に記入する必要はありません。

区分等	（フリガナ）氏名	個人番号 / あなたとの続柄	生年月日	老人扶養親族・特定扶養親族	平成31年（2019年）中の所得の見積額	住所又は居所	異動月日及び事由
A 源泉控除対象配偶者（注1）	アオヤマ　ハルコ　青山　晴子		昭和 52・9・18		0 円	東京都品川区荏原本町2－3－9	
B 控除対象扶養親族（16歳以上）（平16.1.1以前生） 1	アオヤマ　イチロウ　青山　一郎	子	平成 14・6・25		0 円	〃	
2			明・大・昭・平	□同居老親等 □その他 □特定扶養親族	円		
3			明・大・昭・平	□同居老親等 □その他 □特定扶養親族	円		
4			明・大・昭・平	□同居老親等 □その他 □特定扶養親族	円		

C 障害者、寡婦、寡夫又は勤労学生：□障害者（一般の障害者・特別障害者・同居特別障害者）　□寡婦　□特別の寡婦　□寡夫　□勤労学生

（注）1 源泉控除対象配偶者とは、所得者（平成31年（2019年）中の所得の見積額が900万円以下の人に限ります。）と生計を一にする配偶者（青色事業専従者として給与の支払を受ける人及び白色事業専従者を除きます。）で、平成31年（2019年）中の所得の見積額が85万円以下の人をいいます。
2 同一生計配偶者とは、所得者と生計を一にする配偶者（青色事業専従者として給与の支払を受ける人及び白色事業専従者を除きます。）で、平成31年（2019年）中の所得の見積額が38万円以下の人をいいます。

D 他の所得者が控除を受ける扶養親族等

○住民税に関する事項

16歳未満の扶養親族（平16.1.2以後生）1・2・3

○「16歳未満の扶養親族」欄は、地方税法第45条の3の2第1項及び第2項並びに第317条の3の2第1項及び第2項に基づき、給与の支払者を経由して市区町村長に提出しなければならないとされている給与所得者の扶養親族申告書の記載欄を兼ねています。

○この申告書は、あなたの給与について扶養控除、障害者控除などの控除を受けるために提出するものです。
○この申告書は、源泉控除対象配偶者、障害者に該当する同一生計配偶者及び扶養親族に該当する人がいない人も提出する必要があります。
○この申告書は、2か所以上から給与の支払を受けている場合には、そのうちの1か所にしか提出することができません。
○この申告書の記載に当たっては、裏面の「申告についてのご注意」等をお読みください。

給与所得者の配偶者控除等申告書

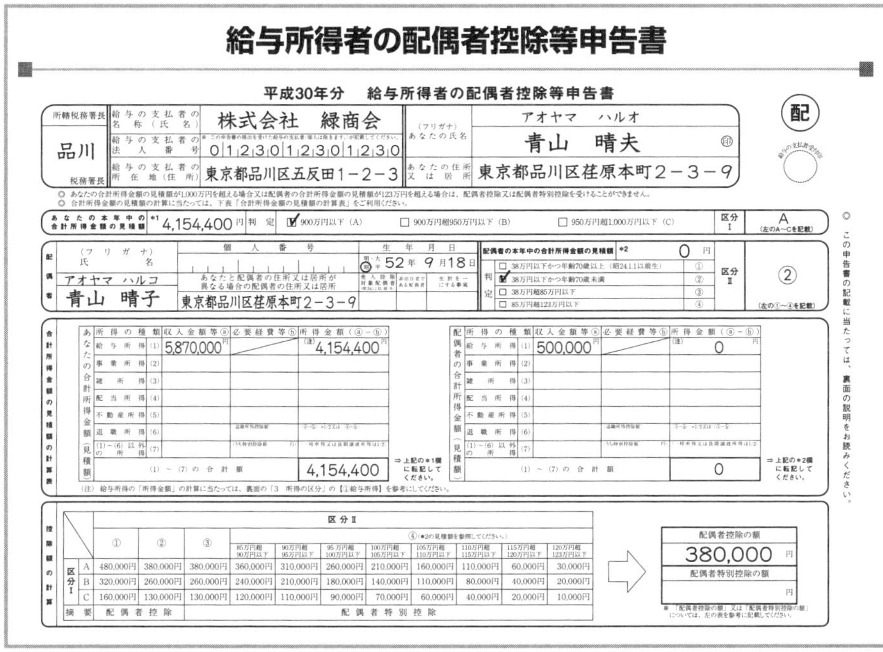

平成30年分　給与所得者の配偶者控除等申告書

所轄税務署長	品川 税務署長
給与の支払者の名称（氏名）	株式会社　緑商会
給与の支払者の法人番号	0123012301230
給与の支払者の所在地（住所）	東京都品川区五反田1－2－3
（フリガナ）	アオヤマ　ハルオ
あなたの氏名	青山　晴夫　㊞
あなたの住所又は居所	東京都品川区荏原本町２－３－９

○ あなたの合計所得金額の見積額が1,000万円を超える場合又は配偶者の合計所得金額の見積額が123万円を超える場合は、配偶者控除又は配偶者特別控除を受けることができません。
○ 合計所得金額の見積額の計算に当たっては、下表「合計所得金額の見積額の計算表」をご利用ください。

あなたの本年中の合計所得金額の見積額 ※1 4,154,400 円　判定 ☑900万円以下（A）　□900万円超950万円以下（B）　□950万円超1,000万円以下（C）　区分Ⅰ A

配偶者	
（フリガナ）氏名	アオヤマ　ハルコ　青山　晴子
生年月日	昭和 52年 9月18日
あなたと配偶者の住所又は居所が異なる場合の配偶者の住所又は居所	東京都品川区荏原本町2－3－9
配偶者の本年中の合計所得金額の見積額 ※2	0 円
判定	□38万円以下かつ年齢70歳以上（昭24.1.1以前生）① ☑38万円以下かつ年齢70歳未満 ② □38万円超85万円以下 ③ □85万円超123万円以下 ④
区分Ⅱ	②

合計所得金額の見積額の計算表

あなたの合計所得金額（見積額）	収入金額等ⓐ	必要経費等ⓑ	所得金額（ⓐ－ⓑ）
給与所得 (1)	5,870,000		（注）4,154,400
事業所得 (2)			
雑所得 (3)			
配当所得 (4)			
不動産所得 (5)			
退職所得 (6)			
(1)～(6)以外の所得 (7)			
(1)～(7)の合計額			4,154,400

⇒上記の※1欄に転記してください。

配偶者の合計所得金額（見積額）	収入金額等ⓐ	必要経費等ⓑ	所得金額（ⓐ－ⓑ）
給与所得 (1)	500,000		（注）0
事業所得 (2)			
雑所得 (3)			
配当所得 (4)			
不動産所得 (5)			
退職所得 (6)			
(1)～(6)以外の所得 (7)			
(1)～(7)の合計額			0

⇒上記の※2欄に転記してください。

（注）給与所得の「所得金額」の計算に当たっては、裏面の「3 所得の区分」の【Ⅰ給与所得】を参考にしてください。

控除額の計算

区分Ⅰ ＼ 区分Ⅱ	①	②	③	④ 85万円超90万円以下	90万円超95万円以下	95万円超100万円以下	100万円超105万円以下	105万円超110万円以下	110万円超115万円以下	115万円超120万円以下	120万円超123万円以下
A	480,000円	380,000円	380,000円	360,000円	310,000円	260,000円	210,000円	160,000円	110,000円	60,000円	30,000円
B	320,000円	260,000円	260,000円	240,000円	210,000円	180,000円	140,000円	110,000円	80,000円	40,000円	20,000円
C	160,000円	130,000円	130,000円	120,000円	110,000円	90,000円	70,000円	60,000円	40,000円	20,000円	10,000円
摘要	配偶者控除			配偶者特別控除							

配偶者控除の額　380,000 円
配偶者特別控除の額　円

※「配偶者控除の額」又は「配偶者特別控除の額」については、左の表を参考に記載してください。

○この申告書の記載に当たっては、裏面の説明をお読みください。

出してもらうことが必要です。年末調整のタイミングで翌年の申告書を提出してもらうのが一般的です。

②の給与所得者の配偶者控除等申告書は、所得者本人の合計所得金額や配偶者の合計所得金額を記入することで、配偶者控除額及び配偶者特別控除額を求めることができます。

③の給与所得者の保険料控除申告書では、生命保険料控除や地震保険料控除などを行います。生命保険会社などの証明書類を添付してもらう必要があります。計算間違いや記入漏れがないようにします。④の住宅借入金等特別控除申告書は、労働者本人に税務署から郵送されてきますので、対象者に提出を依頼しましょう。

⑤の前職の源泉徴収票は、中途採用者で前職に収入がある場合に必要です。提出がないと年末調整ができないので、早めに労働者へ提出を促しましょう。

⑥の給与所得・退職所得に対する源泉徴収簿ですが、給与計算を行うつど、この源泉徴収簿に支給日、支給額、社会保険料等の額、源泉所得税の額を記入します。⑦は、支払いがあった場合、各自治体から送付されてきます。⑧や⑨は、各税務署で年末調整の書類として入手しておきます。

⑩の給与所得・退職所得等の所得税徴収高計算書により、毎月の給与等の支払年月日、人員（人数）、支給額、税額などを税務署に報告します。年末調整による不足税額や超過税額がある場合には、算出税額から「年末調整による不足税額」または「年末調整による超過税額」を加減算して納付税額を計算します。作成した計算書は、納付書の役割を兼ねており、納付金額と併せて金融機関の窓口などへ提出します。納めるべき税額がない場合も所轄の税務署へ提出します。

給与所得者の保険料控除申告書

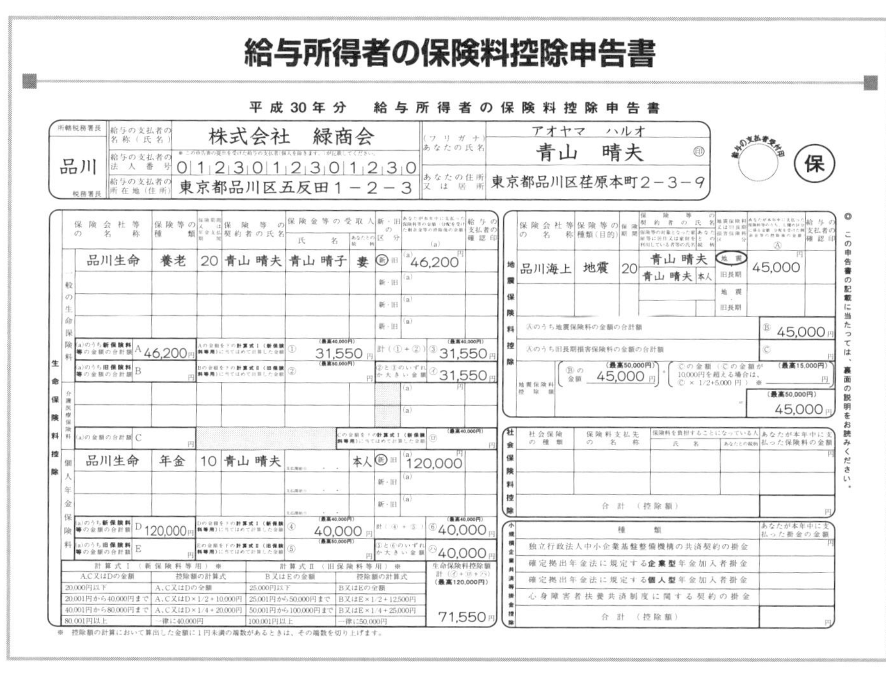

平成30年分　給与所得者の保険料控除申告書

所轄税務署長	給与の支払者の名称（氏名）	株式会社　緑商会	（フリガナ）あなたの氏名	アオヤマ　ハルオ 青山　晴夫　㊞
品川 税務署長	給与の支払者の法人番号	0123012301230		
	給与の支払者の所在地（住所）	東京都品川区五反田１－２－３	あなたの住所又は居所	東京都品川区荏原本町２－３－９

給与の支払者受付印　（保）

生命保険料控除

区分	保険会社等の名称	保険等の種類	保険期間又は年金支払期間	保険等の契約者の氏名	保険金等の受取人 氏名	あなたとの続柄	新・旧の区分	あなたが本年中に支払った保険料等の金額（分配を受けた剰余金等の控除後の金額）(a)
一般の生命保険料	品川生命	養老	20	青山 晴夫	青山 晴子	妻	㊎・旧	46,200円
							新・旧	
							新・旧	
							新・旧	

(a)のうち新保険料等の金額の合計額 A 46,200円	Aの金額を下の計算式Ⅰ（新保険料等用）に当てはめて計算した金額 ① 31,550円	計（①＋②）③ 31,550円（最高40,000円）
(a)のうち旧保険料等の金額の合計額 B 円	Bの金額を下の計算式Ⅱ（旧保険料等用）に当てはめて計算した金額 ② 円（最高50,000円）	②と③のいずれか大きい金額 ④ 31,550円

介護医療保険料：(a)の金額の合計額 C 円　Cの金額を下の計算式Ⅰ（新保険料等用）に当てはめて計算した金額 ㋺ 円（最高40,000円）

区分	保険会社等の名称	保険等の種類	年金支払期間	保険等の契約者の氏名	支払開始日	あなたとの続柄	新・旧の区分	(a)
個人年金保険料	品川生命	年金	10	青山 晴夫		本人	㊎・旧	120,000円
							新・旧	
							新・旧	

(a)のうち新保険料等の金額の合計額 D 120,000円	Dの金額を下の計算式Ⅰ（新保険料等用）に当てはめて計算した金額 ④ 40,000円（最高40,000円）	計（④＋⑤）⑥ 40,000円（最高40,000円）
(a)のうち旧保険料等の金額の合計額 E 円	Eの金額を下の計算式Ⅱ（旧保険料等用）に当てはめて計算した金額 ⑤ 円（最高50,000円）	⑤と⑥のいずれか大きい金額 ㋩ 40,000円

計算式Ⅰ（新保険料等用）※ A,C又はDの金額	控除額の計算式	計算式Ⅱ（旧保険料等用）※ B又はEの金額	控除額の計算式
20,000円以下	A,C又はDの全額	25,000円以下	B又はEの全額
20,001円から40,000円まで	A,C又はD×1/2＋10,000円	25,001円から50,000円まで	B又はE×1/2＋12,500円
40,001円から80,000円まで	A,C又はD×1/4＋20,000円	50,001円から100,000円まで	B又はE×1/4＋25,000円
80,001円以上	一律に40,000円	100,001円以上	一律に50,000円

生命保険料控除額 計（㋑＋㋺＋㋩）（最高120,000円）71,550円

※　控除額の計算において算出した金額に１円未満の端数があるときは、その端数を切り上げます。

地震保険料控除

保険会社等の名称	保険等の種類（目的）	保険期間	保険等の契約者の氏名	保険等の対象となった家屋等に居住又は家財を利用している者等の氏名	あなたとの続柄	地震保険料又は旧長期損害保険料区分	あなたが本年中に支払った保険料等のうち、左欄の区分に係る金額 Ⓐ
品川海上	地震	20	青山 晴夫	青山 晴夫	本人	㊞地震・旧長期	45,000円
						地震・旧長期	

Ⓐのうち地震保険料の金額の合計額 Ⓑ 45,000円
Ⓐのうち旧長期損害保険料の金額の合計額 Ⓒ 円
地震保険料控除額：Ⓑの金額 45,000円（最高50,000円）＋ Ⓒの金額（Ⓒの金額が10,000円を超える場合は、Ⓒ×1/2＋5,000円）※ 円（最高15,000円）＝ 45,000円（最高50,000円）

社会保険料控除

社会保険の種類	保険料支払先の名称	保険料を負担することになっている人 氏名	あなたとの続柄	あなたが本年中に支払った保険料の金額
合計（控除額）				円

小規模企業共済等掛金控除

種類	あなたが本年中に支払った掛金の金額
独立行政法人中小企業基盤整備機構の共済契約の掛金	円
確定拠出年金法に規定する企業型年金加入者掛金	
確定拠出年金法に規定する個人型年金加入者掛金	
心身障害者扶養共済制度に関する契約の掛金	
合計（控除額）	円

○ この申告書の記載に当たっては、裏面の説明をお読みください。

給与所得・退職所得等の所得税徴収高計算書（一般分）

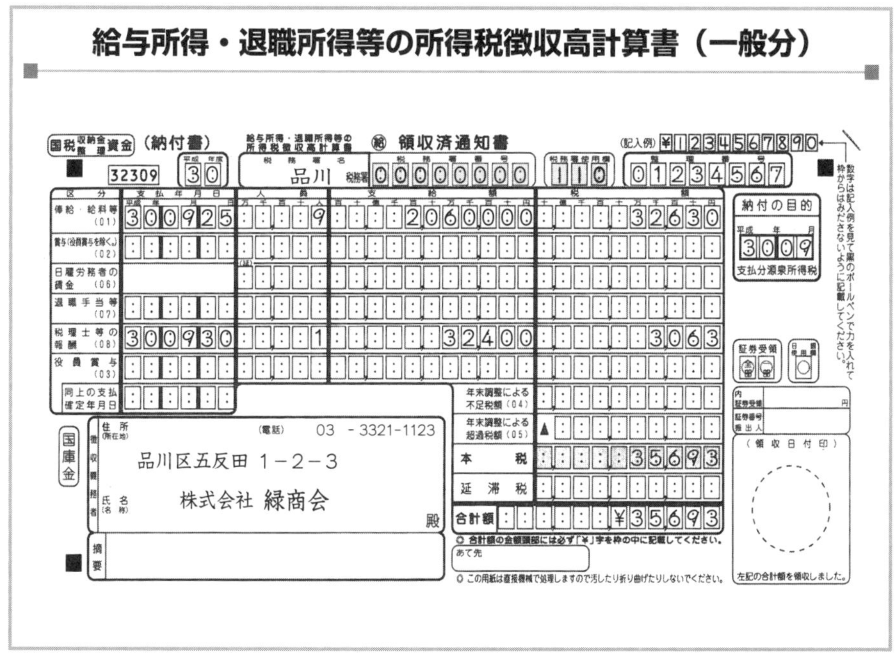

国税 収納金整理資金（納付書）　給与所得・退職所得等の所得税徴収高計算書　㊕ 領収済通知書

（記入例）¥1234567890

32309　年度 30　税務署名 品川 税務署　税務署番号 0000000　税務署使用欄 110　整理番号 01234567

数字は記入例を見て黒のボールペンで力を入れて枠からはみださないように記載してください。

区分	支払年月日	人員	支給額	税額
俸給・給料等（01）	300925	9	2060000	32630
賞与（役員賞与を除く。）（02）				
日雇労務者の賃金（06）				
退職手当等（07）				
税理士等の報酬（08）	300930	1	32400	3063
役員賞与（03）				
同上の支払確定年月日				

年末調整による不足税額（04）	
年末調整による超過税額（05）	▲
本税	35693
延滞税	
合計額	¥35693

納付の目的：平成30年09月　支払分源泉所得税

証券受領　日銀使用欄

徴収義務者　住所（所在地）品川区五反田 1－2－3　（電話）03－3321-1123
氏名（名称）株式会社 緑商会　殿

国庫金

摘要

○ 合計額の金額頭部には必ず「¥」字を枠の中に記載してください。

あて先

○ この用紙は直接機械で処理しますので汚したり折り曲げたりしないでください。

（領収日付印）

左記の合計額を領収しました。

PART6
4

年末調整の実務

年末調整の仕方を知る

一人ひとりの事情にあわせて正しい年税額を計算する

■ 源泉徴収簿に記入する

ここでは、源泉徴収簿（193ページ）の例をもとに実際に年末調整の計算をやってみることにしましょう。

まず、源泉徴収簿の左側の欄の月々の給与額などを記載します。月々の給与額などの金額は賃金台帳から転記しますが、通勤費（通勤手当）の取扱いに注意しましょう。賃金台帳では、通勤費も職務手当や家族手当などの手当と同じように記入してありますが、通勤費のうち非課税の部分（183ページ欄外）は源泉徴収簿の給与の額に含めません。

次に、源泉徴収簿の「社会保険料等の控除額」の欄にその月に控除した社会保険料（健康保険、厚生年金保険、厚生年金基金、介護保険、雇用保険の保険料または掛金）の額の合計額を記入します。

■ 最後に支払う給与に対する税額計算の方法

算出税額の欄は、その月に控除した源泉所得税額を記入します。その際、12月分については、所得税を控除した上で年末調整を行うことになりますが、本年の最後に支払う給与に対する税額計算を省略して年末調整を行う方法も認められています。源泉徴収簿の例は、税額計算を省略しない方法をとっているため、12月の算出税額欄と㉔欄に金額（5,740円）が記入されています。仮に、12月分の税額計算を省略して年末調整を行った場合は、これらの欄はどちらも空欄になります。

この例の場合、還付額が発生していますので、社会保険料等

源泉徴収簿の過不足の記入のタイミング

年末調整による還付額や不足額の計算は、まずは源泉徴収簿の右側で年税額を計算してからである。実務上、ミスを防ぐためにも、過不足額の記入は、年税額のチェックを済ませた上で最後に行うとよい。

源泉徴収簿

正確には、給与所得に対する所得税源泉徴収簿という。
源泉徴収簿は労働者ごとに1枚作成する。このため、一人別源泉徴収簿と呼ぶこともある。必要な書類を集めた後、労働者の住所・氏名などを正確に記入する。

年末調整のための所得税額の速算表

課税給与所得金額	税額
195万円以下	（A）×5％
195万円超　330万円以下	（A）×10％－97,500円
330万円超　695万円以下	（A）×20％－427,500円
695万円超　900万円以下	（A）×23％－636,000円
900万円超　1,742万円以下	（A）×33％－1,536,000円

＊1　課税給与所得金額に1,000円未満の端数があるときは、これを切り捨てる
＊2　課税給与所得金額が1,742万円を超える場合は、年末調整の対象とならない（確定申告をする）

控除後の給与等の金額（314,142円）に還付額（35,563円）を加え、12月分の算出税額（5,740円）を引いた額（343,965円）が労働者に支払うべき金額になります。逆に不足額が生じた場合は、その分を12月の給与額から控除して労働者に給与を支払います。

12月分の税額計算の省略
12月分の給与（本年最後に支払う給与）では所得税額を控除せず、12月分の給与計算と同時に年末調整をすることができる。

■ 年税額を計算する

源泉徴収簿の右側の扶養控除等の申告の欄は「給与所得者の扶養控除等（異動）申告書」をもとにして記入します。扶養控除などの該当項目に丸をつけて、必要があれば人数を書き込みます。次に年末調整の欄を見ていきましょう。

・①～⑨欄

上の方の①、③、④、⑥の額は源泉徴収簿の左側の①、③、④、⑥と対応していますので、それぞれ転記します。⑦、⑧の「計」も記入します。⑨の給与所得控除後の給与等の金額は、「年末調整等のための給与所得控除後の給与等の金額の表」を使って算出します。この表の給与等の金額の欄で、上の⑦の金額（5,870,000円）が当てはまるところを探すと、5,868,000円以上5,872,000円未満が該当しますから、給与所得控除後の給与等

給与所得控除後の給与等の金額
本書では掲載していないが、「年末調整等のための給与所得控除後の給与等の金額の表」という資料を使用して金額を求めることになる。

の金額4,154,400円を⑨に記入すればよいことがわかります。

・**⑩〜⑲欄**

⑩の給与等からの控除分は左側の②と⑤の合計額になります。⑪は給与などから控除された社会保険料以外に自身で国民健康保険（税）や国民年金を支払った場合に記入します。

⑫は労働者から提出してもらった保険料控除申告書とそれに貼付（または添付）された小規模企業共済の掛金の控除証明書（はがきなどによる通知）によって確認します。

同じように⑬、⑭も証明書を確認して算出した額を記入します。その右側にある配偶者の合計所得金額などの金額もそれぞれの申告書から転記します。

⑮と⑯の控除額を計算して記入します。例の場合は、「配偶者１人、一般扶養親族１人」を想定しており、⑮欄に配偶者控除380,000円、⑯欄に一般の扶養控除380,000円と基礎控除380,000円を合わせ、⑯欄に760,000円を記入することになります。

所得控除額をすべて記入した後に、⑰の合計額を計算します。

⑱は上の⑨から⑰を差し引いた金額で、この金額に対して税率を掛けて税額を算出することになります。

⑱までできたら、①〜⑰までの項目で計算ミスなどをしていないか再度確認します。

⑲の算出所得税額は、⑱の額をもとに、「年末調整のための所得税額の速算表」（前ページ図）によって求めます。事例の場合、2,060,000円は「195万円超　330万円以下」に該当しますので、計算式に当てはめると、108,500円が⑲になります。

⑪欄の記載金額の確認

国民年金については、その年分で支払いがあった場合、各自治体から支払証明書が送付されてくるので、それを確認する。国民健康保険については、証明書類は送付されないため、事前に納付済額を確認しておく。これらの社会保険料は、生計を一にする配偶者や家族の負担すべき分を支払ったときも対象になる。

■ 還付金額または追徴金額を割り出す

算出所得税額の算定後、⑳欄以降の必要な箇所に記入し、還付金額または追徴金額を求めます。

住宅借入金等特別控除（住宅ローン控除）額がある場合は、⑳に記入します。事例では住宅借入金等特別控除額はありませ

給与所得に対する源泉徴収簿

平成30年分 給与所得・退職所得に対する源泉徴収簿

✓甲欄（○で囲まれている）・乙欄

所属	営業課	職名	営業職員	住所	(郵便番号 142－0063) 東京都品川区荏原本町2−3−9	氏名	(フリガナ) アオヤマ ハルオ 青山 晴夫 (生年月日 昭和 52年 9月16日)	整理番号	03

区分	月区分	支給月日	総支給金額	社会保険料等の控除額	社会保険料等控除後の給与等の金額	扶養親族等の数	算出税額	年末調整による過不足税額	差引徴収税額
給料・手当等	1	1 25	362,000円	51,864円	310,136円	2人	5,490円	円	5,490円
	2	2 26	362,000	51,864	310,136	2	5,490		5,490
	3	3 26	362,000	51,864	310,136	2	5,490		5,490
	4	4 25	366,000	51,858	314,142	2	5,740		5,740
	5	5 25	366,000	51,858	314,142	2	5,740		5,740
	6	6 25	366,000	51,858	314,142	2	5,740		5,740
	7	7 25	366,000	51,858	314,142	2	5,740		5,740
	8	8 24	366,000	51,858	314,142	2	5,740		5,740
	9	9 25	366,000	51,858	314,142	2	5,740		5,740
	10	10 25	366,000	51,858	314,142	2	5,740		5,740
	11	11 26	366,000	51,858	314,142	2	5,740		5,740
	12	12 25	366,000	51,858	314,142	2	5,740	過納 ▲35,563	▲29,823
	計		①4,380,000	②622,314	3,757,686		③68,130		
賞与等	7	7 31	660,000	95,040	564,960	2	(税率 6.126%) 34,609		34,609
	12	12 10	830,000	119,520	710,480	2	(税率 6.126%) 43,524		43,524
							(税率 %)		
							(税率 %)		
	計		④1,490,000	⑤214,560	1,275,440		⑥78,133		

前年の年末調整に基づき繰り越した過不足税額　円

同上の税額につき還付又は徴収した月区分	月別	還付又は徴収した税額	差引残高	月別	還付又は徴収した税額	差引残高
	月	円	円	月	円	円

扶養控除等の申告（○有）・無

申告の有無	源泉控除対象配偶者	一般の控除対象扶養親族	特定扶養親族	老人扶養親族 同居老親等	老人扶養親族 その他	障害者等（該当するものを○で囲んでください。）	従たる給与から控除する源泉控除対象配偶者と控除対象扶養親族の合計数	配偶者の有無
当初	（○有）・無	1人	人	人	人	・一般の障害者 本人・配・扶（ 人）・特別障害者 本人・配・扶（ 人）・同居特別障害者 配・扶（ 人）・寡婦 特別の寡婦 寡夫 勤労学生	当初 人	（○有）・無
月 日	有・無	人	人	人	人		月 日 人	
月 日		人	人	人	人			

年末調整 区分		金額	税額
給料・手当等		①4,380,000円	③68,130
		④1,490,000	⑥78,133
計		⑦5,870,000	⑧146,263
給与所得控除後の給与等の金額		⑨4,154,400	配偶者の合計所得金額（0円）
社会保険料等控除額	給与等からの控除分(②+⑤)	⑩836,874	旧長期損害保険料支払額（ 円）
	申告による社会保険料の控除分	⑪0	
	申告による小規模企業共済等掛金の控除分	⑫0	⑩のうち小規模企業共済等掛金の金額（ 円）
生命保険料の控除額		⑬71,550	
地震保険料の控除額		⑭45,000	⑪のうち国民年金保険料等の金額（ 円）
配偶者（特別）控除額		⑮380,000	
扶養控除額、基礎控除額及び障害者等の控除額の合計額		⑯760,000	
所得控除額の合計額(⑩+⑪+⑫+⑬+⑭+⑮+⑯)		⑰2,093,424	
差引課税給与所得金額(⑨-⑰)及び算出所得税額		⑱(1,000円未満切捨て) 2,060,000	⑲108,500
(特定増改築等)住宅借入金等特別控除額			⑳
年調所得税額(⑲-⑳、マイナスの場合は0)			㉑108,500
年調年税額(㉑×102.1%)			㉒(100円未満切捨て) 110,700
差引（○超過額）又は不足額(㉒-⑧)			㉓35,563
超過額の精算	本年最後の給与から徴収する税額に充当する金額		㉔5,740
	未払給与に係る未徴収の税額に充当する金額		㉕
	差引還付する金額(㉓-㉔-㉕)		㉖29,823
	同上のうち 本年中に還付する金額		㉗29,823
	同上のうち 翌年において還付する金額		㉘
不足額の精算	本年最後の給与から徴収する金額		㉙
	翌年に繰り越して徴収する金額		㉚

んので、108,500円が年調所得税額となります（㉑欄）。この108,500円に復興特別所得税を加えて端数処理をした110,700円が年調年税額になります（㉒欄）。

そのため、月々の給与などから源泉徴収した所得税額146,263円（⑧欄）と110,700円の差額35,563円（㉓欄）は徴収しすぎたものということになります。したがって、35,563円から本年最後の給与から徴収する税額に充当する金額5,740円を引いた29,823円（㉖欄）を従業員に還付することになります。

PART6
5

年末調整の仕方を知る

源泉徴収票の作成

1枚は必ず本人に交付する

■ 年末調整終了後に税務署に提出する書類がある

年末調整終了後に行う仕事について見ていきましょう。

まず、労働者ごとの給与支払報告書を作成しなければなりません。給与支払報告書と源泉徴収票は年末調整の結果、確定した税額その他について記載したもので、4枚のものと3枚のものがあります。いずれも1枚目と2枚目が給与支払報告書で、3枚目以降が源泉徴収票になっており、源泉徴収票のうちの一枚は労働者本人に交付します。

■ 源泉徴収票の提出

給与支払報告書は翌年の1月31日までに各市区町村（税務署）に提出しなければなりません。また、源泉徴収票の提出の流れは、税務署に提出しなければならない人とそうでない人で異なります。源泉徴収票を税務署に提出しなくてもよいのは、次のような場合です。

① 年末調整をした年分の給与金額が500万円以下のとき

② 「給与所得者の扶養控除等（異動）申告書」を提出したが、その年中に退職したために年末調整をしなかった人で、その年分の給与金額が250万円以下（法人の役員については50万円以下）のとき

③ 弁護士、公認会計士、税理士などに給与などを支払い年末調整をした場合にその年分の給与金額が250万円以下のとき

④ 年末調整をした年分の報酬（給与）で法人の役員に対して支払った報酬（給与）額が150万円以下のとき

給与支払報告書
勤務するすべての従業員に対して前年中に支払った給与額を記入し、従業員が1月1日現在に居住する地域の自治体に向けて提出する書類。総括表と個人別明細書（給与支払報告書）を提出する。

源泉徴収票
毎年1月～12月までの一年間に支払った給与額や税金、社会保険、退職所得額などを従業員ごとに記載した書類。年末調整後に2通作成し、それぞれ税務署・従業員へ渡される。なお、源泉徴収票は退職時に従業員向けに発行され、新たな就職先へ提出することになる。

扶養控除等申告書
給与を受け取った従業員が、その給与額に対して扶養控除や配偶者控除などの控除を受けるために提出する書類。年末調整や確定申告の際に必要になる。

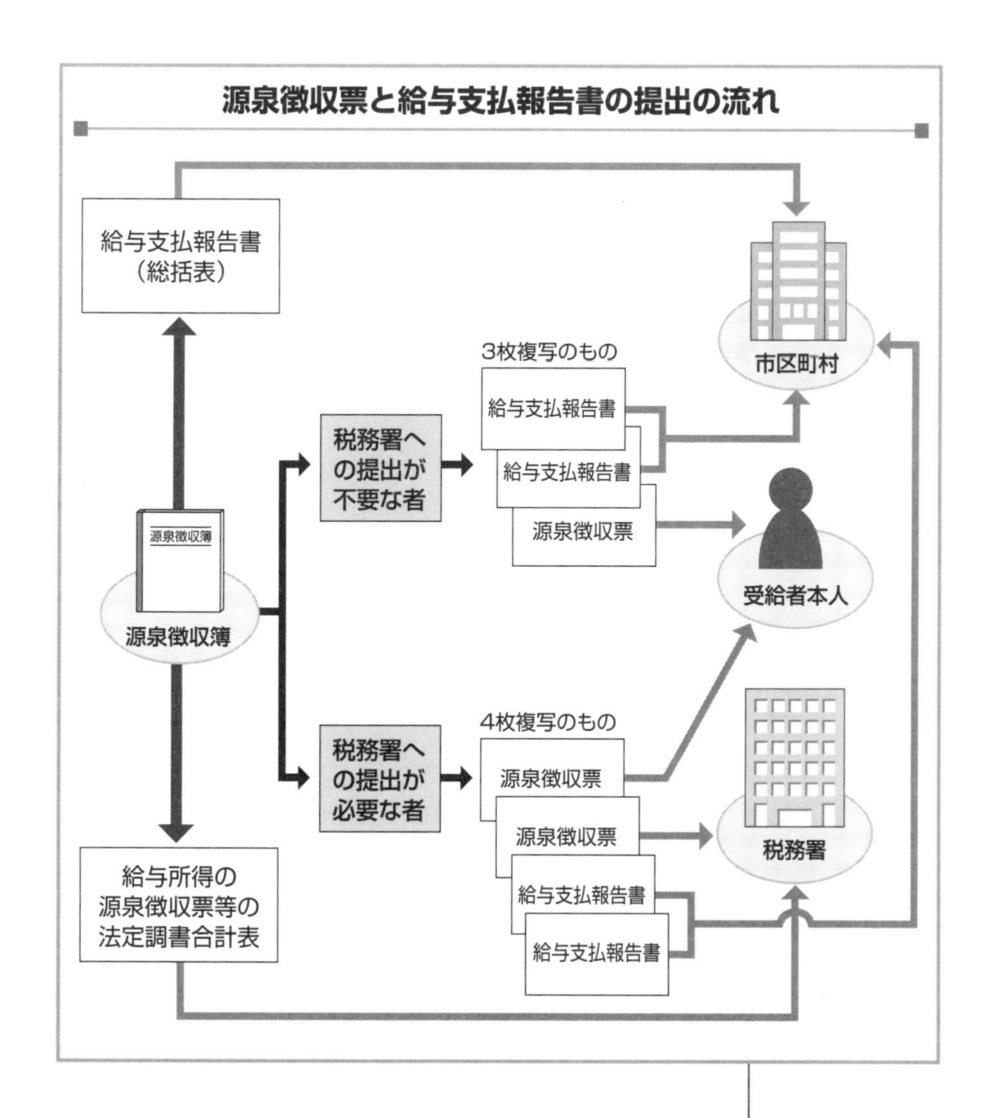

⑤　扶養控除等申告書を提出しない人に支払った給与で、その年分の給与金額が50万円以下のとき

また、給与支払報告書などの提出の他、もう１つの仕事として、12月に預かった源泉所得税や年末調整をして預かった源泉所得税を税務署に納付する仕事があります。

資料 給与支払報告書と源泉徴収票

品川区提出用　総括表　兼　普通徴収切替理由書

平成30年度(29年分) 給与支払報告書 (総括表)

追加・訂正・削除

平成30年1月31日までに提出してください。

平成 30 年 1 月 23 日提出

指定番号	12345	区分	※

法人番号(又は個人番号)	0	1	2	3	0	1	2	3	0	1	2	3	0	提出区分	(年間分)・退職者分

郵便番号	141 − 0000
給与支払者所在地	東京都品川区五反田1−2−3
税額通知書送付先	東京都品川区五反田1−2−3
フリガナ	カブシキガイシャミドリショウカイ
名称(氏名)	株式会社 緑商会
代表者の職氏名印	代表取締役 鈴木 太郎
連絡者の係・氏名電話番号	代表取締役 鈴木 太郎
会計事務所等の名称	電話番号 03 − 3321 − 1123

給与支払方法／期日	20日締25日払
事業種目	衣料品小売業
受給者総人員	9
品川区への報告人員 特別徴収(給与天引)	9
品川区への報告人員 普通徴収(個人納付)	
品川区への報告人員 合計	9
納入書の送付	①. 必要 2. 不要
特普区分	※

「※」欄は記入しないでください。

〜『普通徴収』に該当する受給者がいる場合の注意事項〜

①下記「普通徴収該当理由書」の「人数」欄を記入してください。

②「個人別明細書」の「摘要」欄に「普通徴収切替理由書」の『符号(普A〜F)』を記入してください。

③別紙「普通徴収仕切紙」の下に「個人別明細書(普通徴収分)」を綴ってください。

普通徴収切替理由書

符号	普通徴収該当理由	人数
普A	総従業員数(受給者総人員)が2人以下	名
普B	他の事業所で特別徴収(乙欄該当者)	名
普C	給与が少なく税額が引けない	名
普D	給与の支払が不定期	名
普E	事業専従者(個人事業主のみ対象)	名
普F	退職又は退職予定者(5月末日まで)及び休職者	名
普通徴収分 合計		名

平成 30 年分　給与所得の源泉徴収票

支払を受ける者	住所又は居所	東京都品川区荏原本町2-3-9	(受給者番号) 03
			(個人番号)
			(役職名)
			氏名 (フリガナ) アオヤマ　ハルオ
			青山　晴夫

種別	支払金額	給与所得控除後の金額	所得控除の額の合計額	源泉徴収税額
給与・賞与	内 5 870 000 円	4 154 400 円	2 093 424 円	内 110 700 円

(源泉)控除対象配偶者の有無等		老人	配偶者(特別)控除の額	控除対象扶養親族の数(配偶者を除く。) 特定		老人			その他		16歳未満扶養親族の数	障害者の数(本人を除く。) 特別		その他	非居住者である親族の数
有	従有		千 円	人	従人	内	人	従人	人	従人	人	内	人	人	人
○			380000						1						

社会保険料等の金額	生命保険料の控除額	地震保険料の控除額	住宅借入金等特別控除の額
内 836 874 円	71 550 円	45 000 円	千 円

(摘要)

生命保険料の金額の内訳	新生命保険料の金額	円	旧生命保険料の金額	円	介護医療保険料の金額	円	新個人年金保険料の金額	円	旧個人年金保険料の金額	円

住宅借入金等特別控除の額の内訳	住宅借入金等特別控除適用数		居住開始年月日(1回目)	年　月　日	住宅借入金等特別控除区分(1回目)		住宅借入金等年末残高(1回目)	円
	住宅借入金等特別控除可能額	円	居住開始年月日(2回目)	年　月　日	住宅借入金等特別控除区分(2回目)		住宅借入金等年末残高(2回目)	円

(源泉・特別)控除対象配偶者	(フリガナ) アオヤマ　ハルコ	区分	配偶者の合計所得	国民年金保険料等の金額	旧長期損害保険料の金額
	氏名 青山　晴子	○	円	円	円
	個人番号				

控除対象扶養親族		区分	16歳未満の扶養親族		区分	(備考)
1	(フリガナ) アオヤマ　イチロウ 氏名 青山　一郎 個人番号		1	(フリガナ) 氏名		
2	(フリガナ) 氏名 個人番号		2	(フリガナ) 氏名		
3	(フリガナ) 氏名 個人番号		3	(フリガナ) 氏名		
4	(フリガナ) 氏名 個人番号		4	(フリガナ) 氏名		

未成年者	外国人	死亡退職	災害者	乙欄	本人が障害者 特別	その他	寡婦 一般	特別	寡夫	勤労学生	中途就・退職 就職	退職	年	月	日	受給者生年月日 明	大	昭	平	年	月	日
																		○		52	9	16

(税務署提出用) 支払者	個人番号又は法人番号	0 1 2 3 0 1 2 3 0 1 2 3 0 (右詰で記載してください。)
	住所(居所)又は所在地	東京都品川区五反田1-2-3
	氏名又は名称	株式会社　緑商会　(電話) 03 - 3321 - 1123

整理欄		

375

Column

年末調整が給与支給に間に合わないとき

労働者の給与から毎月毎月、会社側は源泉徴収税額表上の該当する税額をあらかじめ控除します。これが源泉徴収です。年末調整は、毎月源泉徴収された税額を正確な税額に清算する業務のことです。一般的には、12月に支給される給与あるいは賞与で過不足税額の清算を行います。これを「給与年調」や「賞与年調」といいます。しかし、会社によっては、毎月10日が給与支払日で、それ以降に賞与の支払いがないという場合、その給与支給日に年末調整をすべて計算し終えることが難しいというようなこともあります。このような場合は、「単独年調」という方法で年末調整を行います。

単独年調とは、12月の最終支払の給与もしくは賞与の計算では通常通り源泉徴収をしておいて、12月末までに支給する給与や賞与をすべて確定した後で、単独で年末調整を行うものです。

還付額が生じた場合は、現金で支給したり、1月の給与支払分に上乗せして支給します。単独年調では、一般的に年末に現金や振込で労働者に直接還付を行いますので、いったいいくら還付されているかを把握しやすいという特徴があります。一方で、徴収額がある場合は、現金で徴収したり、1月の給与支払分で控除することになります。

海外支店などに転勤となり日本の非居住者となった人や死亡退職した人などは、年の途中であっても単独年調を行います。ただし、年の途中で行う場合でも、法改正情報を考慮して行う必要がありますので、給与担当者は注意が必要です。

給与年調や単独年調は、あくまで年末調整で清算された過不足税額の還付、徴収を行う運用方法の違いですから、両者の方法によって、最終的に労働者が負担する所得税額に違いがあるわけではありません。

PART 7

社会保険事務にかかわるその他の知識

PART7
1

社会保険事務にかかわるその他の知識

妊娠中、産前産後の保護制度

働く女性すべてに認められる権利

■ 労働基準法の保護規定

労働基準法は、妊産婦（妊娠中の女性と産後1年を経過しない女性）と胎児の心身の健康を守るため、産前産後の休業期間とその後30日間は解雇を禁止し、また、出産後の母体の健康回復や育児などを考慮した職場環境づくりを義務付けています。

労働基準法上の出産

労働基準法でいう「出産」とは、妊娠4か月以上の分娩を意味する（死産・流産を含む）。

■ 就業制限など

妊産婦が危険有害業務などに就業することによって、流産などの危険が増すため、トンネル内での工事などの坑内業務については、申し出の有無を問わず、妊娠中の女性を従事させることができません。また、産後1年を経過しない女性が申し出れば、その女性を坑内業務に従事させることはできません。

次に、重量物を取り扱う業務や有毒ガスが発生する場所での業務など、妊娠・出産・保育に悪影響を及ぼす危険有害業務については、妊娠中の女性を従事させることができません。

さらに、妊娠中の女性が請求した場合、使用者は、その女性を現在の業務より軽易な業務に転換させなければなりません。

危険有害業務

産後1年を経過しない女性も、原則としては危険有害業務に従事させることができない。ただし、その女性から従事しないとの申し出がない限り、危険有害業務に従事させることができる業務もある。

■ 労働時間や休日などの制限

妊産婦が請求した場合、会社が変形労働時間制（96ページ）を採用していても、法定労働時間（1日8時間、1週40時間が原則）を超える労働をさせることはできません。同じく妊産婦が請求した場合、使用者は、時間外労働や休日労働をさせることや、深夜業に就業させることもできません。

産前産後休業

産前休業と産後休業では性質が異なり、就業規則で単に「産前産後あわせて14週間を産前産後の休業とする」と規定することはできない。なお、産前産後の休業中を有給とすることは義務付けられていない。

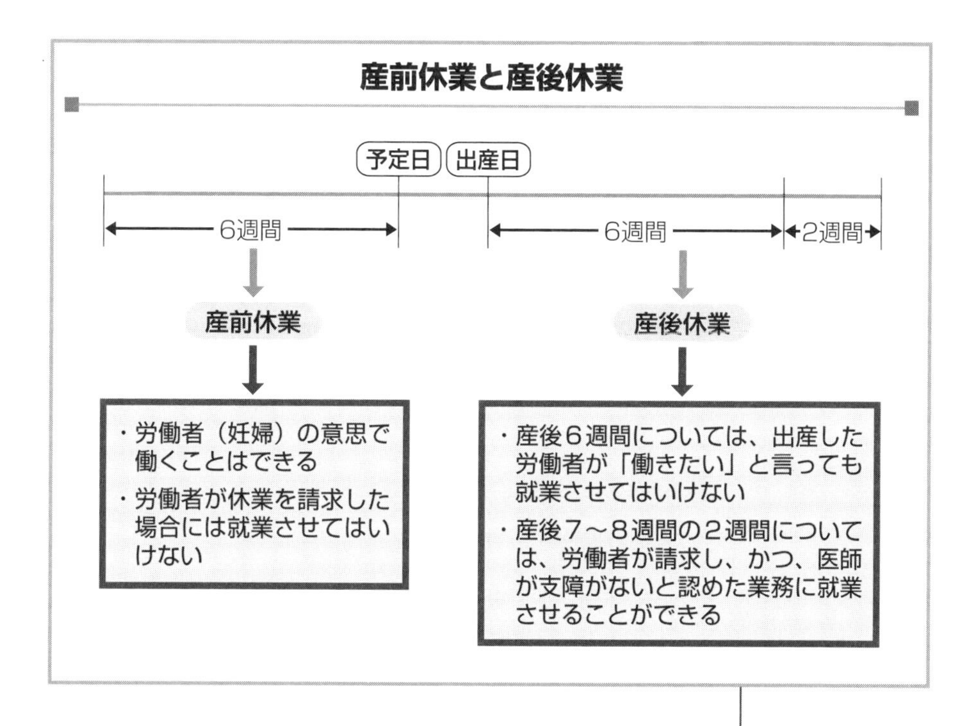

■ 産前産後休業・育児休業など

6週間（双子などの多胎妊娠の場合は14週間）以内に出産することが予定されている女性が産前休業を請求した場合、使用者は、その女性を就業させてはなりません。

その一方で、産後休業は出産日の翌日から8週間です。出産後8週間を経過するまで、使用者は、女性からの請求の有無にかかわらず就業させてはなりません。ただし、出産後6週間を経過した女性が就労したいと請求し、医師が支障ないと認めた業務に就業させることはできます。そして、産後休業に続く育児のための休業が育児休業と位置付けられます。

その他にも、生後1年に達しない生児を育てる女性は、1日2回各々少なくとも30分、法定の休憩時間とは別に、生児を育てるための時間（育児時間）を請求できます。

育児時間

育児時間はパートタイマーやアルバイトにも与えられる。ただし、1日の労働時間が4時間を下回る女性従業員から請求があった場合は、1日1回少なくとも30分の育児時間を与えればよい。育児時間中を有給とすることは義務付けられていない。「1日2回」という回数も、本人が請求に基づき、まとめて1日1回60分（育児時間を連続2回取得したものと扱う）とすることも可能である。

PART7
2

社会保険事務にかかわるその他の知識

年次有給休暇

全労働日の８割以上出勤すると有給休暇がとれる

■ 年次有給休暇とは

年次有給休暇とは、労働者が申し出て取得する休みのうち、給料（賃金）の支払いが保障されたものです。一般に「有給休暇」「年休」「有休」などと略して呼ばれます。労働基準法は年次有給休暇の積極的な活用を推進しています。

有給休暇の権利（年休権）は、①入社時から付与日まで（最初の有給休暇は入社時から６か月以上）継続して勤務していること、②付与日の直近１年（最初の有給休暇は入社時から６か月）の全労働日の８割以上出勤したこと、という２つの条件を満たすことで、定められた日数の有給休暇が自動的に付与されます。労働者が有給休暇を取得する際は「いつからいつまで有給休暇をとります」と具体的に休暇時期を使用者に申し出るだけで十分です。原則として労働者が使用者に申し出た日が、そのまま有給休暇の取得日になります（時季指定権）。

■ 有給休暇日数の決定方法

年次有給休暇は、労働者の継続勤務年数に応じて優遇されていく（日数が増えていく）システムになっています（労働基準法39条１項～３項）。前述した①②の要件を満たすと、最初の６か月を経過した段階で10日間の年次有給休暇が与えられ、１年６か月を経過すると11日、２年６か月で12日となり、１日ずつ増えていきます。そして３年６か月経過した段階から２日ずつ加算され、最大20日間与えられます。６年６か月を経過した時点で上限の20日に到達します（次ページ図）。

年次有給休暇の目的

年次有給休暇は、労働者が心身ともにリフレッシュし、新たな気持ちで仕事に向かっていけるようにすることにある。有給休暇をとるのは労働者の権利であり、使用者（会社は、労働者が安心して有給休暇を取得できるような職場環境を作らなければならない。

不利な取扱いの禁止

使用者は、労働者が有給休暇を取得したことを理由にして、賃金や査定で労働者にとって不利な取扱いをしてはいけない。

「全労働日の８割」の算出について

「全労働日の８割」を計算するにあたって、以下の場合は出勤したものとみなされる（労働基準法39条８項）。

① 業務上の負傷または疾病による療養のために休業した期間
② 産前産後の休業期間
③ 育児・介護休業法による育児休業・介護休業の期間
④ 有給休暇をとった日

有給休暇取得日数

労働日数 ＼ 継続勤務年数	0.5	1.5	2.5	3.5	4.5	5.5	6.5以上
①通常の労働者（週の所定労働時間が30時間以上の労働者）	10	11	12	14	16	18	20
②週の所定労働時間が30時間未満の労働者							
週の所定労働日数が4日または1年の所定労働日数が169日～216日までの者	7	8	9	10	12	13	15
週の所定労働日数が3日または1年の所定労働日数が121日～168日までの者	5	6	6	8	9	10	11
週の所定労働日数が2日または1年の所定労働日数が73日～120日までの者	3	4	4	5	6	6	7
週の所定労働日数が1日または1年の所定労働日数が48日～72日までの者	1	2	2	2	3	3	3

■ 基準日の設定と分割付与

入社日は労働者ごとに異なることも多く、個々の労働者に応じて休暇の付与を行うと、付与日数や消化日数の管理が複雑になります。そのため、年休を付与する「基準日」を設定し、管理上の負担を軽減する「斉一的取扱い」を取ることが認められています。また、新入社員など初年度の労働者については、法定の年次有給休暇の付与日数を一括して与えずに、その日数の一部を法定基準日（労働基準法に規定に基づいて年休が付与される日）以前に付与することもできます（分割付与）。

ただし、斉一的取扱いや分割付与をするためには、①年次有給休暇の付与要件である8割出勤の算定において、短縮された期間は全期間出勤したとみなすこと、②次年度以降の年次有給休暇の付与日も、初年度の付与日を法定基準日から繰り上げた期間と同じまたはそれ以上の期間を法定基準日より繰り上げること、という要件を満たすことが必要です。

有給休暇の時効

取得した有給休暇は、翌年に繰り越すことができるが、2年で時効消滅することに注意が必要である（労働基準法115条）。

なお、2018年成立の労働基準法改正で、10日以上の年休が付与されている労働者に対して、使用者は、法定基準日から１年以内に、時季を指定して５日以上の有給休暇を与えることが義務付けられました（斉一的取扱いによる基準日を設定している場合は、その基準日から１年以内に５日以上の有給休暇を与えることが必要です）。ただし、労働者の時季指定による有給休暇の日数分や計画年休の日数分については、使用者の時季指定義務が発生しません。

■ 半日、時間単位の有給休暇がある

使用者が有給休暇を与える場合は、１日単位で与えるのが原則です。しかし、たとえば半日単位の休暇についても、労使双方の合意があれば認められます。時間単位の有給休暇とは、労働者が時間単位で有給休暇を取得する制度のことです。時間単位の有給休暇の取得条件として、①労使協定を締結すること、②日数は年に５日以内とすること、③時間単位で取得することを労働者が希望していること、が必要です。

■ 使用者は時季変更権を行使できる

労働基準法は、労働者が請求した時季に有給休暇を与えると、事業の正常な運営に支障をきたす場合、使用者は他の時季に振り替えて与えることを認めています。これを時季変更権といいます。事業の正常な運営に支障をきたすかどうかは、労働者の所属する事業場を基準に、事業の規模・内容、当該労働者の担当する作業の内容・性質、作業の繁忙、代行者の配置の難易、他の年休請求者の存在など、総合的に考慮して判断します。

■ 計画年休を導入する際の注意点

年休は、労働者が自分の都合にあわせて休暇日を自由に指定できますが、例外的に年休のうち５日を超える分（たとえば、

年休を前倒しで付与する場合

前倒しで年休を付与する分、会社が全労働者に与える年休の日数が増えるので、斉一的取扱いや分割付与の導入は慎重に検討することが必要である。

時季変更権

判例の中には、会社の命令（時季変更命令）を無視して１か月の連続した有給休暇を取得した社員を解雇した事件で、会社の正当性を認め、解雇無効の訴えを退けたものがある。ただし、単に人手不足である、業務が忙しいという理由だけで、会社が時季変更権を行使することは許されない。

計画年休

計画年休の付与の方法は、①事業場全体の休業による一斉付与方式、②グループ別の付与方式、③年休付与計画表による個人別付与方式、の３つがある。計画年休を活用すると、使用者側は年休の日程を計画的に決めることができるというメリットがある一方、労働者側にとっても、忙しい場合や、年休を取得しにくい職場の雰囲気の中でも年休がとりやすくなり、年休の取得率が向上し、労働時間の短縮につながるというメリットがある。ただし、取得したい日を自由に有給休暇に指定できなくなるというデメリットもある点に注意が必要である。

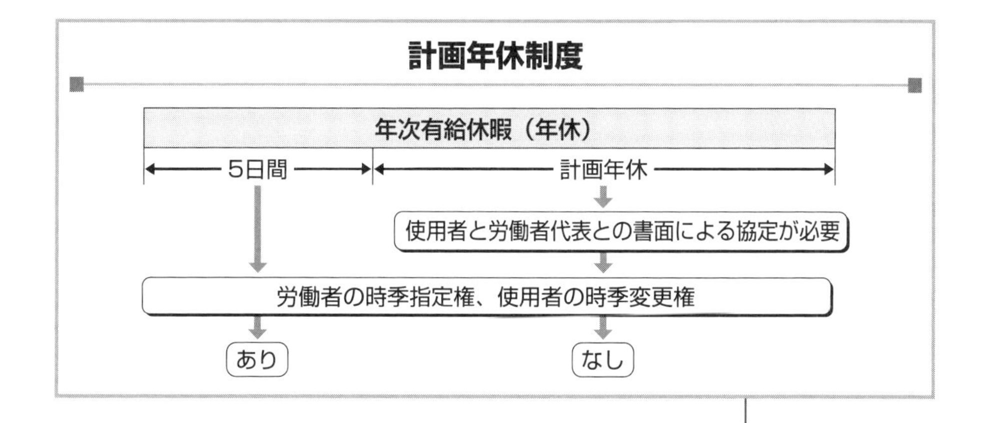

年休を13日取得する権利のある労働者は８日間）について、使用者が労働者個人の意思にかかわらず、労使協定で有給休暇の日を定めることができます。計画年休を導入するには、書面による労使協定の締結が必要ですが、労使協定の届出は不要です。労使協定で、年休の計画的付与を決めた場合、その決めた取得時季を、労働者・使用者ともに変更できません。

■ 年休の買上げができる場合

使用者が年休を労働者から買い上げる（労働者に金銭を支払う）ことで、労働者が有給休暇を取得したものとし、買い上げた分の年休の日数を減らして、労働者から請求された日数の有給休暇を取得させないことは、労働基準法違反になります。ただし、使用者が年休を買い上げたとしても、労働者にとって不利益が生じないので、例外的に許される場合もあります。

① 取得後２年が経過しても未消化の日数分
② 退職する労働者が退職する時点で使い切っていない日数分
③ 法定外に付与した日数分

休暇の付与日も、初年度の付与日を法定基準日から繰り上げた期間と同じまたはそれ以上の期間を法定基準日より繰り上げること、という要件を満たすことが必要です。

休職

使用者が行う一定期間の労働義務を免除する処分のことである

■ 休職とは

休職とは、労働者に一定の事由がある場合に、使用者が労働契約を維持した状態のまま、業務に就くことを免除または禁止することをいいます。

労働基準法に根拠があるわけではなく、各々の企業において労働協約や就業規則で定めるのが通常であり、認めているケースはさまざまです。業務外の負傷・疾病で長期間休業する場合の私傷病休職、私的な事故による事故休職、刑事事件により起訴された場合に社会的信用の維持や懲戒処分が決定されるまでの起訴休職、不正行為を働いた場合の懲戒休職、他社への出向に伴う自社での不就労に対応する出向休職、労働組合の役員に専念する場合の専従休職、海外留学や議員など公職への就任に伴う自己都合休職などがあります。

休職は、就業規則や労働協約などに基づいて、使用者が一方的意思表示により発令するケースが多いといえます。どのような場合に休職を発令できるかは、個々の企業によって異なります。

休職期間の満了時に休職事由が消滅していない場合の取扱いについては、就業規則で「自然退職とする」と定めている場合には自然（自動）退職となります。一方、「解雇とする」と定めている場合、解雇することができますが、解雇予告の手続き（212ページ）は必要です。

休職中は、無給であっても問題はありませんが、社会保険料は負担しなければなりません。保険料額も休職前の標準報酬月額に基づいて支払わなければならず、会社にとって負担となる

休職後の取扱い

休職期間中に休職事由がなくなれば、休職は終了して職場復職となる。また、休職期間が満了したときも職場復帰となる。いずれの場合も会社は理由なく復職を拒むことはできない。ただし、「会社が指定した医師の診断を受ける必要がある」という内容の規定を就業規則に明記し、診断書を参考に会社が復職の判断をすることは認められている。

規程の整備

復職をめぐっては労使間のトラブルが多いことから休職事由消滅の際の取扱い、休職期間満了後の取扱い（復職手続き、休職期間の延長、退職、解雇など）については、就業規則や私傷病休職取扱規程などで明確にしておくことが望ましいといえる。最近では、特に、精神疾患者の私傷病休職について、考慮された規定が重視されている。また、復職を支援するプログラムを整備する企業などもある。

休職の種類

私傷病休職	業務外の負傷・疾病で長期間休業する場合
事故休職	私的な事故による場合
起訴休職	刑事事件で起訴された社員を一定期間休職させる場合
懲戒休職	従業員が不正行為を働いた場合
出向休職	他社への出向に伴い、自社を休職する場合
専従休職	労働組合の役員に専念する場合
自己都合休職	海外留学や議員など公職への就任に伴う場合
ボランティア休職	ボランティア活動で休職する場合

ことも事実です。休職期間を決めるにはこれらも配慮しておく必要があります。

■ 原則無給だが例外もある

休職中の賃金の支払いについては、休職中は労務の提供はなく、休職事由も使用者に責任があるわけではないため、有給とするか無給とするか、休職期間を勤続年数に算入するかどうか、といった点については個々の休職のケースや企業ごとに定めることができます。一般的には「ノーワーク・ノーペイの原則」(122ページ) によって休職期間中の賃金を無給とするケースが多いようです。

なお、私傷病休職の場合、本人には休業４日目より健康保険から標準報酬日額 (28ページ欄外) の３分の２の金額に相当する傷病手当金 (業務外の事由により労務不能となった場合に支払われる健康保険の給付) が支払われます。ただし、私傷病休職中に、会社が本人の標準報酬日額の３分の２に相当する金額以上の賃金を支給した場合は、傷病手当金は不支給となります。

給与の支払いと傷病手当金

会社が支払った賃金が標準報酬日額の３分の２に満たない場合には標準報酬日額の３分の２に相当する金額と賃金との差額が支給されることになる。
たとえば、会社側が休職中の労働者に、１日あたり標準報酬日額の半分に相当する賃金を支給していた場合、３分の２との差額である標準報酬日額の６分の１（３分の２から２分の１を差し引いた分）に相当する金額が傷病手当金として支給される。結局、会社から支給される１日あたりの賃金が標準報酬日額の３分の２に相当する金額未満であれば、労働者の受け取る総額はほとんど変わらないということになる。

PART7
4

社会保険事務にかかわるその他の知識

休業手当

使用者の責任で従業員が就業できなかったときに支払われる

■ 休業手当とは

法律の規定に基づく休業について、その休業が使用者の責任により発生した場合、使用者は休業期間中、労働者に対し、その平均賃金（108ページ）の60％以上の手当を支払わなければなりません（労働基準法26条）。これを休業手当といいます。

しかし、休業は本来は労働義務がある時間内について発生するものですので、労働者が、労働に従事する義務を負わない休日とは、まったく異なる概念であることに注意が必要です。

休業手当の支払義務が発生する休業理由として、①工場の焼失、②機械の故障・検査、③原材料不足、④流通機構の停滞による資材入手難、⑤監督官庁の勧告による操業停止、⑥経営難による休業、⑦違法な解雇による休業などが挙げられます。

「60％」というのは、あくまで労働基準法に規定された最低額ですので、就業規則などによって60％を超える休業手当を支払うことを規定している場合は、その規定に従います。休業手当の支払いに際しては雇用調整助成金の利用を検討するのがよいでしょう。雇用調整助成金とは、経済上の理由による企業収益の悪化で、事業活動の縮小を迫られた事業主（使用者）が、労働者を一時的に休業、教育訓練または出向をさせた場合に、必要な手当や賃金等の一部を助成する制度のことです。

なお、休業手当支払義務は、使用者の合理的な理由のない違法な解雇（上記の⑦）についても適用されるため、解雇が無効となった場合、解雇期間中については平均賃金の60％以上の休業手当を労働者に保障しなければなりません。労働者が解雇期

民法上の使用者の責任による休業に関する規定

民法では、使用者の責任による休業の場合、労働者に「賃金全額」の請求権があると規定しているため、休業手当は労働者の権利を狭めているようにも見える。しかし、休業手当の不払いは刑事罰の対象となるため、最低60％を労働者に確保している点で重要な意味をもつ。また、「使用者の責任」となる事由についても、労働基準法は民法よりも広く認めている。

休業手当

休業手当も賃金に含まれるため、賃金支払いの５原則（40ページ）が適用される。

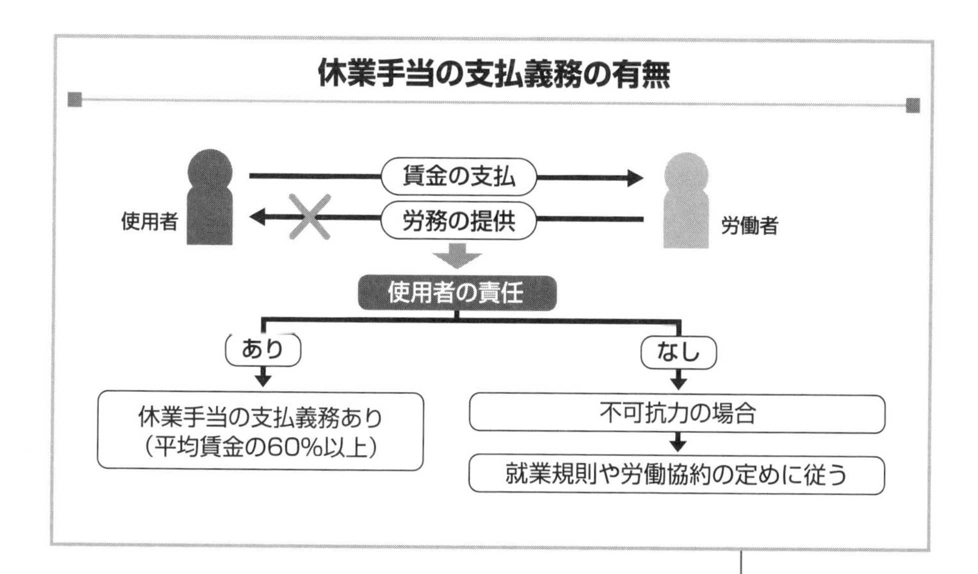

間中に他の職業に就き、給料など利益を得ていたとしても、使用者が控除できるのは、平均賃金の40%が上限です。

■ 派遣労働者の場合の休業手当

派遣中の労働者については、派遣元と派遣先が存在します。休業手当については、どちらで判断することになるのでしょうか。派遣労働者の場合、派遣先ではなく、雇用主である派遣元を「使用者」として、その帰責事由の有無が判断されます。

■ 1日の一部だけ休業した場合

1労働日が全休となった場合の他、1労働日の所定労働時間の一部が休業となった一部休業の場合も、休業手当の支払義務が生じます。休業手当は、1労働日についてまったく就労しなくても平均賃金の60%以上を保障するので、1労働日について就労した時間の割合で賃金が支払われたとしても、それが平均賃金の60%未満である場合は、60%との差額を休業手当として支払う必要があります。

休業の原因が不可抗力の場合

本文記載のように、休業手当が支払われるには「使用者の責めに帰すべき事由」が必要である。したがって、天災事変などの不可抗力に該当し、休業の帰責事由が労使どちらにもないときは、就業規則や労働協約などの定めに従うことになる。

解雇

客観的で合理的な理由がなく、社会通念上の相当性がない解雇は無効

退職と就業規則

退職に関する事項は、労働基準法により就業規則に必ず記載すべき事項（絶対的記載事項）として規定されている。しかし、その内容については、法令に反しない限りで、各会社の事情に合わせて決めることが可能である。

■ 解雇も辞職も退職の一形態

使用者と労働者の間の労働契約が解消される事由には、主に辞職・退職・解雇があります。

辞職とは、労働者が一方的に労働契約を解除することです。民法上、労働者は２週間前に申し出れば辞職が可能です（民法627条１項)。退職とは、一方的な申し出による場合以外の労働契約の終了のことで、以下の事由がある場合に退職の手続きをとる会社が多いようです。

① 労働者が退職を申し入れ、会社がこれを承諾した（自己都合退職）

② 定年に達した（定年退職）

③ 休職期間が終了しても休職理由が消滅しない（休職期間満了後の退職）

④ 労働者本人が死亡した

⑤ 長期にわたる無断欠勤

⑥ 契約期間の満了（雇止め）

■ 解雇の種類

解雇とは、会社が一方的に労働契約を解除することです。解雇は、普通解雇、整理解雇、懲戒解雇などに分類できます。

整理解雇とは、経営不振による合理化など経営上の理由に伴う人員整理のことで、リストラともいいます。懲戒解雇とは、たとえば従業員が会社の製品を盗んだ場合のように、会社の秩序に違反した者に対する懲戒処分としての解雇です。これら以

解雇の種類

種　類	意　味
整理解雇	いわゆるリストラのこと。経営上の理由により人員削減が必要な場合に行われる解雇
懲戒解雇	労働者に非違行為があるために懲戒処分として行われる解雇
諭旨（ゆし）解雇	懲戒解雇に相当する事由があるが、労働者の反省を考慮し、退職金等で不利にならないよう依頼退職の形式をとるもの
普通解雇	懲戒解雇のように労働者に非違行為があるわけではないが、就業規則に定めのある解雇事由に相当する事由があるために行われる解雇

外の解雇を普通解雇といいます。

解雇により会社を離れてしまうと、再就職先が見つかるという保証はどこにもありません。仮に再就職先を見つけることができたとしても、労働条件（特に賃金の面）でかつての就職先よりも、はるかに条件の悪い再就職先で妥協せざるを得ないという場合も考えられます。

そこで、法律で解雇に対するさまざまな制限が規定されています。たとえば、客観的で合理的な理由がなく、社会通念上の相当性がない解雇は、解雇権の濫用にあたり無効になります。

解雇権の濫用を防ぐ趣旨は、会社の経営者側が気に入らない社員を、自由に解雇できないようにすることにもあります。たとえば、遅刻や欠席が多い社員や、勤務成績が他の社員と比べて劣る社員がいる場合、経営者としては、解雇を望むかもしれません。しかし、会社としては、まず適切な指導を行うことによって改善をめざす必要があります。会社側が努力をしても改善されない場合に、はじめて解雇を検討することが可能となります。

■ 解雇予告とは

社員を解雇する場合、事前に解雇する理由を明確にし、その理由が就業規則や雇用契約書に定められている解雇理由に該当することを確認します。さらに、法律上解雇が禁止されているケースに該当しないことも確認します。これらの確認を経て、はじめて社員の解雇を実行に移すことができます。ただし、社員の解雇に理由があるとしても、すぐに解雇することはできません。会社は少なくとも30日前までに解雇予告をするか、30日分以上の解雇予告手当を支払うという原則があるからです。解雇は、労働者にとって経済的損失を伴うため、解雇予告はその衝撃を和らげるための役割をもっています。もっとも予告期間内に、１日分の平均賃金を支払った日数がある場合には、その日数分だけ予告期間を短縮することができます。

会社は次に挙げる社員については、解雇予告または解雇予告手当の支払をすることなく解雇ができます。

① 雇い入れてから14日以内の試用期間中の社員

② 日雇労働者

③ 雇用期間を２か月以内に限る契約で雇用している社員

④ 季節的業務を行うために雇用期間を４か月以内に限る契約で雇用している社員

①の社員については、すでに15日以上雇用している場合には、解雇予告や解雇予告手当が必要になります。

■ 除外認定を受けた場合

①天災事変その他やむを得ない事由があり事業の継続ができなくなった場合、または、②社員に責任があり雇用契約を継続できない場合のいずれかに該当することを理由に、社員を解雇する場合は、解雇予告や解雇予告手当の支払は不要です。この場合は、社員を直ちに解雇できます（即日解雇）。

①の理由は、地震などの災害によって、事業を継続すること

解雇通知の方法

労働者を解雇するにあたって、解雇の通知を行う場合、解雇通知は書面で行った方がよい。

解雇時期に関する法律上の制限

労働基準法は、労働者が業務上負ったケガや病気の療養のために休業する場合や、労働者が産前産後の休業を取得する場合には、休業期間中とその後30日間について、その労働者を解雇することを禁止すると定めている（解雇禁止期間）。
これらの期間中に、労働者が解雇される危険にさらされると、労働者が負傷や疾病による休業や出産をめぐる休業を安心してとることができなくなるおそれがあるからである。

解雇前のチェックポイント

事前に準備しておくべきこと	解雇を決断した時にすべきこと	法律上の観点から確認すべきこと
就業規則（雇用契約書）に解雇に関する詳しい規定を定めておく 解雇の理由を裏付ける証拠書類を保存しておく	本人に「辞める」と言わせる方法を優先する（退職勧奨の実施） 解雇の理由が妥当かどうか慎重に確認する	解雇する理由が法律で禁止された理由にあたらないか。 解雇をするタイミングが解雇禁止期間ではないか。 解雇までの期間が適法か。 解雇予告手当の支払が必要ではないか。

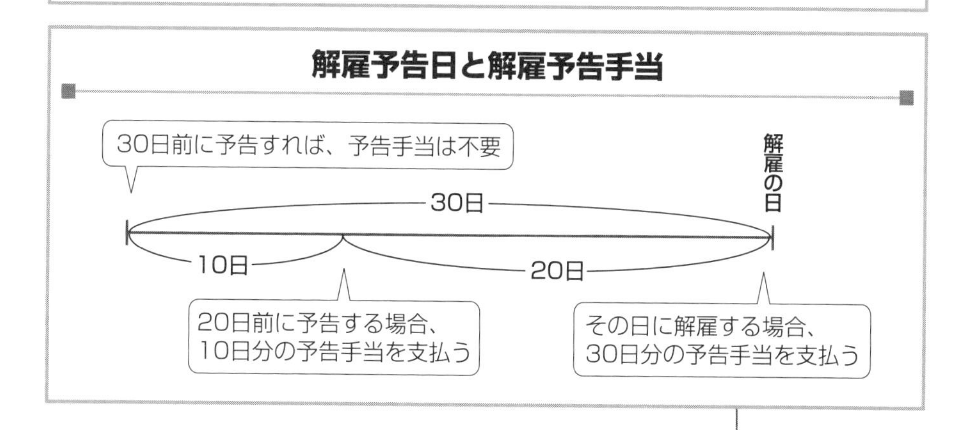

ができなくなった場合などが該当します。②の理由は、懲戒解雇事由にあたる問題社員を解雇する場合などが該当します。

ただし、①②に該当する事情がある場合であっても、所轄労働基準監督署長の除外認定を受けていなければ、原則どおり解雇予告または解雇予告手当の支払いが必要です。所轄労働基準監督署長の除外認定を受けずに社員を即日解雇した場合は、労働基準法違反として刑事罰の対象になるため注意が必要です。

なお、退職金を支払うか否か、支払う場合に減額するか否かの問題は、除外認定とは別の話になります。

労働基準監督署長の除外認定

社員を解雇するにあたり、本文記載の労働基準監督署長の除外認定を受ける必要がある場合には、解雇予告除外認定申請書を管轄の労働基準監督署に提出する必要がある。

PART7
6

社会保険事務にかかわるその他の知識

解雇や退職の手続き

理由を明記した証明書を交付する

■ 解雇の通知は書面で行うようにする

社員を解雇する場合、口頭で伝えても法的には有効です。ただ、後の争いを避けるためには、書面でも解雇を通知した方がよいでしょう。解雇の通知を伝える書面には、「解雇予告通知書」（解雇を予告する場合）といった表題をつけ、解雇する相手、解雇予定日、会社名と代表者名を記載した上で、解雇の理由を記載します。

就業規則のある会社の場合には、解雇の理由とともに就業規則の規定のうち、解雇する根拠となる条文を明記し、その社員が具体的に根拠規定のどの部分に該当したのかを詳しく説明するようにしましょう。即時解雇する場合には、表題を「解雇通知書」などとし、解雇予告手当を支払った場合にはその事実と金額も記載するようにします。解雇（予告）通知書に詳細を記載しておくことで、仮に解雇された元社員が解雇を不当なものであるとして訴訟を起こした場合でも、解雇理由を明確に説明しやすくなります。

■ 解雇理由証明書とは

解雇理由証明書は会社から解雇した社員に対して交付する書面で、解雇した元社員から求められた場合、解雇通知書を渡していたとしても、交付しなければなりません。また、解雇の予告期間中に予告を受けた社員から交付を求められた場合にも、交付しなければなりません。

解雇理由証明書の記載事項

解雇した相手（解雇予告期間中に交付する場合には、解雇の予告をした相手）、解雇した日時（解雇予定日）、解雇の理由を明記する。就業規則を作成する義務のある会社の場合には、解雇理由に加えて就業規則の根拠規定も記載しなければならない。

具体的な事実の記載

「書面を交付する」ということは、解雇された社員に対して、会社がその社員を解雇した理由を明示することを意味する。解雇を行う場合にはその解雇が正当な理由によるものであることを証明できるような裏付けを積み重ねておくこと、そして解雇通知書や解雇理由証明書に具体的な事実や理由を記載しておくことが大切である。

解雇予告通知書のサンプル

○○○○　殿

解雇予告通知書

貴殿を当社就業規則第○条第○項に基づき下記の事由により平成○年○月○日付をもって解雇致します。

なお、本通知は労働基準法第20条に定める解雇予告であることを申し添えます。

記

（解雇年月日）

平成○年○月○日

（解雇理由）

私傷病による欠勤が3か月を超えて、いまだ復職のめどがたたないため

以上

平成○年○月○日

株式会社　○○○○

代表取締役　○○○○　印

■ 退職証明書の記載内容には注意が必要

会社を退職した社員は、いつどういった経緯で退職するに至ったのかを証明する書類（退職証明書）が必要となった場合、会社に証明書の交付を請求することがあります。請求を受けた場合、会社はすみやかに交付しなければなりません。

記載内容は、会社がその社員を雇用していた期間、従事していた業務、その職場における元社員の地位、賃金または退職の事由です。このうち、退職の事由が解雇の場合には、その理由も含まれます。会社は退職した元社員が請求している事項だけを退職証明書に記載しなければなりません。

したがって、その元社員の退職の事由が解雇の場合には特に注意が必要です。会社が解雇の理由を記載しようと思っても、その社員が解雇の理由の記載を求めなかった場合には、解雇の理由を記載することはできません。退職した社員から退職証明書の交付を請求された場合には、請求されている記載事項が何かを確認するようにしましょう。

退職証明書の使い道

保険を切り替えようとする際に、退職証明書が必要になる。

労働保険料の督促・滞納処分・延滞金・認定決定

保険料を滞納すると督促状が来る

■ 督促状で改めて納付期限が指定される

事業主が労働保険料を法定の納付期限（納期限）までに納付しない場合、督促状の送付によって納付が促されます。督促状は事業主宛に送付されます。この場合、督促状によって納付を指定する期限は、督促状を発する日から起算して10日以上経過した日とすることになっています。

国税滞納処分
納税者が国税を自主的に納付しない場合、国がこれを強制的に徴収するための手続きのこと。督促→財産の差押え→財産の換価→換価代金等の配当の順で行われる。

延滞金
保険料滞納者が、督促状の指定期限までに支払わない場合に徴収される利息を指す。年利14.6%である。

■ 督促されても納付しないと滞納処分を受ける

督促状によって指定された期限までにその督促にかかる労働保険料を納付しなかった場合、国税滞納処分の例によって、財産差押えなどの処分（滞納処分）がなされます。国税の滞納処分の順序は、督促→財産の差押え→財産の換価→換価代金の配当等となっています。

■ さらに延滞金が発生する

督促による指定期限までに労働保険料の納付がなされなかった場合は、その滞納期間中について労働保険料の額に対して、延滞金が徴収されます。延滞金は概算保険料についても徴収されることになっています。延滞金は、労働保険料の1,000円未満の部分は切り捨てて計算します。また、延滞金の額に100円未満の端数があるときは、その端数は切り捨てます。延滞金の利率は年14.6%（ただし納期限の翌日から２か月を経過するまでの期間は年7.3%）です。なお、延滞金が徴収される延滞期間というのは、当初の法定の納付期限の翌日からその労働保険

認定決定が行われる場合

認定決定

①概算（確定）保険料申告書が所定の期限（期日）までに提出されないとき
※（　）内は確定保険料の場合

②提出された申告書の内容に誤りがあるとき

料の完納まで、または財産差押えの日の前日までとなります。

■ 概算保険料を政府が決定する場合とは

上図の場合には、政府が職権により労働保険料の額を決定することになります（概算保険料の認定決定）。

認定決定の通知は、事業主に対して納付書を発送することにより行われます。認定決定の通知を受けた事業主は、通知を受けた日（翌日起算）から数えて15日以内に、その納付書により保険料を納付しなければなりません。

なお、認定決定が行われた概算保険料についても延納制度を利用して保険料を納付することができます。ただし、最初の期の納付期限は、通知を受けた日の翌日から起算して15日以内です。

■ 確定保険料を政府が決定する場合とは

事業主が確定保険料申告書を提出しないとき、または提出された確定保険料申告書の記載に誤りがあると政府が認めたときは、政府が職権により、確定保険料の額を認定決定します。

確定保険料の認定決定の通知は納入告知書により行われます。事業主は通知を受けた日の翌日から起算して15日以内に正しい保険料を納付しなければなりません。確定保険料の認定決定が行われる場合、納付額（1,000円未満切り捨て）の100分の10の額の追徴金が徴収されます。

認定決定
政府（歳入徴収官）の職権により、本来納付すべき確定保険料の額が決められること。概算保険料、印紙保険料にも認定決定がある。

延納
分割納付すること。

追徴金
事業主等が納付すべき保険料を不当に納付しない場合に、懲罰的な徴収金として科せられるもの。

社会保険料の督促と滞納処分

保険料を滞納すると督促状により納付が促される

■ 保険料の督促と繰上げ徴収

適用事業所が健康保険や厚生年金保険の保険料を滞納した場合、保険者などはその適用事業所に対し、期限を指定して督促状（納付を促す文書）を出します。

ただし、納期前に保険料の繰上げ徴収が行われる場合は督促の必要はありません。督促状により指定する期限は、督促状を出す日から数えて10日以上経過した日でなければなりません。

また、保険料納付義務者が次ページ図のいずれかのケースに該当する場合、保険者は、保険料の納付期日前であっても、納期を繰り上げて徴収することができます。

■ 年利14.6％の延滞金が課される

督促状により保険料などの徴収金の督促がされたにもかかわらず、期限までに納付しなかったときは、徴収金につき延滞金が課されます。

延滞金は納期限の翌日から徴収金完納または財産差押えの日の前日までの期間につき、年14.6％（最初の３か月は7.3％）の割合により計算します。ただし、督促状で指定された期限までに納付したとき、徴収金額が1,000円未満のとき、延滞金の額が100円未満のときなど一定の場合については、延滞金が課されません。

延滞金の納期限
督促状に記載された期限ではなく、保険料等のもともとの納期限。

■ 滞納処分として財産の差押えもある

保険料などの徴収金を滞納している者が、督促状の指定期限までに納付をしなかった場合、保険者などはその財産を差し押

繰上げ徴収されるおもなケース

①	国税、地方税などの滞納処分を受けるとき
②	適用事業所が廃止されたとき
③	強制執行または破産手続開始の決定を受けたとき
④	企業担保権の実行手続きの開始または競売の開始があったとき
⑤	適用事業所としての法人が解散したとき

さえ、公売等により現金に換え、滞納している徴収金に充当することができます。健康保険料について健康保険組合が滞納処分をする場合は厚生労働大臣の認可が必要です。

■ 権利救済のため不服申立て制度が用意されている

健康保険や厚生年金保険の資格や保険料の賦課といった事項について納得できない場合のように、保険者の行った処分について不服がある場合は、社会保険審査官または社会保険審査会に申立てを行うことができます。

各権利の保護や救済は、最終的には裁判所の判断によりますが、裁判になった場合、手続きが煩雑な上に時間や費用もかかってしまいます。これでは、権利のすみやかな保護や救済が期待できません。そこで、裁判所の判断をあおぐ前に、行政不服審査としての不服申立てを行うことができるようにしたのです。

不服申立てができるのは、保険者の処分によって保険給付を受ける権利などを直接侵害された者です。対象となる処分は、被保険者の資格、標準報酬、保険給付に関する処分、保険料等徴収金の賦課・徴収の処分または滞納処分です。また、厚生年金保険については脱退一時金について社会保険審査会に不服申立てすることも認められています。

労働基準監督署の調査

早期決着のために書面をそろえて迅速かつ誠実に対応する

■ 監督署＝労働者の味方ではない

労働基準監督署はあくまでも会社に労働基準法を遵守させるために設置された機関であって、必ずしも労働者の味方というわけではありません。労働基準監督署が実際に対応できる案件（労働基準監督署が調査を行うことができる事項）は、労働基準法や労働安全衛生法などに違反している可能性があるものに限られます。

たとえば、会社の中でセクハラが行われている場合に、労働者が労働基準監督署に報告するというケースが少なからずありますが、セクハラは、基本的に男女雇用機会均等法に違反する行為であるため、労働基準法や労働安全衛生法などに違反する行為とはいい難く、労働基準監督署の調査権限が及びません。

しかし、解雇予告または解雇予告手当の支払については、労働基準法が規定していますので、その規定に従わなかった場合には労働基準監督署が介入してきます。社員を解雇する場合には、解雇予告をした上で解雇するか、解雇予告手当を支払って即日解雇する必要があります。

労働基準監督署の権限が及ぶ範囲

労働基準監督署の調査権限は、労働基準法や労働安全衛生法などに違反している可能性がある事項に限られる。しかし実際には、「労働基準監督署」という言葉の響きから、およそ労働法全般に関する事項について調査権限を持つと考えている人も多いため、この点は注意しなければならない。

■ 調査や指導とは

労働基準監督署が行う調査の手法には、「呼び出し調査」と「臨検監督」の２つがあります。

呼び出し調査とは、事業所の代表者を労働基準監督署に呼び出して行う調査です。事業主宛に日時と場所を指定した通知書が送付されると、事業主は労働者名簿や就業規則、出勤簿、賃

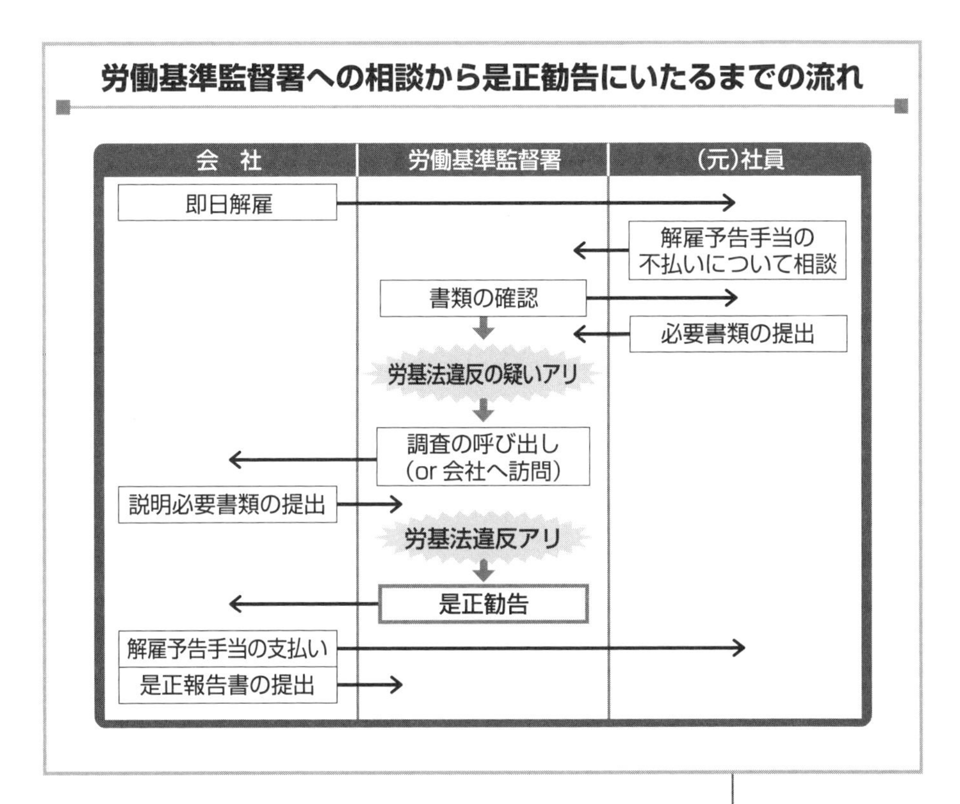

金台帳、健康診断結果票など指定された資料を持参の上、調査を受けます。

臨検監督とは、労働基準監督署が事業所へ出向いて立入調査を行うことで、事前に調査日時を記した通知が送付されることもあれば、長時間労働の実態を把握するために、夜間に突然訪れることもあります。また、調査が行われる理由のおもなものとしては、「定期監督」と「申告監督」があります。

定期監督とは、調査を行う労働基準監督署が管内の事業所の状況を検討した上で、一定の方針に基づき、対象となる事業所を選定して定期的に実施される調査のことです。

一方、申告監督とは、労働者の申告を受けて行う監督です。労働基準監督署の役割が認知されるようになったためか、以前

災害時監督

労働基準監督署が行う調査には、災害時監督と呼ばれる調査もある。これは、労働者が業務を行う上で、負傷したり疾病にかかる場合（業務災害）のうち、その業務災害が大規模であったときに、業務災害が発生した事業所に対して、その原因究明や再発防止のために必要な指導などを行う目的で行われる調査をいう。

は泣き寝入りしていたような事案でも、労働者が労働基準監督署に通報するケースが増えています。労働基準監督署はそういった情報を基に、対象事業所を決定して調査に入ることになります。調査に入り、重大な法律違反が発見されると、是正勧告が行われ、そして、それを確認するために再監督が行われることになります。

■ 肝心なのは法律違反をしないこと

特に労働者の解雇・休業・残業を必要とする事態が生じた場合には、労働基準法に定められた要件を遵守した上で、定められた手続きを踏んでいれば、労働基準監督署の介入を受けることはないでしょう。介入を受けたとしても、違反行為の疑いがあると見ているだけで、実際はどうなのかを探ろうとしている段階ですから、違反行為をしていないこと、適法な対応をしてきたことの証拠書類を提示して冷静に説明しましょう。

■ 未払いを申告された場合には

労働基準監督署の調査で是正勧告がなされる事案で代表的なものに残業代の未払いがあります。特に「名ばかり管理職」に対する残業代の未払いの問題が多発しています。労働基準法では、管理監督者には残業代の規定を適用しないと定めていますが、これは一定の権限が付与されている管理監督者が対象です。しかし、実際には勤務時間についてまったく自己裁量の余地がない労働者にも管理職の地位を与えることで、残業代の支払を免れようとする事業所があります。

この場合は労働基準法違反になってしまい、調査で明らかになると是正勧告の対象となります。もっとも、是正勧告は、法的には行政処分ではなく行政指導にあたります。つまり、是正勧告自体は、警告としての意味を持つことになります。

残業代の未払いについての是正勧告

残業代の未払いについて是正勧告がなされると、時効消滅する前の過去2年分に遡って残業代を支払うように指導される。さらに、残業代の未払いが悪質であると判断されると、刑事訴追されて罰金刑などが科せられることもある。そのため、会社の存続に関わる大きなペナルティになる可能性がある。

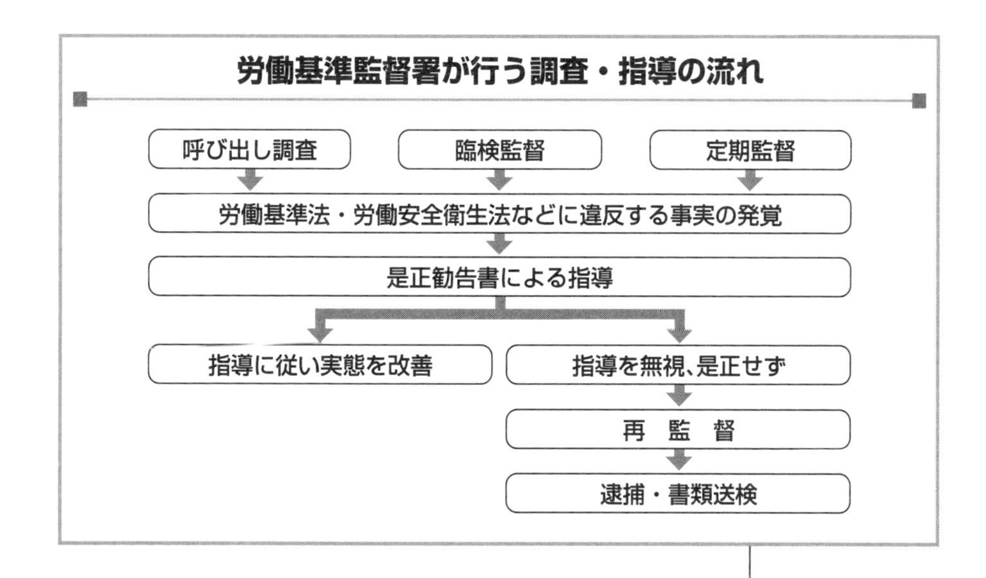

■ 是正勧告に応じないとどうなる

労働者から解雇や残業代未払いなどに関する相談を受けた労働基準監督署が、会社に労働基準法違反などの疑いがあると判断すると、監督署に出向くよう求めるか、監督官が会社を訪問するとの連絡をしてきます。いずれの場合も、会社には関連する書類の提出が求められます。会社が調査に応じないと、最悪の場合は事業所に対し強制捜査が入るおそれもあります。

労働基準監督署の調査権限は非常に強く、労働基準法違反などの事件に関しては、警察と同等の捜査権限を持っています。たとえば、労働基準法に違反する解雇については、労働基準監督署が必要な調査を行い、その結果として、その解雇が無効であると判断される場合があります。調査の際に提出する書類は、労働者名簿や賃金台帳、就業規則などの他に、その社員の出勤簿やタイムカード、雇用契約書などです。

また、問題社員を解雇した場合などに準備しておいた証拠書類なども提出します。監督官は提出された書類を基に事実関係を調査することになります。

法的手続を遵守した解雇に関する不服

労働基準法などが定める解雇の手続きを遵守した解雇について労働者が争う場合、たとえば解雇権濫用による解雇の無効を主張する場合は、労働基準監督署でなく裁判所などに訴える必要がある。

PART7
10

社会保険事務にかかわるその他の知識

マイナンバーの取扱い

租税など必要な事務を処理する目的以外に、従業員等のマイナンバーを収集・保管等を行うことはできない

■ 個人番号とは

マイナンバー制度とは、社会保障や租税等の分野において、個人番号・法人番号を利用して手続きを行う制度をいいます。また、銀行などが破綻した場合の円滑な払戻しのために、銀行などの預貯金口座とマイナンバーを結び付けた管理も進められています。個人番号は12桁の数字から構成されており、住民登録をしているすべての人が取得するものです。住民登録をしている人であれば、外国人（中長期在留者や特別永住者など）であっても、マイナンバーを取得することが可能です。

個人番号はいったん取得すると原則として自由に変更することはできません。ただし、不正使用のおそれがあるケースに限り、本人の申請や市町村の判断で、例外的に変更が可能です。

■ 個人番号利用事務実施者と個人番号関係事務実施者

「個人番号利用事務実施者」とは、マイナンバーを利用して事務を行う行政などの団体のことです。民間企業は個人番号利用事務実施者ではなく、個人番号利用事務実施者とのマイナンバーを記載した書類のやりとりが認められている、「個人番号関係事務実施者」です。したがって民間企業は、従業員等の租税の手続きの際は、税務署等の関係機関との間で従業員等の個人番号を提示し、手続きを行わなければなりません。従業員に提出を求める必要書類とは、マイナンバーが記載された書面で、通知カードや個人番号カードを指します。また、マイナンバーに関する事務を処理する際に、原則として本人確認が必要にな

法人番号

株式会社などの法人に与えられる13桁の番号のこと。マイナンバー（個人番号）とは異なり公表されており、自由に閲覧することができる。

マイナンバーの利用可能分野

マイナンバーの利用分野は次の通り定められており、それ以外での利用は禁止されている。

① 社会保障分野（年金分野、労働分野、福祉・医療その他の分野）
② 税分野（源泉徴収や確定申告など）
③ 災害対策分野
④ ①～③以外で、地方公共団体が条例で定める内容

全従業員から番号を取得する

マイナンバー法 従業員等の「個人番号を取得することができる」
↓
マイナンバー制度 個人番号の記載は、提出書類の必須項目になっている
→ 従業員等全員の個人番号の取得が必要

「すべての雇用形態」の者の個人番号を取得するとの規定 →
- 正社員
- 契約社員
- 嘱託社員
- パート・アルバイト

る点にも注意が必要です。民間企業が個人番号の取得を必要とする従業員には、正社員の他、契約社員、嘱託社員、パートやアルバイトを含む、全従業員が対象になります。

■ 収集・保管に際しての注意点

マイナンバーにおける個人番号は個人情報であるため、プライバシーの問題上、取扱いには慎重な姿勢が求められます。

① 収集

必要な目的以外で個人番号を収集することはできません。経理担当者は、租税に関する手続き等の目的以外で、個人番号を収集することは許されません。

② 保管

収集と同様、目的外の保管は許されません。また、一定期間マイナンバーが記載された書類を保存する義務がある場合、一定期間が経過した後は、すみやかに書類の廃棄・削除を行わなければなりません。

代理人による本人確認手続き

企業が従業員に代わって本人確認手続きを行う場合などは、代理人による手続きが認められる。この場合、申請書類や個人番号記載書類の他に、委任状を関係機関に提出する必要がある。

企業が従業員の個人番号を管理する場合

従業員等が個人番号カードや通知カードを提示することが困難な場合、すでに従業員等のマイナンバー記録を保管していて、当初従業員等に示していた範囲内の事務を処理する場合であれば、初回に本人確認を行って取得したマイナンバーの記録を利用することが認められる。

Column

倒産時の賃金の取扱い

経営不振に陥り、労働者に対して賃金の支払いをすることができなくなった場合には、独立行政法人労働者健康福祉機構（044－431－8600）が事業主に代わって労働者に賃金を支払います。立替払いの対象となるのは、未払賃金総額の80％相当額です。ただし、下図のような上限も設けられています。立替払いを受けることができるのは、①破産手続き開始決定、②特別清算開始命令、③民事再生開始の決定、④会社更生手続き開始の決定、⑤中小企業事業主が賃金を支払うことができなくなった場合において、退職労働者の申請に基づいて労働基準監督署長の認定があった場合（事実上の倒産）などの事由に当てはまる場合でなければなりません。

対象は、労災保険の適用事業で１年以上にわたって事業活動を行ってきた企業に、労働者として雇用されていた者で、立替払いの事由があった日（破産手続開始などの申立て）の６か月前の日から２年間に退職した者です。ただし、未払賃金の総額が２万円未満の場合は、立替払いを受ることはできません。

■ 立替払いの額 ……………………………………………

未払賃金の総額の100分の80の額です。ただし、総額には上限が設けられています。上限額は表のとおりで、退職の時期や年齢により異なります。

退職労働者の退職日における年齢	未払賃金の上限額	立替払いの上限額
45歳以上	370万円	296万円
30歳以上45歳未満	220万円	176万円
30歳未満	110万円	88万円

巻末

書式集

書式 時間外労働・休日労働に関する協定届

事業の種類		事業の名称		事業の所在地（電話番号）				
ソフトウェア開発業		日本パソコン株式会社		東京都港区芝中央１－２－３（03-3987-6543）				
	時間外労働をさせる必要のある具体的事由	業務の種類	労働者数（満18歳以上の者）	所定労働時間	延長することができる時間 1日	1日を超える一定の時間（起算日） 1か月（毎月1日）	1年（4月1日）	期間
① 下記②に該当しない労働者	臨時の受注、納期変更	設計	10人	1日8時間	10時間	45時間	360時間	平成○年4月1日から1年間
	月末の決算事務	経理	5人	同上	6時間	45時間	360時間	同上
② 1年単位の変形労働時間制により労働する労働者	臨時の受注、納期変更	企画	10人	同上	6時間	42時間	320時間	同上

休日労働をさせる必要のある具体的事由	業務の種類	労働者数（満18歳以上の者）	所定休日	労働させることができる休日並びに始業及び終業の時刻	期間
臨時の受注、納期変更	設計	10人	毎週土曜・日曜	法定休日のうち1か月に1日、8:30～17:30	平成26年4月1日から1年間

協定の成立年月日　平成26年　3月　12日

協定の当事者である労働組合の名称又は労働者の過半数を代表する者の　職名 設計課主任　氏名 川野三郎

協定の当事者（労働者の過半数を代表する者の場合）選出方法（投票による選挙　）

平成26年　3月　15日

使用者　職名 代表取締役社長　氏名 山田太郎 ㊞

三田 労働基準監督署長殿

<特別条項>
設計の業務において、通常の生産量を大幅に超える受注が集中し特に納期がひっ迫したときは、労使の協議を経て、1か月に60時間まで、1年については450時間まで上記の時間を延長することができる。この延長時間をさらに延長できる回数は1年間に6回までとする。なお、1か月45時間を超えた場合の割増賃金率は25%とする。

書式 賃金台帳

雇入年月日	所属	職名
平成○年○月○日 雇入	総務部	経理課長

区分		賃金計算期間	1月分	2月分	3月分	4月分	5月分	6月分	7月
その月の勤怠状況		労働日数	20日	21日	19日	22日	20日	日	
		労働時間数	160	168	152	176	160		
		休日労働時間数			8				
		早出残業時間数	22	25	31	18	24		
		深夜労働時間数			3				
その月の支給額の内訳と合計		基本給	200,000円	200,000円	200,000円	205,000円	205,000円		
		所定時間外割増賃金	36,960	42,000	72,640	30,240	40,320		
	手当	職務手当	10,000	10,000	10,000	10,000	10,000		
		役職手当	5,000	5,000	5,000	5,000	5,000		
		住宅手当	20,000	20,000	20,000	20,000	20,000		
		家族手当	15,000	15,000	15,000	15,000	15,000		
		精皆勤手当	10,000	10,000	10,000	10,000	10,000		
		通勤手当	12,000	12,000	12,000	12,000	12,000		
		手当							
		小計	308,960	314,000	344,640	307,240	317,320		
		その他の給与							
		合計	308,960	314,000	344,640	307,240	317,320		
その月の控除額の内訳と合計	控除額	健康保険料	12,300	12,300	12,300	12,300	12,300		
		厚生年金保険料	22,494	22,494	22,494	22,494	22,494		
		雇用保険料	1,854	1,884	2,068	1,843	1,904		
		介護保険料							
		所得税	6,820	6,920	7,970	6,710	7,030		
		住民税	10,000	10,000	10,000	10,000	10,000		
		控除額計	53,468	53,598	54,832	53,347	53,728		
		差引合計額	255,492	206,402	289,808	253,893	263,592		
		実物給与							
手取額		差引支給額	255,406	260,305	289,650	254,424	264,024		
		領収者印	佐藤	佐藤	佐藤	佐藤	佐藤	印	印

↑現金支給している場合は本人に領収印をもらう

書式　給与規程

給与規程

第1章　総　　則

第1条（本規程の目的） この規程は、就業規則第○条に定めた、社員の給与および賞与の基準や手続きの方法を定めたものである。

第2条（遵守義務） 会社および社員は、この規程を誠実に守り、お互いの信頼を高めるように努力しなければならない。

第3条（本規程が適用される社員） 本規程は、就業規則の社員に適用するものとする。

第4条（給与の体系） 給与の体系は、次の通りとする。

①　給　　与

イ　基準内賃金

基本給、役職手当、職種手当、家族手当、住宅手当、資格手当、調整手当

ロ　基準外賃金

時間外勤務手当、深夜勤務手当、休日出勤手当、その他諸手当、通勤手当

②　賞　　与

第5条（給与支払の形態） 月々の給与支払の形態は、これを月給制とする。

2　ただし、次のいずれかの事項に該当した場合は、これを日給月給制とする。

①　業務上および私傷病等により休業し、当該休業日について社会保険から補償される場合

②　入社、退社月において不就労日がある場合

③　就業規則第○条に定める無断欠勤をした場合

第6条（給与の支払方法） 給与は、その全額を通貨で直接、社員に支払うこととする。

2　前項の規定にかかわらず、社員の同意があったときは、社員が指定する銀行や金融機関の本人名義の口座に振り込むことにより給与を支払うことができる。

第7条（給与控除） 前条の規定にかかわらず、給与からは、次のものを控除することとする。

①　源泉所得税

②　健康保険、厚生年金保険、雇用保険などの各種社会保険料

③　特別徴収の住民税

④　給与から差し引くことについて、社員の過半数を代表する社員と書面によって協定されたもの

第8条（給与の計算期間） 給与の計算期間は、前月21日から当月20日をもって締め切るものとする。

第9条（給与の支払日） 給与の支払は、毎月締め日後の25日とする。

2　給与の支払日が金融機関の休日のときは、その前日に支払うものとする。

第10条（給与支払いの原則） 給与は、実際に働いた労働に対して支払うことを原則とする。

2　前項においては、特に決めたとき以外は、休日や働かなかった日については給与を支払わないものとする。また、会社の指示命令に反して働いても給与を支払うことはない。

第11条（非常時払い） 第9条の規定にかかわらず、次の事由のいずれかに該当する場合には、社員または①の場合はその遺族の請求により、給与支払日の前であっても、既往の労働に対する給与を支払うものとする。

①　社員が死亡したとき

②　社員またはその収入により生計を維持する者に、結婚・出産、死亡、病気・ケガ、災害が生じた場合や1週間以上の帰郷を必要とするとき

第12条（金品の返還） 社員の死亡や退職、または金品の権利をもつ

者（本人や遺族）から請求があったときは、７日以内に給与を支払うこととする。

第13条（日額・時間割の計算方法） 割増賃金の計算や不就労控除に用いる日額または時間額の計算は、次の例による。

日　額……時間額× １日の所定労働時間数

時間額……その者の基準内賃金÷ １か月の平均所定労働時間

第14条（端数処理） 日割計算、時間割計算、残業手当などの計算で、１円未満の端数が生じたときは、手当ごとにすべて切り上げて計算する。

第15条（給与控除・欠勤等） 社員が欠勤などをしたときの給与は、欠勤した日や時間について、日割または時間割で計算した額を減額する。

２　給与計算期間の全労働日を欠勤したときは、給与は無給とする。

第２章　基本給与

第16条（総則） 基本給は、所定労働時間を働いたことに対する報酬で、１日単位の額を算出するときは、１か月の平均所定労働日数で割ったものとする。

第17条（基本給の決定） 基本給は、本人の年齢、能力、経験などを考慮して決定する。

第18条（初任給） 新規学卒者や中途採用者の初任給は、その年の会社の経営状況や経済状況によって決定する。

第３章　諸手当

第１節　役職手当

第19条（役職手当） 役職手当は、役職者に対し、別表の通り支給する。

第２節　職種手当

第20条（職種手当） 職種手当は、職種により別表の通り支給する。

第３節　家族手当

第21条（家族手当） 扶養家族を有する社員に対して、家族手当を支給する。

2　前項の扶養家族とは、社員に生計を維持されている下記の者をいう。

①　配偶者

②　満18歳未満の子

3　家族手当の支給の区分は次の通りとする。

①　配偶者　　月額　一律金15,000円

②　子　　　　月額　一子につき　一律金7,000円

第22条（扶養家族の届出） 新たに採用された社員に扶養家族がある場合や、次のいずれかに該当する場合には、社員はすみやかにそのことを会社に届けなければならない。

①　新たに扶養家族としての条件に適合するようになったとき

②　扶養家族としての条件に適合しなくなったとき

第4節　住宅手当

第23条（住宅手当） 住宅手当は、世帯主の区分に応じて別表の通り支給する。

2　社員の住宅手当を受ける条件が変更となったときは、これをすみやかに報告しなければならない。

第5節　資格手当

第24条（資格手当） 資格手当は、資格により別表の通り支給する。

第6節　調整手当

第25条（調整手当） 調整手当は給与を決定または変更するときに総支給額に不足があったとき、例外的に補充する手当とする。

第7節　通勤手当

第26条（通勤手当） 通勤手当は、社員が通勤のために利用する最短距離の合理的な方法と会社が決めた経路の交通機関の実費を、その月の給与に含めて支給する。

2　バスの通勤は、自宅から最寄駅まで１㎞以上の距離があるときに、これを認めるものとする。

第８節　手当の返還

第27条（手当の返還） 諸手当につき、支給されていた条件が変わる場合は、すみやかにその旨を届け出ることを要する。

２　前項の報告がなく、または虚偽の報告を行った場合で、その報告の真偽が判明した場合は、その報告がない時点、または虚偽報告のときからの支払われた金額の全額を返還することを要する。

第９節　残業手当など

第28条（残業手当、休日出勤手当） 残業手当と休日出勤手当は、会社の命令によって残業した場合、または休日に勤務したことに基づいて支給する。

第29条（残業手当と休日出勤手当の額） 残業手当の額は、１時間あたりの算定の基礎額に1.25を乗じた額で計算する。ただし、月間の残業時間が60時間を超える場合には、超えた分について１時間あたりの算定の基礎額に1.5を乗じた額で計算する。

２　休日出勤手当の額は、１時間あたりの算定の基礎額に、次の乗率を掛けた額とする。

①　法定休日出勤の場合　　1.35

②　法定外休日出勤の場合　1.25

３　前項第１号の法定休日出勤とは、就業規則に定める法定休日に出勤した場合をいう。

第30条（深夜勤務手当） 深夜勤務手当は、会社の命令で午後10時から午前５時までの間に勤務した場合に支給する。

第31条（深夜勤務手当の額） 深夜勤務手当の額は、１時間あたりの算定の基礎額に0.25を乗じた額とする。

２　残業や休日出勤が深夜に及んだときは、残業や休日出勤手当の額に、深夜勤務手当の額を加算して支給する。

第４章　給与の見直し

第32条（総則） 給与の見直しは、その勤続年数、年齢、勤務態度等を総合的に審査して決定する。

第33条（適用除外） 次に掲げる者は、昇給対象者から除外する

① 入社してから１年を経ない者

② 休職している者

第34条（支給時期） 原則として毎年４月に給与の見直しを行う。

第5章 賞　　与

第35条（賞与） 賞与は、会社の業績に社員の勤務成績などを考慮して支給する。ただし、都合により支給できない場合もある。

2 賞与の支給対象者は、支給日現在において在籍する社員とする。

3 支給の時期は夏季と冬季を原則とする。ただし、都合により支給の時期を変更することがある。

4 支給にあたっての社員の勤務成績などを算定する期間は、次の通りとする。

① 夏季賞与　　前年11月21日から当年５月20日まで

② 冬季賞与　　当年５月21日から当年11月20日まで

5 賞与を算定する場合に、勤務が６か月に満たない社員の賞与の支給は、そのつど決定する。

6 以上の他、会社の業績により、決算賞与などを支給する場合がある。

附　　則

1　本規程は、平成○年○月○日から施行する。

2　この規程の主管者は総務部門長とする。

3　本規程を改廃する場合には、従業員の代表の意見を聴いて行うものとする。

※規程の制定・改廃記録の記載については省略

書式　算定基礎届

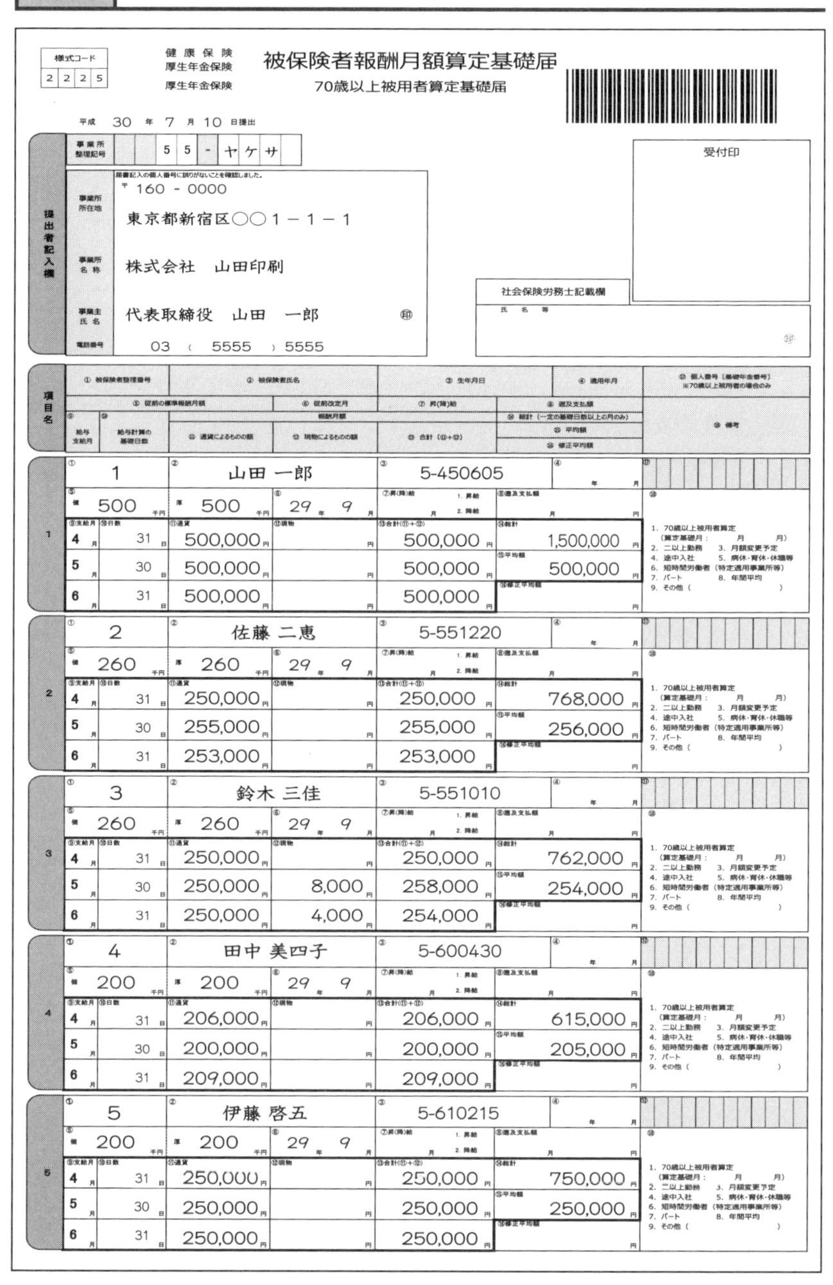

様式コード 2225

健康保険
厚生年金保険
厚生年金保険

被保険者報酬月額算定基礎届
70歳以上被用者算定基礎届

平成 30 年 7 月 10 日提出

提出者記入欄

事業所整理記号：55 - ヤケサ

事業所所在地：〒160 - 0000　東京都新宿区○○1－1－1

事業所名称：株式会社　山田印刷

事業主氏名：代表取締役　山田　一郎　㊞

電話番号：03（5555）5555

受付印

社会保険労務士記載欄　氏名等　㊞

項目名：① 被保険者整理番号　② 被保険者氏名　③ 生年月日　④ 適用年月　⑰ 個人番号〔基礎年金番号〕※70歳以上被用者の場合のみ　⑤ 従前の標準報酬月額　⑥ 従前改定月　⑦ 昇(降)給　⑧ 遡及支払額　⑨ 給与支給月　⑩ 給与計算の基礎日数　報酬月額（⑪ 通貨によるものの額　⑫ 現物によるものの額　⑬ 合計（⑪+⑫））　⑭ 総計（一定の基礎日数以上の月のみ）　⑮ 平均額　⑯ 修正平均額　⑱ 備考

	①	②	③	⑤ 健 (千円)	⑤ 厚 (千円)	⑥	⑨ 支給月	⑩ 日数	⑪ 通貨	⑫ 現物	⑬ 合計(⑪+⑫)	⑭ 総計 / ⑮ 平均額
1	1	山田 一郎	5-450605	500	500	29年9月	4月	31日	500,000円		500,000円	総計 1,500,000円
							5月	30日	500,000円		500,000円	平均額 500,000円
							6月	31日	500,000円		500,000円	
2	2	佐藤 二恵	5-551220	260	260	29年9月	4月	31日	250,000円		250,000円	総計 768,000円
							5月	30日	255,000円		255,000円	平均額 256,000円
							6月	31日	253,000円		253,000円	
3	3	鈴木 三佳	5-551010	260	260	29年9月	4月	31日	250,000円		250,000円	総計 762,000円
							5月	30日	250,000円	8,000円	258,000円	平均額 254,000円
							6月	31日	250,000円	4,000円	254,000円	
4	4	田中 美四子	5-600430	200	200	29年9月	4月	31日	206,000円		206,000円	総計 615,000円
							5月	30日	200,000円		200,000円	平均額 205,000円
							6月	31日	209,000円		209,000円	
5	5	伊藤 啓五	5-610215	200	200	29年9月	4月	31日	250,000円		250,000円	総計 750,000円
							5月	30日	250,000円		250,000円	平均額 250,000円
							6月	31日	250,000円		250,000円	

⑦ 昇(降)給：1. 昇給　2. 降給

⑱ 備考（各欄共通）：
1. 70歳以上被用者算定（算定基礎月：　月　月）
2. 二以上勤務　3. 月額変更予定
4. 途中入社　5. 病休・育休・休職等
6. 短時間労働者（特定適用事業所等）
7. パート　8. 年間平均
9. その他（　）

書式　総括表

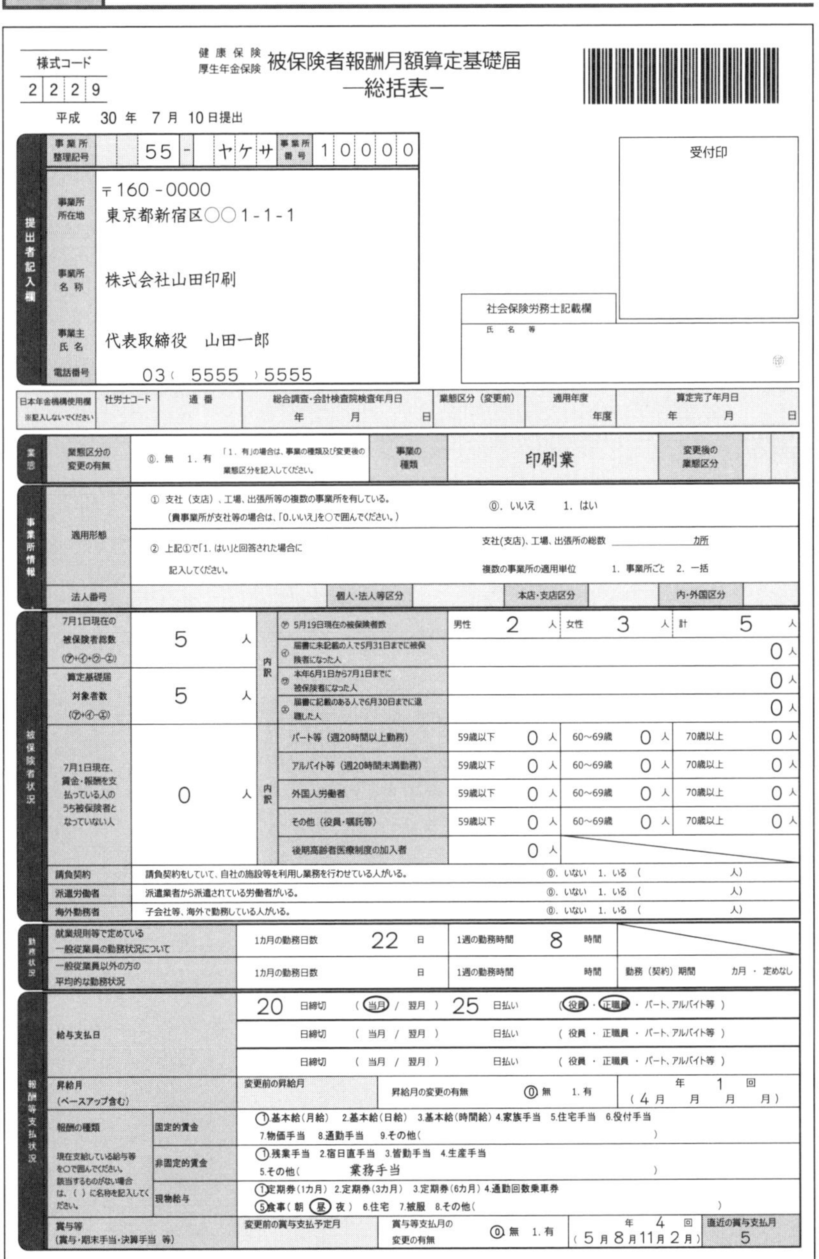

様式コード 2229

健康保険
厚生年金保険　被保険者報酬月額算定基礎届
―総括表―

平成　30 年　7 月　10 日提出

提出者記入欄	
事業所整理記号	55 - ヤケサ
事業所番号	10000
事業所所在地	〒160-0000　東京都新宿区○○1-1-1
事業所名称	株式会社山田印刷
事業主氏名	代表取締役　山田一郎
電話番号	03（5555）5555

受付印

社会保険労務士記載欄
氏名等

日本年金機構使用欄 ※記入しないでください	社労士コード	通番	総合調査・会計検査院検査年月日	業態区分（変更前）	適用年度	算定完了年月日
			年　月　日		年度	年　月　日

業態					
業態区分の変更の有無	⓪. 無　1. 有　「1. 有」の場合は、事業の種類及び変更後の業態区分を記入してください。	事業の種類	印刷業	変更後の業態区分	

事業所情報		
適用形態	① 支社（支店）、工場、出張所等の複数の事業所を有している。（貴事業所が支社等の場合は、「0.いいえ」を○で囲んでください。）	⓪. いいえ　1. はい
	② 上記①で「1. はい」と回答された場合に記入してください。	支社(支店)、工場、出張所の総数　　カ所 複数の事業所の適用単位　1. 事業所ごと　2. 一括
法人番号	個人・法人等区分　本店・支店区分　内・外国区分	

被保険者状況		内訳	
7月1日現在の被保険者総数（㋐+㋑+㋒-㋓）	5 人	㋐ 5月19日現在の被保険者数	男性 2 人　女性 3 人　計 5 人
		㋑ 届書に未記載の人で5月31日までに被保険者になった人	0 人
算定基礎届対象者数（㋐+㋑-㋓）	5 人	㋒ 本年6月1日から7月1日までに被保険者になった人	0 人
		㋓ 届書に記載のある人で6月30日までに退職した人	0 人

7月1日現在、賃金・報酬を支払っている人のうち被保険者となっていない人	内訳	59歳以下	60〜69歳	70歳以上
0 人	パート等（週20時間以上勤務）	0 人	0 人	0 人
	アルバイト等（週20時間未満勤務）	0 人	0 人	0 人
	外国人労働者	0 人	0 人	0 人
	その他（役員・嘱託等）	0 人	0 人	0 人
	後期高齢者医療制度の加入者	0 人		

請負契約	請負契約をしていて、自社の施設等を利用し業務を行わせている人がいる。	⓪. いない　1. いる（　人）
派遣労働者	派遣業者から派遣されている労働者がいる。	⓪. いない　1. いる（　人）
海外勤務者	子会社等、海外で勤務している人がいる。	⓪. いない　1. いる（　人）

勤務状況			
就業規則等で定めている一般従業員の勤務状況について	1カ月の勤務日数 22 日	1週の勤務時間 8 時間	
一般従業員以外の方の平均的な勤務状況	1カ月の勤務日数　日	1週の勤務時間　時間	勤務（契約）期間　カ月・定めなし

報酬等支払状況		
給与支払日	20 日締切（(当月) / 翌月）25 日払い（(役員)・(正職員)・パート、アルバイト等）	
	日締切（当月 / 翌月）日払い（役員・正職員・パート、アルバイト等）	
	日締切（当月 / 翌月）日払い（役員・正職員・パート、アルバイト等）	
昇給月（ベースアップ含む）	変更前の昇給月　昇給月の変更の有無 ⓪無　1. 有	年 1 回（4月　月　月　月）
報酬の種類 現在支給している給与等を○で囲んでください。該当するものがない場合は、（ ）に名称を記入してください。	固定的賃金	①基本給（月給）2.基本給（日給）3.基本給（時間給）4.家族手当 5.住宅手当 6.役付手当 7.物価手当 8.通勤手当 9.その他（　）
	非固定的賃金	①残業手当 2.宿日直手当 3.皆勤手当 4.生産手当 5.その他（業務手当）
	現物給与	①定期券（1カ月）2.定期券（3カ月）3.定期券（6カ月）4.通勤回数乗車券 ⑤食事（朝 (昼) 夜）6.住宅 7.被服 8.その他（　）
賞与等（賞与・期末手当・決算手当 等）	変更前の賞与支払予定月　賞与等支払月の変更の有無 ⓪無　1. 有	年 4 回（5月 8月 11月 2月）　直近の賞与支払月 5

書式　健康保険厚生年金保険被保険者賞与支払届

様式コード			
2	2	6	5

健康保険 厚生年金保険 / 厚生年金保険

被保険者賞与支払届

70歳以上被用者賞与支払届

平成 30 年 12 月 16 日

提出者記入欄

事業所整理記号	65 − ABC
	届書記入の個人番号に誤りがないことを確認しました。
事業所所在地	〒 141 − 0000 東京都品川区五反田1−2−3
事業所名称	株式会社　緑商会
事業主氏名	代表取締役　鈴木　太郎　印 ※押印または自署
電話番号	03 (3321) 1123

受付印

社会保険労務士記載欄

氏名等　印

項目名	① 被保険者整理番号	② 被保険者氏名	③ 生年月日	⑦ 個人番号〔基礎年金番号〕※70歳以上被用者の場合のみ
	④ 賞与支払年月日	⑤ 賞与支払額	⑥ 賞与額（千円未満は切捨て）	⑧ 備考

共通　④ 賞与支払年月日（共通）　7.平成　30年　12月　15日　←1枚ずつ必ず記入してください。

	① 被保険者整理番号	② 被保険者氏名	③ 生年月日	④ 賞与支払年月日（※上記「賞与支払年月日（共通）」と同じ場合は、記入不要です。）	⑤ ㋐（通貨）	⑤ ㋑（現物）	⑥（合計㋐+㋑）千円未満は切捨て	⑦	⑧ 備考
1	1	本上　貴志	5−390101	7.平成　年　月　日	100,000円	円	100,000円		1. 70歳以上被用者　2. 二以上勤務　3. 同一月内の賞与合算（初回支払日：　日）
2	2	石川　桜子	5−501225	7.平成　年　月　日	250,000円	円	250,000円		1. 70歳以上被用者　2. 二以上勤務　3. 同一月内の賞与合算（初回支払日：　日）
3	3	木村　裕人	5−590808	7.平成　年　月　日	180,000円	円	180,000円		1. 70歳以上被用者　2. 二以上勤務　3. 同一月内の賞与合算（初回支払日：　日）
4	4	菅谷　恭介	5−440404	7.平成　年　月　日	500,000円	円	500,000円		1. 70歳以上被用者　2. 二以上勤務　3. 同一月内の賞与合算（初回支払日：　日）
5				7.平成　年　月　日	円	円	,000円		1. 70歳以上被用者　2. 二以上勤務　3. 同一月内の賞与合算（初回支払日：　日）
6				7.平成　年　月　日	円	円	,000円		1. 70歳以上被用者　2. 二以上勤務　3. 同一月内の賞与合算（初回支払日：　日）
7				7.平成　年　月　日	円	円	,000円		1. 70歳以上被用者　2. 二以上勤務　3. 同一月内の賞与合算（初回支払日：　日）
8				7.平成　年　月　日	円	円	,000円		1. 70歳以上被用者　2. 二以上勤務　3. 同一月内の賞与合算（初回支払日：　日）
9				7.平成　年　月　日	円	円	,000円		1. 70歳以上被用者　2. 二以上勤務　3. 同一月内の賞与合算（初回支払日：　日）
10				7.平成　年　月　日	円	円	,000円		1. 70歳以上被用者　2. 二以上勤務　3. 同一月内の賞与合算（初回支払日：　日）

書式　健康保険厚生年金保険被保険者賞与支払届総括表

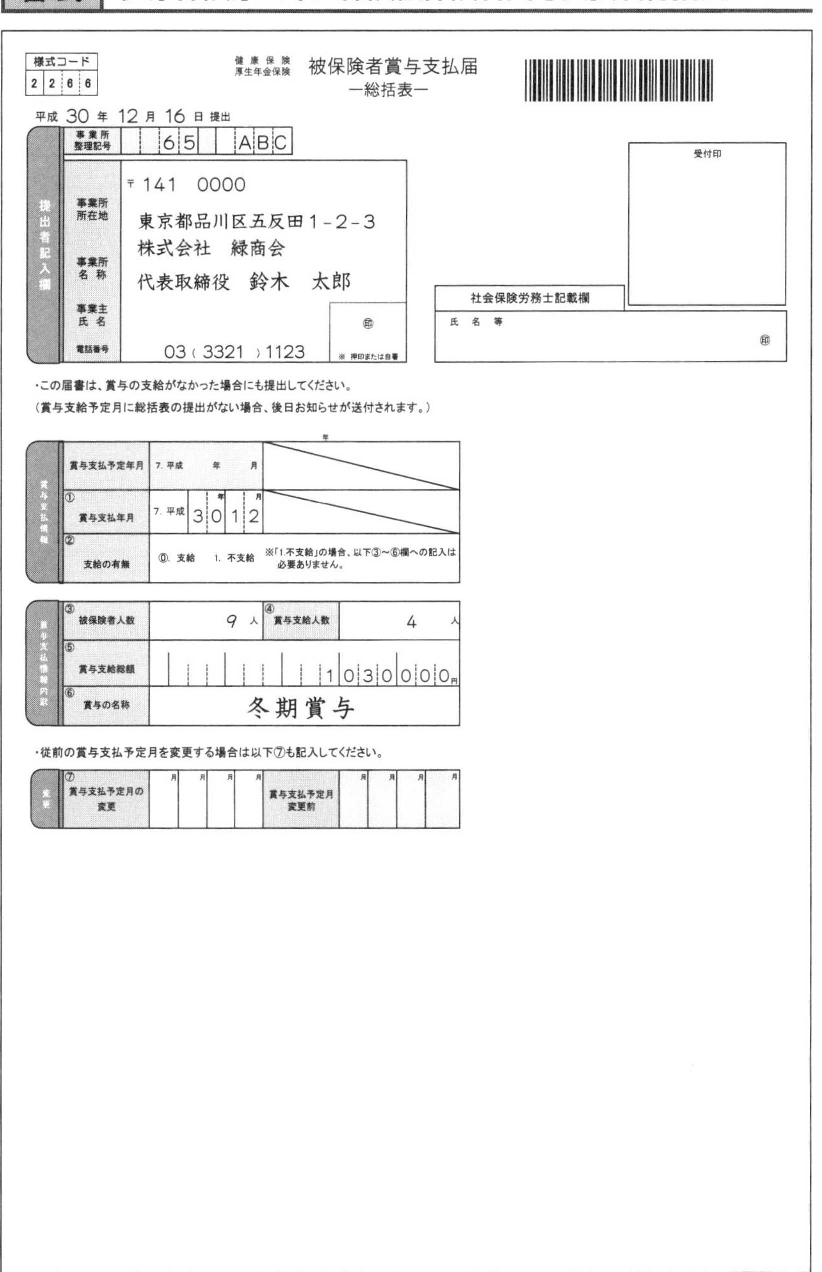

様式コード 2266

健康保険 厚生年金保険　被保険者賞与支払届 ―総括表―

平成 30 年 12 月 16 日 提出

提出者記入欄

事業所整理記号	65 ABC
事業所所在地	〒141 0000 東京都品川区五反田1-2-3
事業所名称	株式会社　緑商会
事業主氏名	代表取締役　鈴木　太郎
電話番号	03（3321）1123

※ 押印または自署　㊞

受付印

社会保険労務士記載欄　氏名等　㊞

・この届書は、賞与の支給がなかった場合にも提出してください。
（賞与支給予定月に総括表の提出がない場合、後日お知らせが送付されます。）

賞与支払情報

賞与支払予定年月	7. 平成　年　月
① 賞与支払年月	7. 平成 30年 12月
② 支給の有無	⓪. 支給　1. 不支給　※「1.不支給」の場合、以下③～⑥欄への記入は必要ありません。

賞与支払情報内訳

③ 被保険者人数	9 人	④ 賞与支給人数	4 人
⑤ 賞与支給総額	1030000 円		
⑥ 賞与の名称	冬期賞与		

・従前の賞与支払予定月を変更する場合は以下⑦も記入してください。

変更

⑦ 賞与支払予定月の変更	月	月	月	月	賞与支払予定月変更前	月	月	月	月

【監修者紹介】
小島　彰（こじま　あきら）
1957年生まれ。石川県出身。特定社会保険労務士（東京都社会保険労務士会）。就業規則等の作成から労働保険・社会保険の手続き業務といった代行業務、労務相談、IPO（株式上場）支援コンサルテーション、労務監査などを数多く手掛けている。労務相談については、企業側からの相談に留まらず、労働者側からの相談も多い。また、IPO（株式上場）のコンサルティングにおいては、昨今のIPOでの労務関係の審査の厳格化に対応するための適切な指導を行っている。IPO関連のセミナーの実績多数。
著作に、『パート・契約社員・派遣社員の法律問題とトラブル解決法』『解雇・退職勧奨の上手な進め方と法律問題解決マニュアル』『労働基準法と労働条件の基本がわかる事典』『労働安全衛生をめぐる法律と疑問解決マニュアル108』『労働時間と給与計算のしくみと手続き』（監修、小社刊）などがある。
こじまあきら社会保険労務士事務所
会社の設立時の新規適用申請から労働保険・社会保険の手続き代行、給与計算代行、就業規則の新規作成および改正業務、その他労務関連の諸規定の整備、IPO（株式上場）労務コンサルテーションなど幅広く対応している。また、電話とメールを活用した相談サービスやセミナー講師、原稿執筆なども積極的に行っている。

ホームページ　http://www.kojimaakira-sr.com

図解で早わかり　働き方改革法に対応！
最新　給与計算事務のしくみと手続き

2019年1月30日　第1刷発行

監修者　小島彰（こじまあきら）
発行者　前田俊秀
発行所　株式会社三修社
〒150-0001　東京都渋谷区神宮前2-2-22
TEL　03-3405-4511　FAX　03-3405-4522
振替　00190-9-72758
http://www.sanshusha.co.jp
編集担当　北村英治
印刷所　萩原印刷株式会社
製本所　牧製本印刷株式会社

ISBN978-4-384-04804-9 C2032